EXPERT FAILURE
Roger Koppl

专家的窘境

付费知识与意见市场

[美]罗杰·克普尔 著 林孟蔚 陈浩驰 译

中信出版集团|北京

图书在版编目（CIP）数据

专家的窘境：付费知识与意见市场 /（美）罗杰·克普尔著；林孟蔚，陈浩驰译 . -- 北京：中信出版社，2023.1

书名原文：Expert Failure
ISBN 978-7-5217-4847-5

Ⅰ.①专… Ⅱ.①罗… ②林… ③陈… Ⅲ.①经济学－理论研究 Ⅳ.① F0

中国版本图书馆 CIP 数据核字（2022）第 231465 号

This is a Simplified Chinese edition of the following title published by Cambridge University Press:
Expert Failure
ISBN 9781107138469
© Roger Koppl 2018
This Simplified Chinese edition for the People's Republic of China (excluding Hong Kong, Macau and Taiwan) is published by arrangement with the Press Syndicate of the University of Cambridge, Cambridge, United Kingdom. © Cambridge University Press and CITIC Press Corporation，2023.
This Simplified Chinese edition is authorized for sale in the People's Republic of China (excluding Hong Kong, Macau and Taiwan) only. Unauthorised export of this [type of edition] is a violation of the Copyright Act. No part of this publication may be reproduced or distributed by any means, or stored in a database or retrieval system, without the prior written permission of Cambridge University Press and CITIC Press Corporation.
本书封面贴有 Cambridge University Press 防伪标签，无标签者不得销售。

专家的窘境：付费知识与意见市场

著者：　[美]罗杰·克普尔
译者：　林孟蔚　陈浩驰
出版发行：中信出版集团股份有限公司
（北京市朝阳区惠新东街甲 4 号富盛大厦 2 座　邮编　100029）
承印者：宝蕾元仁浩（天津）印刷有限公司

开本：660mm×970mm 1/16	印张：22.5	字数：251 千字
版次：2023 年 1 月第 1 版	印次：2023 年 1 月第 1 次印刷	
京权图字：01-2022-6939	书号：ISBN 978-7-5217-4847-5	

定价：78.00 元

版权所有·侵权必究
如有印刷、装订问题，本公司负责调换。
服务热线：400-600-8099
投稿邮箱：author@citicpub.com

献给带来欢乐的玛丽亚

目 录

1 引 言   001

第一部分　问题的本质与历史   027

2 是否有一类专门研究专家的文献？   029
    引子   029
    一个简单分类法   034
    伯格和卢克曼   042
    定义"专家"   049

3 专家问题的两段历史   057
    引子   057
    苏格拉底传统   058
    法律中的专家证人   077

4 专家理论中的常见主题   093
    权力   093
    道德   101
    自反性   105
    博识的公民   110
    用民主控制专家   115
    讨论   117
    市场结构   121
    专家文献背景下的信息选择   123
    结束语   126

第二部分　专家理论的基础　　129

5　一些经济学概念与思想　　131
- 自发秩序　　132
- 竞争　　144

6　曼德维尔之前的知识分工思想　　157
- 引子　　157
- 知识分工　　160

7　曼德维尔之后的知识分工思想　　181
- 从维科到马克思　　181
- 从门格尔到哈耶克　　189
- 哈耶克之后　　194

第三部分　信息选择理论　　201

8　专家意见的供求　　203
- 研究专家的经济学视角　　203
- 识别商品并定义专家　　205
- 信息选择理论　　206
- 诚实的错误和故意欺诈　　208
- 专家经济学填补了一个空缺　　209
- 专家意见的需求　　215
- 专家意见的供给　　218

9　专家及其生态　　219
- 信息选择理论的动机假设　　219
- 专业知识的生态　　243

第四部分　专家失灵

10　专家失灵与市场结构   253
专家失灵的两个维度   253
认同感、同情、认可和追求好评   263
观察者效应、偏差与盲法   264

11　专家失灵的其他来源   269
专业知识的常态事故   269
复杂性和反馈   271
激励一致性   273
专业知识的生态   274
  行业   275
  监管   283
  买方垄断与大玩家   287
  评思想市场   289
  知识系统设计   291

12　纠缠深层国家中的专家失灵   297
专家失灵与美国的纠缠深层国家   297
  结语   315

致　谢   321
参考文献   325

1
引言

2016年，唐纳德·特朗普当选美国总统，讶异之余，政客、政党人士与专家都深感受创。对专家的极大不满似乎是特朗普选举获胜的重要因素（Easterly 2016）。英国脱欧事务的领导者之一迈克尔·戈夫（Michael Gove）则大喊："我觉得这个国家的专家已经够多了！"（Lowe 2016）不管西方民主国家的普通民众怎么看待特朗普和欧盟，对于专家，他们总有理由愤怒。弗林特水污染危机就是一例。

2014年4月25日，密歇根州弗林特市改造市政供水系统，居民家中的水龙头流出棕色废水，根本无法饮用（Adewunmi 2017）。"弗林特的用水者本不用这么悲惨，现在却暴露在这种程度的铅毒和其他有害物质之下"（Flint 2016，p.1），"弗林特的居民开始抱怨水的臭气、怪味和颜色"（Flint 2016，p.16）。"2015年10月1日，在改用弗林特河供水的524天后，杰纳西县卫生部门宣布进入公共卫生紧急状态，敦促弗林特居民不要再饮用那些水。"（Adewunmi 2017）2017年1月24日，密歇根州环境官员表示，弗林特供水系统中的铅含量已低于联邦限值（Unattributed 2017）。然而，记者宾·埃德温米（Bim Adewunmi）却说："到今年（2017年）2月22日，也就是我离开弗林特之时，我采访的政客和慈善工作者依旧认为水龙头流出来的水不够安全，不能直接饮用。而居民对此事的情绪还在进一步酝酿之中。"（Adewunmi 2017）

2016年3月，负责调查此事的密歇根州官方特别工作组发现，密歇根州环境质量部（MDEQ）"对弗林特的水污染负有主要责任"（Flint 2016，p.6）。报告还指出，密歇根州卫生与公共服务部和美国环境保护署（EPA）应共同承担很大一部分责任（Flint 2016，p.1）。这份报告详载了莫娜·汉娜–阿提莎（Mona Hanna-Attisha）博士和马克·爱德华兹（Marc Edwards）为推动改变所采取的行动，并记录了弗林特儿童血液中铅含量升高等重要事实。埃德温米（2017）指出，"弗林特的居民大多是非洲裔"。据他报道，很多人认为反非洲裔美国人的种族主义思想在这次事件中起了重要作用。在这场悲剧中，州专家本应负责保证水质，但他们却让这种臭气熏天的受污染的毒水流入弗林特居民家中，毒害当地民众。更令人遗憾的是，弗林特水污染危机只是众多"专家失灵"例子中的一个。

2009年，宾夕法尼亚州的两名法官小马克·西亚瓦雷拉（Mark A. Ciavarella Jr.）和迈克尔·科纳汉（Michael T. Conahan）当庭认罪，对欺诈和通过监禁儿童牟利供认不讳（Chen 2009）。人们戏称此案为"孩子换金钱"。这两位法官就是专家。作为法律专家，他们负责判定送至他们面前的儿童有没有罪，并在有罪时公正判罚。这两个人将被定罪的青少年送往两个私人拘留中心，从中收取了260万美元的回扣（Urbina 2009）。他们为了回扣把很多无辜的孩子送进监狱。13岁的戴奎恩·约翰逊（DayQuawn Johnson）从没犯过什么事，"2006年，他因未能作为斗殴事件的证人出席听证会，被拘留数日。可他的家人从未收到什么听证会的通知，而且他早就告诉了学校自己什么都没看到"（Urbina 2009）。西亚瓦雷拉和科纳汉以两倍于州平均水平的速度把儿童送入拘留中心，甚至似乎（至少在西亚瓦雷拉负责的案件中）没有告知这些小孩及其父母他们有权请律师（Chen 2009；Urbina 2009）。这两个人的犯罪行为持续了好几年，最后才被发现并逮捕。

社会工作提供了更多专家伤害普通人的例子。在美国，社会服务可能会无端介入日常生活。2014年，南卡罗来纳州一名妇女被判入狱，原因是她9岁的女儿在公园里玩耍时无人看管，而且这个公园"非常受欢迎，什么时候都有差不多40个孩子在这里玩"（Skenazy 2014）。

另一名女性说，她丈夫去世后，她的几个"5到10岁"的孩子被带离。她只是去大学听课，留孩子们在家"几个小时"无人看管（Friedersdorf 2014）。她说孩子们知道她在哪里，但官员们根本没有尝试联系她，而是直接闯入她家，将孩子们带走。"案件拖了两年，我的孩子在寄养系统中遭到性骚扰（根本没人去调查过）和生理虐待。他们好几次被分开，经常被转移，还换过好几所学校。"她想要回孩子们，就被随意开了很多条件。比如，她说，

> 我被要求允许CPS（儿童保护服务中心）的工作人员来我家进行彻底的"白手套"式检查。法院说，如果有工作人员觉得有

什么不对劲，法院就会推迟或拒绝把监护权还给我。他们让我扫蜘蛛网、刷烤箱，弄到他们满意为止，为了讨好他们，我照做了。

经历了这些，她觉得这个系统"根本无关保护，有的只是威权"（Friedersdorf 2014）。

基亚尔·哈里斯（Kiarre Harris）获得让孩子在家上学的合法权利之后，CPS 的人就带着穿制服的警察出现在了她家门口。如果早先的报道无误，那么当时的情况是，CPS 的工作人员告诉哈里斯，他们得到法庭指令，要把她的孩子带走。哈里斯要求查看该指令，但工作人员却出示不了。因为没有看到法庭指令，她便拒绝交出孩子。于是，她因妨碍执行法庭指令被逮捕，而她的孩子们则被送到寄养中心（Buehler 2017；Riley 2017）。一份报告（Williams and Lankes 2017）警告说"实际情况可能不止如此"，还说哈里斯"有家庭暴力史，曾使用过刀"。然而，在文章很靠后的位置，才说明了这个所谓的持刀暴力事件的实质内容："2012 年，一名女子投诉哈里斯踢她的车，还用刀比画，把她的车划了。哈里斯的这一行为被判作刑事破坏。目前尚不清楚 CPS 文件中提到的家庭纠纷是否就是此事。"威廉斯和兰克斯（Williams and Lankes 2017）清醒地指出，所谓的"家庭暴力"不过是说哈里斯划坏或者弄坏了谁的车，而且根本是一个未经证实的说法。到目前为止，《布法罗新闻》（*The Buffalo News*）还未能找到哈里斯在过往生活中违法犯罪的确凿证据。

即便最终出现明显不利于哈里斯的事实，当时逮捕她并仓促带走孩子，也很不必要、很不适当。将孩子们带离更可能伤害他们。在这类案子中，CPS显得特别专横独断。哈里斯在社交媒体上的一篇帖子中声称，法庭文件中有一句话含糊不清："被告似乎对孩子们就读的任何学校都有不满。"她说同一份文件中还有如下的话："被告最近在社交媒体上发表评论，嘲笑学校制度、在校生与毕业生。"（http://thefreethoughtproject.com/mother-arrested-homeschooling-children/）法庭文件所引内容似乎与疏于照管孩子的指控无关，更关注公立学校系统的利益，而非孩子们的福利。

家庭教育的倡导者发现，本案与其他同类案件似乎有一个共同的模式。他们说："很多时候，（学校所在）学区不提交家长所发的在家上学通知，而是向CPS报告。"一旦孩子停止到校上课，学校就会记他们旷课。"就算孩子并没有'旷课'，而是在其他地方接受教育，学校通常也会给他们记上，这就是CPS介入的原因。"（Hudson 2017）

英国的一份家事法庭报告（Ireland 2012）一经发布就引起全国关注，报告指出，英国社会服务体系存在严重缺陷。这份报告由家庭司法委员会（Family Justice Council）资助。据称，该委员会是"一个由司法部资助的独立机构"。报告总结了对126起案件中提交到家事法庭的心理鉴定进行的评估。确实，报告给出了专家们对其他专家所做工作的意见，但其中大部分是有资质的专家在批判无资质人员给出的鉴定。不过，其中一些结果表明，专家专横、令人讨厌地侵扰了英国许多居民的生活。调查结果还表明，这些心理评估具有任意性，被调查的案件中有超过40%并未遵守所需的程序规范（Ireland 2012, p.21）。因此，这些代表国家的专家40%以上的时间没有遵守国家规定的程序规范。"主要结果集中于其中五分之一的心理学家，这部分人无论照何种既定标准来看,都没有资格提供心理学意见。此外,几乎所有的专家证人都没有坚持临床实践,而似乎成为全职的'专业'专家证人。"(Ireland 2012,p.30)

有一份新闻报道(Reid 2012)讲了几个读来令人心惊的故事,佐证了英国家事法庭使用职权不当,对民众造成伤害。在其中一个案例中,"第一位心理学家认为一位妇女是'称职的母亲',但据说社工坚持要委托第二位专家再调查一次。第二位专家得出了相同结论。于是他们又委托了第三位专家,直到得出结论说这位母亲患有'边缘人格障碍'。她的三个孩子都被带走收养"。里德(Reid)指出了两个制度事实,似乎可以用来解释为什么英国"比西欧其他国家更经常把孩子从父母身边带走"。首先是经济激励。"上届工党政府设定了收养目标,地方议会如果能够达到,就能获得数十万英镑的奖励。"尽管这些目标在里德撰文时已经"废除",但"现在(2012年)社工增加收养人数,还是会得到赞扬和升职。戴维·卡梅伦还要求收养更多小孩——而且速度要快"(Reid 2012)。二是保密性。1989年的《儿童法案》(Children Act)"在家事法庭中引入了全面保密的规定",从而助长了"儿童保护系统缺乏公众监督"的状况(Reid 2012)。

官方卫生专家、环境专家、州立学校、州控制或监管的医疗卫生系统和刑事司法系统,都曾因专家的错误和职权的滥用让人民平白受难。琼·C.威廉斯(Joan C. Williams 2016)说美国"白人工人阶级憎恨专业人士",比如律师、教授和教师等等,可能部分原因是"专业人士天天都在使唤他们"。健康经济学专家乔纳森·格鲁伯(Jonathan Gruber)有时被称为"奥巴马医改的建筑师",他有一句名言说,"美国选民的愚蠢"是"奥巴马医改"（2010年通过的平价医疗法案）能够通过的关键原因（Roy 2014）。专家建议美国政府将年轻人送往伊拉克赴死，因为伊拉克拥有大规模杀伤性武器，但其实伊拉克根本没有。美联储前主席、货币政策专家格林斯潘（Alan Greenspan）在国会做证时表达出他对大衰退的"惊愕"。他承认，危机暴露了他资本主义模型里的一个"缺陷"（Greenspan 2008）。美国的经济专家没办法预防经济危机。在危机期间和危机发生后，许多大型组织都得到了救助，但许多普通美国人却深陷还不上贷款、找不到工作的困境。

专家判断错误与滥用专家职权还体现在优生学之恶上。我还会在第4章中再一次指出，我们不能完全以过去那种眼光看待这些罪恶。埃利斯（Ellis 2008）明确呼吁采取"优生方法"打击犯罪（p.258），比如对"有高犯罪风险的年轻男性在青春期后"进行"化学阉割"（p.255）。专家们会判断哪些年轻人**将来有可能**犯罪，然后我们据此阉割这些年轻人，作为预防犯罪的措施。调查报告中心发现（Johnson 2013），"2006年至2010年，在未经州政府批准的情况下，与加利福尼亚州惩戒和康复部（California Department of Corrections and Rehabilitation）签订合同的医生对近150名女性囚犯进行了绝育"。他们好像更可能向那些被认为有再犯风险的囚犯施加压力："前囚犯及辩护人坚持认为，监狱医务人员针对那些他们觉得以后有可能重返监狱的女性。" 2007年曾在某山谷州立监狱医务室工作过的一名囚犯，"说她经常无意中听到医务人员要求曾多次服刑的囚犯同意绝育"。至少在2010年，加利福尼亚监狱的医学专家向女性施压，要求她们接受输卵管结扎术，因为专家认为她们**将来**有再犯罪的**危险**。

应该可以这么说，本书所讨论的"专家问题"对许多人来说迫切且具体。

我注意到，专家在普通人的生活中起到了破坏性作用。我反对专家统治，认为不该由具有垄断地位的专家为普通人（non-experts）做出决定。我同情人民，而非专家、技术官僚和精英。这样的同情似乎有些民粹主义倾向。但其实我害怕民粹主义，重视多元民主。不过在某些读者看来，我的这种同情似乎真的很像民粹主义。所以这里或许应该解释一下，说清楚为何在我看来民粹主义跟专家统治（至少在比较极端的形态下）背离多元民主的程度不相上下。

除了一些例外情况，民粹主义言论经常是反专家的（Kenneally 2009; de la Torre 2013）。博伊特（Boyte 2012, p.300）似乎言之有理，他说："民粹主义不仅挑战财富和权力的集中，也挑战职业体系（无论左派还是右派）那种文化上根深蒂固的个人理性主义思维特征。"民粹主义通常是对"精英"的反叛，精英这一概念在这里通常包括官方专家和技术官僚。我们已经见过迈克尔·戈夫怎么贬低专家。法国国民阵线（French Front National）则在官网上警告人们，不要让"人民的命运掌握在未经选举的专家手中"（Front National 2016）。意大利政党"五星运动"的创始人尖锐地抨击了可能会为该党发声的"经济学、金融学或劳动学"中的"所谓'专家'"。他说，该党的平台将由"所有成员在网上共同发展起来"，这将是"一个每个人都真正重视自己的空间"（Grillo 2013）。

穆德（Mudde 2004）将民粹主义定义为这样一种意识形态："认为社会最终可分为个体同质、相互对立的两个群体，这两个群体就是'纯粹的人民'与'腐败的精英'，且政治应该表达人民公意（general will)。"（p.543）穆德解释说，民粹主义"有两个对手：精英主义和多元主义"（2004，p.543）。其中，精英主义"希望政治为道德的精英表达观点，而不为非道德的人民表达观点。多元主义则反对民粹主义和精英主义所假定的同质性，认为社会由异质性的群体和个人组成，这些群体与个人的观点和愿望往往在根本上互不相同"（pp. 543-544）。

比克顿和阿克蒂（Bickerton and Accetti 2015，pp.187-188）笔下的"民粹主义和专家统治"则"日益……成为当代西方民主国家政治的两个组织极端"。他们指出，这两个极端均与"政党民主"背道而驰。所谓的"政党民主"，在他们的定义中是"基于两个关键特征的一种政治制度"。它的第一个特征是通过政党制度调解政治冲突，第二个特征则是认为公共利益这一构想至高无上，应该被转化为公共政策，且这一构想应通过议会审议和选举竞争等民主程序建构起来。因此，"尽管民粹主义和专家统治表面上相互对立，但二者之间也存在着尚未得到充分研究的巨大相同之处——它们都反对政党民主"。

我将在第 6 章和第 7 章中论证，知识通常是分散、自行涌现、不言自明的（按我的话说，是"共生态、进化性、体外性、构件性、隐性的"）。这种知识观与多元（或"政党"）民主是一致的。知识是分散的。我们每个人对真理最多只有片面的看法，所以，多元视角不可避免，且也是好的。在一个多元化的民主国家中，关于真理的各种视角相互竞争，因此至少有机会被人听到，进而影响政治选择。政治体系中忽视多元视角或凌驾于其上的决策——无论是民粹主义、精英主义还是其他什么——所基于的知识充其量是有限、片面、有偏差的。要是知识真的是统一、明确、有等级的，那我们就可以考虑确立某一知识体系的真理地位，使所有政治决策都基于它而做出。如果这种知识观真的成立，那么一部分人会选择从专家处寻求智慧，另一些人则可能选择代表大众智慧的政党或领导人。这样一来，要裁决他们之间的争端，就没有什么所谓"中立"的站位了。然而，如果我所持的更平等的知识观是正确的，那么多元民主可能是最不坏的政治决策制度。总之，我虽同情普通人对于精英、专家和技术官僚的反对，但这样的同情却真的没有民粹主义倾向。

害怕民粹主义自然是没问题的，但同时我们应该认识到，专家统治也是"对民主的叛离"（Levy and Peart 2017）。如果要维护多元民主，所有学术、新闻和政策分析等行业的人就都应该认识到，专家经常侵扰、伤害普通人。例子不胜枚举，我在本引言中就已经给出了一些。公众抗拒专家，对专家表示愤怒，完全是有道理的，我们不能简单地将这样的情绪视为不理性的恐惧或者无知的反智主义。专家确实有问题，而且问题很严重。

本书中，我就是要想办法解决专家存在的问题。我提出了一个关于专家的经济理论。这个理论是"经济学"理论，因为采用的是经济学的视角（Kirzner 1976），但这个理论**并非**关于专家或专业知识的"经济视角"或"经济后果"。实际上，它融合了曼海姆（Mannheim 1936）、福柯（Foucault 1980）、特纳（Turner 2001）等哲学家，科林斯和埃文斯（Collins and Evans 2002）等科技学者，伯格和卢克曼（Berger and Luckmann 1966）、默顿（Merton 1976）等社会学家的理论。

在我提出的这个理论中，专家是有偿提供意见的人。这里的"意见"仅指专家选择传达的信息,而不涉及这些专家是否真的相信它。如果你的意见使你得到报酬,你就是专家。如果你并未因为给出意见而得到报酬,那你就不是专家。更准确地说,如果你的意见使你得到了报酬,那么**在这个契约关系中**,你就处于"专家"角色的位置上。因此,"专家"是一种契约角色,而不是一类人。我将试图在后文展示,正是基于这样的"专家"定义,我创建出了一套与其他类别的经济模型都不相同的经济模型(尽管并非完全不重叠),这套模型跟委托-代理模型、信息不对称模型、信任品模型都不一样。通常,我们根据专业知识来定义专家。然而,如果这样下定义,那么每个人都是某方面的专家,因为我们每个人都在劳动分工中身处不同位置,而劳动分工也就是知识的分工。因此,谁是专家,谁不是专家,就变得不清楚了。我用契约关系来定义专家,似乎就绕开了这种模糊性。而且,我这样定义,还不需要判断一个专业知识有误或不足的人是不是"真的"专家。也就是说,本书所建构的专家经济学理论不用我们判断别人的专业知识是否合理、是否科学、是否认证完备、是否能"算数"。

  本书由前述专家问题的性质和历史讲起(第 2 章到第 4 章)。关于这个问题的文献有很多,且涉及多个领域,包括哲学、法律、社会学、科技研究、经济学、法庭科学和优生学,但过去没有人把这些文献梳理清楚。我并未尝试呈现这些文献的全貌,只是试图把它们理顺,确定其主题,进一步刻画(我眼中的)四种主要理论立场。大概说来,人们对专家要么持较为正面的观点,要么大致持质疑的态度。同时,大家可能认为普通人某种程度上能在专家的意见间做出选择,也可能认为普通人没有这种能力。上述两种关于专家的观点,以及两种关于普通人的态度，共同形成了人们对专家可能采取的四种一般性理论立场。尽管文献中各类理论数不胜数，但绝大多数理论家的观点似乎都可以归为这四个类别里的一个。在第 2 章中，我会讨论这四大类专家理论，并为每一类都提供一些范例。

在第 3 章中，我回顾了专家问题在历史上的重要两幕。首先是苏格拉底哲学的出现，以及柏拉图、亚里士多德和阿卡德米学园（the Academy）对它的发展。在这一传统中，哲学家是专家。第二幕主要是 19 世纪关于专家证人的英美法律文献。我会在这一章指出，在这两个历史语境中，专家都被认为在知识和道德上均**高于**普通人，所以普通人应该**服从**他们。这种对专家和专业知识的崇拜在今天也很普遍，而这种情况在我看来十分不恰当，也十分令人遗憾。

所有这些论点似乎都源于苏格拉底式的哲学。最近，一位反对民粹主义的专家、英国著名物理学专家布赖恩·考克斯（Brian Cox）提及了这一起源。在评论戈夫对专家的蔑视时，他说："这完全错误，这是通往洞穴的道路。"（Aitkenhead 2016）考克斯引用苏格拉底哲学中的洞穴，告诉我们挑战专家不合乎哲学。他继续指出，专家是高洁的，不受狭隘利益的玷污。他说："身为专家并不意味着就是某方面的既得利益者，而是意味着你一生都在研究某样东西。你不一定是对的，但比起那些没有花毕生时间研究它的人，你更可能是对的。"（Aitkenhead 2016）我们将在第 3 章中看到，苏格拉底式的哲学传统明确表达了这种认为专家更好、更聪明的观点；19 世纪的"科学人"（men of science）大骂他们在法庭上做证时经受的质疑和所谓侮辱时，这种观点又再次得到了体现。

最后，在第4章中，我回顾了专家理论中反复出现的几个主题，并讨论过去都是如何处理它们的。这些主题包括权力、道德、自反性、博识的公民、用民主控制专家、讨论、市场结构。我会尽量指出在专家理论的背景下，有哪些可能的选择和策略可以用来处理这些主题。至此，本书第一部分勾勒出一幅地图，标明专家文献占据的领域。

我觉得，本书所用的经济学视角很容易受到误解。所以，我先在第5—7章讨论支撑这一视角的经济学概念。我的专家理论建立在劳动分工和知识分工共同进化的理论基础上。这一理论中至关重要的一点是，劳动分工和知识分工并非事先计划好的。它们自发地出现于许多人分散的行动中，而这些人并没有预先协调好各自的计划。整个系统都没有事先计划好，但却能自行协调一致。这个"自发秩序"（spontaneous order）的概念看起来可能很陌生，读者容易误解它。这个概念像是科学神秘主义的体现，也好像"具体化"了的市场，又或许从其他角度看起来荒谬或神秘。我有意设计了一个浅显的例子（观众们一起站在体育场里）来消除这种陌生感。我希望这个例子能够表明，自发秩序这个概念没有任何荒谬或神秘之处。它虽然初看令人惊讶，但其实并不奇怪。

我进一步用其他比较严肃的例子来说明自发秩序，比如以劳动分工为例。我们不该认为有一个宏伟的目标来驱动劳动分工，劳动分工实际上并不体现一个统一的阶级价值。劳动分工没有目的，也不服务于某个特定的阶级。相反，它是各种人追求各种可能不一致的目标而产生的意外结果。我们能够共处，并且许多人还相处得那么融洽，正是因为我们不必在价值观上达成一致，信徒们也可以从无神论者手上购买《圣经》。这个系统运行起来总有磕碰，但总的来说还是相当不错的。

在第 5 章中，我还讨论了"竞争"（competition）和"竞争性"市场（"competitive" markets）这两个概念，可能它们比自发秩序还难令人接受。我把我处理专家问题的方法称为"专家经济学理论"。因此，我进行制度比较可能并不奇怪。具体来说，当专家拥有垄断权时，错误与滥权很有可能发生。一旦专家意见形成了"竞争性"市场，错误和滥权则相对不太可能发生。我给"竞争性"这个词加上引号，是因为它很容易引起误解，让人觉得仿佛市场中"什么都有"，而且"没有规则"。我会在第 5 章中试图说明，任何一种无规则市场的概念都是不合逻辑的。经济理论中的"自由市场"总会由**某一套**规则来"调节"。问题是，何种规则会对应产生什么后果？某套规则是否可以改进？如何确定最优规则或调整用来管理不同市场的不同规则？"竞争"和"竞争性"这两个词还可能会暗示一些与我所想意思截然不同的东西，但我找不出别的词来代替它们。所以我还是会使用这两个词，希望我在第 5 章中所做的澄清能够尽量减少误解。

只有不同人知道不同事，专家问题才会产生。因此，知识分工必然是专家理论中的核心问题。伯格和卢克曼（1966）第一次明确提出的一般性的专家问题，就是建立在对知识分工的清晰论述之上的。"我不仅需要专家的建议，而且要专家先告诉我去找哪些专家。知识的社会分布基于一个简单的事实：我不了解别人拥有的知识，他们也不了解我的知识。于是，最终社会里形成了一个极其复杂且深奥的专业知识体系。"（p.46）如果有谁提出一个专家理论，但其中不包含、不反映一种至少大致正确的社会知识理论，那这个专家理论就很可能会出错。所谓社会知识理论，应该回答诸如此类的问题：指导社会行动的知识本质是什么？这些知识是如何产生和传播的？在第6章和第7章中，我会论证知识通常是分散、自行涌现且隐性的。我把这一观点归功于哈耶克（1937），尽管我也学习了曼德维尔（1729）的一些思想。曼德维尔在对待知识时，采取了比哈耶克更激进的怀疑主义和平等主义观点。如果我这种哈耶克式（或是曼德维尔式）的知识观是正确的，那么知识就并非等级分明、集中统一、清晰明确、书卷学究。相反，它通常来源于实践，常常不言自明，内嵌于我们的规范、习惯、实践和传统之中。维持着社会劳动分工的人类知识，与其说是像狄德罗的百科全书一样结构明确、条目清晰的存在，不如说是维特根斯坦提出的语言游戏所编织成的巨大网络。在第6章中，我从柏拉图的《申辩篇》讲到曼德维尔的《蜜蜂的寓言》（以下简称《寓言》），回顾了其中关于知识分工的思想史。在第7章中，我将这段思想史延续到现在，并指出知识分散这一概念至今仍然没有得到广泛理解。

第8—11章叙述了我的专家理论，我把它称为"信息选择理论"。之所以这么叫，有两个原因。第一，这个名字强调了专家是经济主体，他们选择要向他人传达什么信息。第二，它强调了这个理论与"公共选择"这一经济学理论的关系。与公共选择理论一样，信息选择理论假设人们在生活中的所有角色都与他人无异。因此，专家不比普通人诚实，也不比他们自私。我提出专家经济学理论的三个关键前提假设。第一，专家寻求效用最大化。因此，专家选择分享的信息不一定是真实的。第二，认知有限且容易出错。第三，激励会影响专家所犯错误的分布。这些前提假设和哈耶克式知识分散的观点，共同支撑起专家和专家失灵的理论，结论是"竞争"往往胜过垄断。当专家为客户做出选择时，发生失灵的可能性比客户自己做选择来得更高。而且，当专家具有知识垄断（地位），不需要相互竞争时，专家失灵的可能性也会更大。不过我们会看到，这里面竞争结构的细节也很重要。最后，在第 11 章中，我将讨论如何设计渐进的制度改革，改善专家咨询市场。

我的专家理论提出了对所谓的"军事-工业综合体"（military-industrial complex）、"国家安全至上国"（national-security state）或"深层国家"（deep state）的知识性批判。基于我在第 12 章中论述的理由，我将采用"纠缠深层国家"（entangled deep state）这个标签。在第 12 章中，我大致勾勒出这类批判。它并不是我写本书的初衷，但在我的写作过程中很自然地出现了，所以我觉得它应该是本书的一部分。可惜的是，在我所提出的渐进式改革中，似乎并未包含关于如何改革纠缠深层国家的建议。碰巧在特朗普执政前期发生了诸多事件，使得"深层国家"一词在大众媒体中使用得愈加频繁，以至于在很短的时间内这个词就成了老生常谈。我们现在读到的可能不再是"军事-工业综合体"的坏处，而是美国"深层国家"的危害。

"纠缠深层国家"是对多元民主的威胁，这个问题非常重要。不过，我的批评是**知识性的**。我不讨论纠缠深层国家如何与我的价值观相悖，而是阐明它会导致专家失灵。

在对比专家意见市场中的"竞争"与"垄断"时，我采用了比较制度的方法。我要探究哪些制度安排会助长专家错误和滥权，而哪些制度安排会阻碍并减少专家错误和专家滥权。我们已经看了一个很能说明制度重要性的例子。英国家事法庭中，诉讼程序的保密性和监禁儿童的经济激励至少是专家滥权的部分原因。英国社会服务的制度结构导致儿童能被随意从家庭中带走，这样的制度增加了专家犯错和滥权的情况。如果英国采用另一套制度，司法不公的情况可能就会少很多。因为我的理论重视**比较制度**分析，所以在结构上与威廉·伊斯特利（William Easterly）和文森特·奥斯特罗姆（Vincent Ostrom）等许多前辈学者的研究很相似。

伊斯特利（2013）恰如其分地反对了发展过程中的"专家独断"。我会在第 4 章中再次提到，他否定了所谓"技术官僚错觉"（technocratic illusion），他给这种错觉下了个定义，即"相信贫困是一个纯粹的技术问题，可以通过化肥、抗生素或营养补充剂等技术方案解决"（p.6）。伊斯特利认为，"推崇技术官僚主义方法的经济学家在看待权力时过分天真，他们觉得放松甚至取消约束之后，权力还将自动保持善意"（p.6）。贫困源于权力的缺失，而非因为没有化肥。"技术官僚错觉让人以为贫困源于专业知识的匮乏，但实际上，权力的缺失才是贫困的根源。"（p.7）因此，伊斯特利采取了**比较制度**的方法来研究专家问题。如果专家在技术官僚主义模型中拥有权力，那么他们就可能滥用权力，不良结果也就很容易由此而生。相反，如果穷人获得民事权利和政治权力，有可能出现更好的结果。自上而下的规划远不及自由的经济发展。

奥斯特罗姆（1989）采取了比较制度的方法来分析公共行政。他批评了行政国家（administrative state）。施特劳斯（Strauss 1984, p.583）指出了四个"现代行政政府的重要特征"，我使用这些特征来定义奥斯特罗姆所反对的"行政国家"。主要说来，美国联邦政府内含一个复杂的官僚体制，这个体制至少在某种程度上不受民主进程的影响，作为一个独立（尽管并不同质或统一）的权力基础存在。总统在面对联邦政府的行政机构时，"不占支配地位，但也不是没有权力"（Strauss 1984，p.583）。

"行政国家"和"深层国家"这两个术语描述的是两个不尽相同的现象。"行政国家"通常被用于刻画监管机构，一般不包括军队或情报机构。而"深层国家"所描述的常常包括名义上的私人行为体，比如国防承包商。这两个术语一直是不同的，但有一些重叠的部分。最近，它们总是被用得模糊不清、前后矛盾、互相重叠。

奥斯特罗姆批判行政国家，从而挑战了将国家视为一个统一主体的公共行政的传统观点。奥斯特罗姆解释道，根据威尔逊（Wilson 1887）提出的主流传统观点，"任何政府体系中总有一个起主导作用的权力中心，这个单一的权力中心会控制住政府"（1989，p.24）。在奥斯特罗姆所定义的威尔逊式视野里，严格的等级制度是唯一可能的政府形式。"就行政职能而言，"威尔逊解释道，"所有政府在结构上都有很强相似性；更重要的是，如果想要统一、有效，它们就**必须**具有很强的结构相似性……君主政体和民主政体，尽管在其他方面有着根本的不同，但在现实中却有着几乎相同的事情要做。"（1887，p.218）从这个角度来看，必须保护受过训练的专家免受民主压力。威尔逊认为"行政不在**政治**的范围内。行政问题不是政治问题"（1887，p.210）。威尔逊承认民主有一定的作用，但认为治理的核心是只有专家才能胜任的专业决策,"政治为行政规定任务,但不应该操纵行政部门"(Wilson 1887,p.210)。中央银行的独立性原则就是一例,表明专家的专业决策应受到保护,不应遭到民主干预。如今,这种想法不仅影响着政治和"行政",也影响着法律、医学、新闻和教育。

奥斯特罗姆引用了美国联邦制的特征——"管辖权重叠和权力分散"(1989,p.106)的基本制度事实——来反对这样的等级观念。如果"那些行使政府特权的人在腐败程度上跟其他公民不相上下"(1989,p.98),那么这种权力分散产生的结果可能会比威尔逊想象的单一制政府(unitary government)更好。奥斯特罗姆捍卫多元政体,反对等级制度,为公共行政理论提出了一个完全不同的视角。

我的专家理论表达了与奥斯特罗姆(1989)相似的愿景。我将会阐明,我对专家的看法与我所借鉴的其他学者的观点一致,包括利维和皮尔特(Levy and Peart 2017)、特纳(2001)以及伯格和卢克曼(1966)。不过,正如科尔(Cole 2010)和姆努金等人(Mnookin et al. 2011)所说,我也认为在关于专家的文献中,现有主导观点比奥斯特罗姆(1989)的看法更具等级性。和奥斯特罗姆一样,我建议摆脱原有的错误观念,不再认为只有等级制度才是连贯和可行的,并转向一个新观念,相信多元政体通常能产生更好的结果。我支持多元政体,不接受威尔逊(1887)等人所提出的等级观。

和奥斯特罗姆一样,我偏好多元政体而反对等级制度,是分析得到的**结论**,而不是分析的**起点**。此外,只有在我无价值倾向的分析中加入仁慈的标准,才会出现对多头政体的偏好。不过,这一理论如果没什么大错，就不需要有非常具体的规范性假定，只要假定人对其他人存有普遍善意，就能够推出多头政治确实可取。如果我偏好多元政体、拒绝等级制度的这一结论有误，那么错误应该产生于没有价值倾向的科学分析，而非来自我的道德判断。

不幸的是，人有可能只对一些人持有善意，但对其他一些人抱有恶意。虽然生而平等，但人们可能生活于多中心政治秩序之中，一些人享有自由，另一些人惨遭专制统治。奴隶制时期的美国和种族隔离时期的南非就是突出的例子。有人可能会指出，限制某些人的自由，会导致社会缩小，降低社会利益总体水平，这些负面影响也会波及不遭受专制统治的那部分人。但专制集团中有权有势的人可能会压迫他人，从中获得特殊利益，例如美国南部的大奴隶主，就是通过窃取奴隶的劳动成果来致富的（Fogel and Engerman 1974）。我们必须做出选择，是要"对操控和专制的热爱"（Smith 1982，p.186），还是要平等友好、自由交流所带来的物质和精神利益。

奥斯特罗姆的公共行政理论和我的专家理论都解决了等级制度与多元政体之间的选择问题，但我在本书中的分析比奥斯特罗姆更加偏向知识性。是等级制度还是多党制能带给我们更好的结果？我们如何最优地协调分散于人们手中的知识，从而产生良好的社会效果？像威尔逊所提出的那样，通过等级制度施行专家统治，实际上背后的原理是知识的等级观。他认为知识是统一、明确、完整的。因此，为了协调人类的行为，我们必须使行为与知识的层次结构相协调，而知识体现在专家身上。但如果知识并非按等级划分，而是产生于实践之中，有些时候甚至不用说出口，那么只有多元政体才能很好地协调行动。

如果知识真是如此分散而异质，那么行政等级和专家统治带来的结果会很糟糕。

和奥斯特罗姆一样，我想要挑战行政国家。在第12章中，我将指出，行政国家与法治背道而驰。"法治"一词经常被用来指"严格执法"，"打击"所谓的坏人。然而，在本书中，它是法律术语，具有与上述解释非常不同的含义。"法治"是自由理想的核心。"法治"一词的权威解释者戴雪（A. V. Dicey）说："首先，它意味着常规法律至高无上的绝对支配地位，反对专制权力的影响，反对政府的专制与特权，甚至反对政府拥有广泛的自由裁量权。"（1982：120）[参见法伦（Fallon）1997年关于"法治"含义的解释和爱泼斯坦（Epstein）2008年关于"为什么现代行政国家与法治背道而驰"的论述。]米塞斯（Mises 1966）在对比社会中的支配性约束和契约性约束时援引了法治这一概念："支配性国家中既无权利也无法律，只有指令和规定，掌权者可以朝令夕改，可以由着喜好带着歧视施行这些规定，而受支配者必须遵守。"（p.199）

行政国家不行法治。从这个意义上说，行政国家是**无法律**的，应该被废除。然而，改革宪法的后果无法预测（Devins et al. 2015）。因此，废除行政国家应该逐步完成。至于如何废除，目前尚不明确，仓促行动可能会让社会变得更糟。尤其是如果行政国家被政党统治取代，我们将与多元民主越走越远。

政党统治下，决策不再需要用理性分析来支撑。虽然在行政国家中，对专家决定的理性支持往往只有仪式性，没有实质性，但表面上的客观中立确实一定程度上遏制了专制武断和前后不一。而比起当前的行政国家，政党统治中，决策者可能会更加专制，朝令夕改。决策的政治性将显露无遗。如此一来，这些决策实际上反映的是政治判断：一个人或一个团体是不是忠诚的好分子；某种行事方式是正确反映了国家和人民的性质，还是属于国外来的坏方式。所有这些"判断"都建立在对执政党及其价值观的忠诚之上。它们是专制决策的理由，完全不受理性批评的影响。这样的判断，使得相似的情形可以用不同的方式来对待。任何人，只要挑战政策信念或政策合理性，就是在暴露自己的邪恶，昭示自己是为外国利益服务。民粹主义运动似乎就伴随着政党统治取代行政国家的危险。

很难预测美国的"行政国家解构"（Rucker and Costa 2017）到底会产生政党统治还是会增进自由。悲观者最好谨记斯图尔特·霍尔（Stuart Hall 1979）的尴尬场面。他错误地警告大家要小心撒切尔政府的"威权民粹主义"（authoritarian populism），说撒切尔政府"导致民主形式被显著削弱"（p.15）。霍尔甚至认为撒切尔政府是一种半法西斯主义政府，他说："与古典法西斯主义不同，它保留了大部分（尽管不是全部）正式代表机构。"（p.15）现在看来，当初霍尔如此程度的警告未免夸大其词了。

杞人忧天、夸大其词（Chicken Littleism）非我所求，不过仍有一些想法令人不安。随着美国公众越来越意识到行政国家和深层国家的问题，传统的宪法结构可能会丧失其合法性。所谓传统的宪法结构，包括了对行政权力的立法和司法检查。在这种环境下，对国家权力的限制可能会进一步削弱，最终走向一党专政也并非不可想象。

我所警告的危险不是来自单独一个政党或某一名当选官员。比起法治或人民利益，美国两大政党都对精英特权和国家利益给予了更大的支持（Greenwald 2011）。它们都在限制政治竞争方面进行合作，从而减少政治多元化（Miller 1999，2006）。因此，政治多元主义和法治这两个概念，在美国政治中变得越来越陌生。问题不是哪个政客或政党在追求政治弊病，而是专家统治与法治、多元民主并不相容。专家统治会逐渐削弱法治和多元民主，这种制度一旦推翻民主，就会视多元政体和法治为从未发生、无法想象的东西，将它们排除在外。

随着政府和政党发生变化，国家转向政党统治的风险有增无减。我们并非注定要走向奴役之路（Hayek 1944）。我们可以选择加强法治，拥抱民主多元主义。然而，在采取这些行动之前，内生于行政国家和纠缠深层国家这两大邪恶的危险将继续存在，它们根植于形势背后的逻辑，而非来自某个政党或官员。

我对专家问题的兴趣源于我对法庭科学及其错误的兴趣。这个出发点可能对我的思考很有帮助。与气候科学和货币政策等领域不同，法庭科学领域中的专家问题没有混杂可能分散注意力的事情。法庭科学中的专家错误问题不能被归为威尔逊式进步主义。所有党派，不管是"左"是"右"，还是其他什么，都同意法庭科学的错误是一件坏事。法庭科学与任何政党或计划都没有联系，这个特征使我能够在思考专家问题时相对不受意识形态偏见的影响，也使我不再需要判断专家们所使用的理论。法庭科学专家所评估的事实独立于他们用来评估这些证据的理论。被告是否枪杀了受害者并不是一个观点问题，也不是什么理论框架的问题。琼斯要么确实射杀了史密斯，要么确实没有。理论的这种独立性使我可以在思考错误本身和它所受的影响时，不会显得好像在对专家们所用的理论放马后炮。而且我还认为它可能帮我更清楚地看到了社会语境（包括激励）对专家决策的影响。最后说一点，很不幸，法庭科学一直是一个丰富的专家失灵案例库。

虽然我对专家的兴趣起源于相对狭窄的法庭科学语境，但我对这个问题的分析在很大的范围内都适用。上面提到过，它还能用来分析与批判纠缠深层国家。所谓的"情报体系"里面就是一群专家，他们努力捍卫自己作为专家的权力和特权。无论这些专家是愤世嫉俗的还是真挚诚恳的，他们的知识主张以及对权力和自主权的相应主张，都是一场非民主的邀请，使我们走向专家失灵。

也许是我更激进的知识观支持了我所谓的"休谟式的现状偏见"（Koppl 2009；Devins et al. 2015）。弗农·史密斯（Vernon Smith 2014）指出，"'监管'或'放松监管'这样的说法"是"不幸的说法"。我在第 5 章中阐述了这一重要观点。奥地利学派的经济学家向世人警告了"监管的危险"（Kirzner 1985）。我很赞同监管具有柯兹纳（Kirzner）所警告的那种危险，本书的认知论还加强了这一警告。但放松监管也有认知论危险，所以也要当心放松监管的危险。我们可以把对政治和制度变革的普遍抵制称为"休谟式的现状偏见"。休谟指出，"追求自由诚然是一种值得称赞的热忱，但通常应该服从于对既定政府的尊重"。我的立场与查尔斯·林德布洛姆（Charles Lindblom 1959）的立场相似，提倡"渐进调试"（muddling through），德文斯等（Devins et al. 2015，2016）采取了类似的"反对设计"的立场。

我已经说过，自由并不暗含平等。但这个推论反过来就是正确的：平等暗含着自由。有种陈腐的观点，说在集体主义下人人平等，皆为奴隶，这种看法是错误的。不可能人人平等，除非我们都平等地自由。我想，大家都很清楚，在一个有人掌权的制度中，有权势者更有可能服务于自己的利益，而非公共利益。这种情况下，掌权者和服从者之间的收入、地位或权力都是不平等的，那人们就并不享有平等。在"受约束"的制度中也是如此，最完美的民主制度也不例外。如果制度"受约束"，那么官方专家就**理当**能够决定很多事情，普通人不得不服从专家的决策。如果这些专家无法避免我在第10章中描述的"共生态偏差"（synecological bias），那么这些专家为——假定是为——普通人所做的决定于普通人无益。基于共生态偏差，就算专家有热情、有善意，他们的决定也会很糟糕。我在第10章中对专家失灵的讨论，可能有助于说明垄断专家与普通人并不平等。只有当我们每个人都不受专家的约束时，我们才能平等。如果让你替我选择，那我们就是不平等的。

米塞斯（1966，p.196）有力地表达了这样的观点：

> 只要合作基于契约，合作方之间的逻辑关系就是对称的。各方均是人际交换契约中的当事人。约翰与汤姆的关系同汤姆与约翰的关系并无分别。合作只要建立在指挥和服从之上，就会有人指挥，有人服从。这两类人之间的逻辑关系必不对称。有一指挥者，另有人受其照管。仅有指挥者可以随意选择并发号施令；其他人，即被照管者，则只是他行动中的卒子。

在专家统治下，知识被加诸制度之上。但其实知识应该从制度中生发出来。如果知识是被强加给制度体系的，那么就意味着它是由某个人强加给他人的。这个人不仅把知识强加给他人，还借此支配他人。被强加知识的人，与将知识体系强加于社会的人，自然并不处于平等的关系之中。我在本书中提出知识发生观，这样的观念表明我们不需要将单一的知识体系强加给社会。我们可以让知识涌现并发展起来，无须试图控制或将它系统化。我们如果要自由，就必须让知识自由地涌现。只要那些强加统一的知识体系给他人的人依旧是统治者、施暴政者，我们就无法自由。换句话说，不能平等，就没有自由。

这种将知识强加于制度的倾向，发源于研究社会这一行为。在研究人类社会时，我们可能很容易忘记我们也是社会中的人。我们将社会视为蚁丘，将人视为蚂蚁；我们俯视着蚁丘，仿佛自己是更高的存在。阿尔弗雷德·舒茨（Alfred Schutz）描述了所谓的"蚁丘问题"：这个理论视角要求我们想象自己身处制度之上，然而实际上我们生活在制度之中。我认为舒茨描述蚁丘问题，原意不是警告社会科学家别太自大，要真是警告，那才好呢。舒茨比较了我们模型中的经济主体（"个人理想类型"）与理论家提着线操纵的"木偶"。木偶的"命运为他的创造者（即社会科学家）所控制，由他们预设好，总符合莱布尼茨想象中神创世界里的前定和谐"。正是这种将社会理论化的行为，将你置于一种虚假的神一样的地位。"重要的是**科学家**设想社会世界的角度。"（Schutz 1943, pp.144-145）社会科学不可逆转的永恒危机，就是理论家拥有双重角色——上帝般的观察者和平等的参与者。

第一部分
问题的本质与历史

2
是否有一类专门研究专家的文献?

引子

专家拥有其他人所没有的知识。其他人,也就是普通人,必须决定什么时候该信任专家,以及要给予专家多少权力。我们想要一个"疗愈者",但又害怕来的是"庸医",还很难判断来的是哪个。专家可以严格地只扮演咨询角色,但也可以帮其他人做出选择。举个例子,精神科医生可以合法地宣布某人精神不健康,然后把他们监禁起来。正如特纳(2001)所说,我们面临着"面对专家时的问题"(problem with experts)。什么时候信任他们?给他们多少权力?如何确保专家带来好结果?什么会导致糟糕的结果?等等。

不同人知道不同事。日常生活中,我们需要许多不同领域的知识,才能做出正确的决策(例如职业、健康、营养、为来世做准备、投票、买车、今晚看哪部电影),但没人能对每个领域都很了解。我们每个人都觉得有必要从其他人那里了解一些事情,比如哪种药物最能促进长期健康，哪种宗教习俗能让我们在死后过上幸福的生活，哪种饮食习俗最有可能推迟死亡，哪种学校最有可能让我们的孩子拥有良好的职业生涯，哪种发型最时尚，哪种车开起来最有趣。工作中，我们也依赖他人的专业知识。公司经理需要在很多领域中（例如工程、会计、财务）听取专家的意见。负责侦查的警察需要法庭科学家告诉他们犯罪现场是否残留指纹，这些指纹又是否与嫌疑人的指纹匹配。民事律师会就伤害客户的产品的危险性究竟有多高征求专家意见。此类例子不胜枚举。换句话说，我们依靠专家的意见。就算意识到专家有可能给出不好的建议——因为他们可能会犯"诚实的错误"，也可能一时失误，或是由于利益冲突和其他原因而出现问题——但我们还是依赖专家。"专家问题"，指的就是我们必须依赖专家，就算专家给建议的时候可能并非完全可靠、完全可信赖。在西方思想史中，专家问题在某种程度上以某种形式被意识到了，尽管这个意识很模糊。直到最近，它才成为一个清晰的问题。伯格和卢克曼（1966）最早明确地讨论了**一般性的**专家问题，他们将问题与社会中的知识分工联系起来。"我不仅需要专家的建议，而且要专家先告诉我去找哪些专家。知识的社会分布基于一个简单的事实：我不了解别人拥有的知识，他们也不了解我的知识。于是，最终社会里形成了一个极其复杂且深奥的专业知识体系。"（p.46）

专家问题源于伯格和卢克曼强调的"知识的社会分布"，这个内容我会在第 6 章和第 7 章中进一步讨论。然而，基本思想其实非常简单，前面已经提过：不同人知道不同事。劳动分工需要知识分工，没有人会否认这个简单的事实。然而，我们将会看到，在哈耶克

（1937）将其作为政治经济学的中心主题之前，西方思想界对知识分工似乎只有不甚清晰的认识。知识分工这一观点甚至被专业学者否定、批评，很少有思想家愿意并且能够认识到哈耶克所理解的知识分散究竟是什么意思。后面我们会看到，哈耶克使我们注意到分散的知识如何才能根植于实践，而非停留在书籍、公式和理性思考中。

在第6章中，我会论及一个令人惊讶的事实：社会学和科学技术研究中关于专家问题的现代文献，其实可以追溯到它们很少引用的一个来源——哈耶克1937年的文章《经济学与知识》。

如果无法明确认识到社会中的知识分工及其重要性，就很难（甚至不可能）认识到一般性的专家问题。因此，只有在哈耶克阐述了知识分散的问题之后，人们才明确认识到一般性的专家问题。这样的发展顺序没有什么好惊讶的。

如果社会中缺乏一定程度的韦伯理性（Weberian rationality），人们也不可能清楚地看到专家问题。韦伯本来想表达什么意思，其实争议颇多。这里，我用如下行为来**定义**韦伯理性：在面临人类生活中的大量选择时，使用计数、数值测量和有意识的思考等手段；清楚地表达所追求的目标；在选择实现这些目标的手段时，以效率作为标准；目标中包含对稳定、和谐和秩序的追求（大概可见于Weber 1927和Weber 1956）。现代企业表现出高度的韦伯理性，这种理性与马可·波罗描述的13世纪商业实践形成了鲜明对比（请参阅马可·波罗回忆录的任何标准版本，标题通常为《马可·波罗游记》）。当然，马可·波罗故事中的细节不全可信，甚至连基本轮廓是否真实也存在争议。值得注意的是，根据这部名著的记叙，他的商业交易中似乎很少有仔细的计算。他的商业活动就是一次冒险。可能是因为商业世界具有太大的不确定性，就算尝试进行仔细计算，最后也都会归于徒劳。而且，重要的是，他那时还没有复式记账法可用（马可·波罗的历险发生于1271年至1295年，早于复式记账法"第一次出现"的任何一个可能日期。见 Yamey 1949，p.101；de Roover 1955，pp.406-408 和 411；Edwards 1960，p.453）。没有复式记账法，很难进行良好的计算，甚至不可能进行计算。

在一个韦伯理性较低的世界里，会有牧师、占卜师、医生、法律专家和其他专家。但是，在这样的世界中，任何思想家似乎都不太可能非常清楚地想到本书中所考虑的"专家问题"。只有当大量选择是通过（至少部分）韦伯理性的过程做出的，社会观察者才有可能认识到一般性的专家问题。

早期的思想家可能不善于识别一般性的专家问题，但他们确实针对专业知识的问题进行了一些分析。有些时候专家会受到好评，不过这种评价通常来自那些自封为专家的作者。有些时候我们会看到人们对专家的不满。例如，阿里斯托芬嘲笑雅典占卜师（Smith 1989）。又如，在《亨利六世》中，莎士比亚笔下的屠夫迪克大声疾呼："我们要做的第一件事就是杀死所有的律师。"这句台词可能暗示了1381年沃特·泰勒（Wat Tyler）领导的农民起义，他的游击队"对律师的敌意尤其大"（Hume 1778，vol.3，p.291），也许是因为"他们专门建议男爵们恢复奴隶劳动的传统正当地位"（Schlauch 1940）。再比如，莫里哀的《爱情是医生》中满是不称职的医生，比起把人治好，他们更可能把人弄死。还有，笛福（DeFoe 1722）对比了经验丰富的医生与瘟疫中出现的"庸医魔术师"(p.33),"人们追逐庸医、江湖郎中、巫师和算命师的愚蠢幽默"(p.42)让他感到十分可悲。

直到最近,西方思想界才能够条理清晰地评论一般性的专家问题。至于就专家问题进行一般性的讨论,则至今还没能做到。有些学者进行了或类似或互补的分析,但他们彼此间似乎并不互相了解。尽管如此,我们还是可以借由简单的分类,理出关于专家的文献,这类文献能溯源至古代。这个简单的分类方案有助于我们辨明与专家理论相关的作品,即便这些作品未能逻辑清晰地阐述一般性的专家问题。我们将会看到,这类文献其实从理论角度讨论了不同领域的专家。在某些情况下,专家们的唯一问题,似乎是普通人不够顺从。

在本章和接下来的两章中,我将讨论许多过去的思想家。对这类研究专家的文献,我并不去尝试呈现其全貌,有些重要学者甚至被我完全略过,比如舍勒(Scheler 1926)、萨斯(Szasz 1960)、泰特洛克和加德纳(Tetlock and Gardner 2015)以及康拉德(Conrad 2007)。还有一些人物,比如尤尔根·哈贝马斯(Jurgen Habermas 1985)和詹姆斯·科南特(James B. Conant),虽然会提到,但可能不会给他们很多篇幅。我不尝试呈现这类文献的全貌,而是试图证明研究专家的文献**确实存在**。它横跨多个领域,包括哲学、科学技术研究、经济学、政治学、优生学、社会学和法学。我相信下一节提供的简单分类法能够为比较讨论专家问题的不同理论方法创建一个通用框架,将它们置于一个共同标准之下。

一个简单分类法

各种理论之间的区别,在于它们如何建模专家和普通人。有时,专家在模型中拥有无私、中立、客观、"科学"、廉洁等等品质。我们称这样的专家"可靠"(reliable)。他们之所以可靠,是因为普通人依靠他们,能够获得良好的指导。有时,专家在模型中是利益相关者,他们行事,可能出于地方利益、阵营竞争、自私等动机,或者受到无意识偏见的影响,又或者腐败,等等。我们说这样的专家"不可靠"。他们之所以不可靠,是因为普通人无法依靠他们,无法获得良好的指导。至于普通人,他们可以在模型中表现得理性、明智、积极、技能强,或者在其他方面能力不错。我们称这样的普通人"有能力"(empowered)。这样的人至少有可能合理估计专家的可靠性,或许还能推翻或无视专家的建议和决定。普通人在模型中也可能被建模为不会推理、受制于所谓"文化""意识形态",或者在其他方面被动、惰于思考。他们无法评判专家意见,也不可能在诸多专家意见中做出选择。我们说这样的普通人"无能力"。他们没有办法合理估计专家的可靠性,也没有能力推翻或无视专家为他们做出的决定。这种分类法把专家理论划分为四个类别:可靠-有能力、可靠-无能力、不可靠-有能力和不可靠-无能力。这样的简单分类,能够适用于任何专家理论。

心理测量学等技术领域赋予"可靠"一词统计上的技术含义,尽管我在这里没有使用这个含义。例如,凯耶和弗里德曼认为(Kaye and Freedman 2011,p.227),"在统计学中,可靠性是指结果可复现。

可靠的测量仪器会得到一致的测量结果"。因此,可靠性与有效性并不相同,"有效的测量仪器能够测量它应该测量的东西"(Kaye and Freedman 2011, p.228)。诸如此类的科学定义,在许多情况下都很重要,比如在评估法庭科学证据质量时就不容忽视。但是,"可靠"一词,也拥有我在本章中所用的这种更广泛的意义。

我的分类法并不涉及所有维度,它不管理论家如何或是否对自己建模、是否将自己建模成"专家"、是否支持某些政党和反对其他政党等等。有一部分理论,把专家的可靠性或普通人的能力视为内生,对于这部分理论,我的分类法可能很难对其进行分类。对于那些建模了专家和普通人的理论,这个分类法就有用。我们通常可以将专家分类为"可靠"或"不可靠",而将普通人分类为"有能力"或"无能力"。表2.1展示了我这个简单的分类法。

表2.1 专家理论分类

	普通人无能力	普通人有能力
专家可靠	本格中的理论认为专家很好。持此观点的部分理论家主张至少在一些领域中(如生育),专家应该为普通人做出决定。	本格中的理论认为普通人依赖专家,但一定程度上能够判断专家是否服务于普通人的利益。
专家不可靠	本格中的理论认为专家与普通人的思考都取决于历史条件或物质条件。这些条件可能压制了双方,但总体来说专家相比普通人还是更有优势。	本格中的理论认为专家会对普通人造成威胁,部分原因是专家会先考虑自身利益。不过可能存在一些机制能够保护普通人免受专家错误和专家滥权的影响。

威尔逊(1887)等美国进步派一般认为专家可靠、普通人无能力。他们主张普通人必须遵循专家的指示,当权者别太重视普通人的反对

或反馈意见。

苏格拉底和阿卡德米学园哲学家的观点也属于"可靠-无能力"这一类。我会在第 3 章中讨论他们这群人,尝试比较详细地为如下观点辩护:苏格拉底、柏拉图和亚里士多德把自己作为专家推出来,主张人们应该遵从他们这样的专家。换句话说,他们希望出现专家统治。我们还会在第 3 章中看到,法律上的专家证人也通常喜欢可靠-无能力的观点。

优生学家,如弗朗西斯·高尔顿(Francis Galton 1904)、卡尔·皮尔森(Karl Pearson 1911)和凯恩斯(J. M. Keynes 1927)也大多属于"可靠-无能力"这一类。为了使人口的"先天素质"(Keynes 1926,p.319)得到保留、加强,优生学家常常会不让一部分人养育孩子。至于是哪些人被剥夺生育权,还是由优生学专家决定。

凯恩斯 1936 年 6 月 23 日写给玛格丽特·桑格(Margaret Sanger)的一封信表明他的观点发生了"转变"。凯恩斯说:"大多数国家现在已经明显结束人口增长阶段,进入了人口下降阶段,我认为政策重点应该要有很大的改变,要多强调优生学,少强调限制。"(Keynes 1936)这种"转变"似乎不是什么好事。辛格曼(Singerman 2016,p.541)认为:"优生学包含了许多不同的意识形态和政策,凯恩斯之流从不支持强制绝育或其他形式的国家强制手段。"凯恩斯大概赞成某种程度上的干预主义,一种既不放任也不专制的人口政策。辛格曼指出,凯恩斯"从未在出版物中提倡任何具体的政策"(2016,p.541)。私下谈起时,他挖苦凯恩斯,说凯恩斯似乎持"以后……优生政策会极其重要"的观点。辛格曼的研究似乎把我们带到 1930 年就结束了。也就是说,这封写给桑格的、预兆可能不太好的信超出了他的调查范围。然而,总体而言,关于凯恩斯特别赞成或主张强制绝育的说法,目前的证据似乎并不支持。可是,人口的数量和"先天素质"总让人感觉是国家政策该考虑的问题。

经济学中很多政策主张都可以被称为"凯恩斯主义"。至于凯恩斯自己对经济政策持什么观点,其实存在争议。不过,凯恩斯在经济政策和人口政策两个方面倡导专家统治的事实,似乎没什么争议。这两个领域乍一看似乎不相关,但辛格曼(2016)将凯恩斯在这两个领域的政策偏好联系了起来:

> 在二战这场灾难之后,凯恩斯继续将伦理学和优生学联系起来,试图建构一个道德的社会。一个残破的大陆面临着失业、饥饿与革命,因此只有通过技术官僚来进行人口和经济管理,才能让世界美好起来,也让人们的心态好起来。建立道德社会的方法本身就要求对人口的性质和数量给予关注。要想形成技术官僚阶级和跟随他们的有识民主公民阶级,就需要采取积极的措施(虽然总是模棱两可)来了解这些公民的生物特征。到20世纪20年代末,凯恩斯判断人口过剩的直接压力已经消退。于是他开始预想物质进步如何与生物科学积极结合,培养出能够好好利用欲望缺失的个体。
>
> (Singerman,p.564)

对凯恩斯来说,经济、人口和道德都在某种程度上受制于国家规划。这三个领域的国家规划是相互联系的：任何一个领域的成功规划，都取决于其他两个领域的规划。想到要在三个相互关联的领域中进行规划，人类似乎就束手束脚起来。我们的选择必须正确、理性。优生学专家会采取行动，创造出一个未来群体，一个能做出正确、理性选择的群体，至于什么是正确、理性的选择，判断权掌握在当下的专家手中。怎么定义未来道德的选择，取决于今天的优生学、道德和经济学专家，尤其是凯恩斯。这种机械论的观点，独独颂扬着那一个人的知识，也葬送了子孙后代的自由和创造力。

尽管如此，我还是有必要**针对凯恩斯和凯恩斯主义做个澄清**。一些读者可能会错误地认为（无论愤怒还是高兴）我觉得凯恩斯的优生学观点在某种程度上玷污或否定了凯恩斯主义经济学。我不接受这种幼稚的逻辑。虽然对于那些通常与凯恩斯联系起来的经济政策，我本人持否定态度（Koppl 2014，pp.129-139），但我从凯恩斯的经济理论中获益不小，也在自己的工作中借鉴了他的理论（Koppl 2002）。我并不认为凯恩斯主义经济学家会暗地里希望采取优生政策，也不认为他们想做其他什么不道德的事。而且我也不觉得凯恩斯的优生学观点会证明经济"刺激"政策没用或者有害。

曼海姆（1936，1952）是"不可靠-无能力"一类中的重要人物。正如戈德曼（Goldman 2009）所解释的，曼海姆"将马克思的意识形态理论扩展到了知识社会学"。曼海姆认为，马克思并没有对社会中的知识分工做出清晰的阐述，并且认为文化和意识形态等"上层建筑"由经济基础决定，不会反过来对经济基础产生因果影响。物质生产力使资产阶级以一种方式思考，而使无产阶级以另一种方式思考。

在工人的天堂出现之前,革命先锋队之外不存在真正的思想自由。曼海姆在这些问题上的思考比马克思更为细致,但大多数情况下,他认为一个社会阶层或一个"世代单元"(generational unit)的思考"方向取决于社会因素"(1952,p.292)。

曼海姆似乎并不在意知识分工及其与劳动分工的共同进化。举个例子,虽然神职人员、骑士和僧侣之间存在一些差异,但他用"严格统一"(rigorously uniform)来描述"天主教中世纪"的"精神气象"(1952,p.291)。可是,鞋匠、朝臣和妃子的"精神气象"明明都非常不同,大不相同的还有水手、圣徒和罪人,侍从和教皇,铁匠、乞丐和土匪,金匠,少女,寡妇,织工,农夫,杂耍演员,珠宝商,吟游诗人,泥瓦匠,猎人,渔民,以及舵手。"天主教中世纪"的"精神气象"在每种社会角色内部随着时间地点的改变而有所不同。更重要的是,它随着一个人在劳动分工中的位置的改变而改变。

在另一篇文章中,曼海姆说:"阶级意识形态的真正所在仍是相应的阶级自身……即便该意识形态的创造者属于另一个阶级(这是有可能发生的),或者该意识形态的外延和影响力超出了原本阶级位置的限制。"曼海姆将科学和他自己的思想置于"意识形态"的范畴之外。从某种意义上说,他将他的理论置于系统的上方,而不是放在系统之中(用第4章的叙述来说,他没有将理论家纳入模型中)。曼海姆站在系统的上方大胆宣称"人类的思想……现在意识到了自我决定的可能性"(Mannheim 1940,p.213)。

福柯(1980,1982)也属于"不可靠-无能力"这一类。个人受到"规训"(discipline)的压迫。所谓"规训",是一个知识系统

（régime du savoir），如医学或心理学，"规训"也是一个交流系统，如学术期刊和大众媒体，"规训"还是一些更直接的权力要素，比如能够开处方，能够监禁被宣布为"疯子"的人。这些"规训"的受害者可能会反抗，其中有些人确实反抗了。但他们反抗时，身处的位置只能依旧是他们无法轻易逃脱的屈从地位。这些人逃脱不了，部分原因是知识体系为受压迫者定义了现实，使得他们很难认识到自己实际上受到了压迫。一部分高中生可能很叛逆，而另一部分可能认为没什么可以反抗的。无论是哪种情况，学校的"规训"将权力赋予教师、管理者，更重要的是，赋予整个系统，但不赋予系统所服务的学生。

福柯（1982）尤其对"和知识、能力和资格相关的权力效应——与知识特权的斗争"感兴趣。对福柯来说，这种斗争"也是在反对强加给人们的秘密性、扭曲和神秘化表述"（1982，p.781）。福柯意味深长地将权力与知识联系起来，指出专家拥有的权力可能有害。他拒绝将权力视为社会结构的外在因素，也拒绝将权力视为少数压迫性小团体的专属之物，这同样引人深思。总之权力存在于社会生活的日常结构中，与之密不可分。

尤尔根·哈贝马斯应该也属于表2.1中的"不可靠-无能力"一类。特纳说，对哈贝马斯而言，"在普通公众身处的幻觉世界和'专家文化'的世界之间……有一道不可逾越的文化鸿沟"（2001，p.128）。[特纳引用了Habermas（1985）1987，p.397。] 希曼（Schiemann 2000）挑战了哈贝马斯对沟通行动和战略行动的区分。

默顿（1945）和戈德曼（2001）可能最好归在"可靠-有能力"

这一类中。对默顿来说，专家是不可或缺的，而且大多是可靠的，尽管他们可能会将特殊利益置于一般利益之前。由于"公共官僚机构中的知识分子"身处对民选决策者的"依赖"之中，因此，他们可能会过度遵从决策者的目标，从而导致"技术人员背离社会责任"的风险相对较高（p.409）。不过，专家滥用权威（例如将自己的价值观强加给他人）的风险则相对较低。

戈德曼（2001）采用真实社会认识论（veritistic social epistemology）的观点，研究了"非专业人士应如何评估专家的证词，判断两个或多个专家中哪一个最可信"的问题（p.85）。他评述了一些普通人评估专家的策略，并将这个讨论置于有关证词的哲学文献之中。然而，与针对这个问题的许多其他哲学分析不同，戈德曼对证词的社会背景给予了一些关注。举个例子，他指出，新手也许能够可靠地判断出利益和偏见（pp.104-105）。要是戈德曼给予社会结构更多关注，他的态度可能还会更乐观。下面给出一个例子，讨论的是竞争对于专家意见市场的重要性。

戈德曼忽视了环境细节的重要性。当两位意见相互竞争的专家对某一问题提出不同的解释时，能否得出真相，可能取决于新手能考虑的因素。举例来说，在 DNA（脱氧核糖核酸）分析中，要判断犯罪现场样本中的基因信息是否与嫌疑人样本中的基因信息匹配，部分取决于对"电泳图"的解释，然而"电泳图"只不过是一条曲线。在某些情况下，新手自己就能看到两条曲线是否在相同的位置凸起。在这种情况下，新手只需要一部分专业知识，就能做出合理的判断，无须获得专家们所有的专业知识。

戈德曼指出，存在竞争专家通常会增强普通人的能力，因为普通人可以观察到这些专家之间的交流（2001，pp.93-97）。他得出的结论是"十分混杂的，既不令人兴奋，也不令人沮丧"（2001，p.109）。他认为普通人既不绝对无能力，也并非完全有能力。

最后，伯格和卢克曼（1966）最好是归在"不可靠-有能力"一类中，斯蒂芬·特纳（Stephen Turner 2001）、利维和皮尔特（2017）也都一样。这些思想家认识到专家可能不可靠，通常反对赋予专家为他人做出决定的无限制权力。在某种程度上，他们认识到普通人挑战专家权威的能力。例如，特纳坚持认为"我们普通人决定是否遵从认知权威"（2001，p.144）。

伯格和卢克曼

我已经指出，专家问题源于伯格和卢克曼（1966）所强调的"知识的社会分布"。在第 7 章中，我会解释社会中知识分工的概念是如何从米塞斯和哈耶克的奥地利学派经济学走到阿尔弗雷德·舒茨的现象学社会学之中，再通过伯格和卢克曼（1966）进入知识社会学的。

或许略带讽刺意味的是，"社会建构主义"实际上很大程度上要归功于奥地利经济学派的追随者。奥地利经济学派先驱卡尔·门格尔（Carl Menger）在 19 世纪 80 年代的方法论之争（methodenstreit）中为"抽象理论"辩护。后来，米塞斯说："在社会事件的运行中，普遍存在着现象的规律，要想成功，就必须根据这样的规律调整自己的行为。"君主（包括真正的君主和民选的领导人）知道无法通过法律来制止万有引力定律起作用。但很少有君主明白，经济法则同样具有约束力，同样独立于人类意志。米塞斯（1966，p.2）断言："我们必须研究人类行为和社会合作的规律，就如同物理学家研究自然规律一样。"

伯格和卢克曼的"社会建构主义"与米塞斯的"自然主义"之间可能并无矛盾之处，就算有，可能也很少。然而，"社会建构主义"这一术语，现在通常指的是一种反现实主义的世界观，在这种世界观之中，任何真理的概念都要受到质疑。例如，有一本教科书上说"真理的概念变得有问题。在社会建构主义中，不可能存在客观事实。所有知识都来源于看待世界的某种角度，所有的知识都服务于某些特定的利益"（Burr 1995，p.4）。教科书的作者还唯恐读者误以为他的说法只是正常的怀疑主义，于是继续写道："寻找真理……一直以来都存在于社会科学的基础之中。社会建构主义则意味着一种完全不同的社会科学研究模式。"（p.4）这种反现实主义的立场可以追溯到伯格和卢克曼的经典作品。作者继续写道："社会学对社会建构主义的主要贡献通常被归于伯格和卢克曼（1966）的著作《现实的社会建构》。"（p.7）不过很遗憾，作者伯尔（Burr）并未告诉我们一个重要的事实：伯格和卢克曼明确地要求读者为"知识"和"现实"这样的术语"加上引号"（p.2）。

"现实的社会建构"这一说法大多数时候代表着如下观点：所有社会现实（某些情况下是所有现实）都是社会建构而成的，因此可以根据我们的意愿建构和解构。换句话说，科学的社会理论不可能存在。然而，这种观点与知识于人群中分散传播的观点相矛盾。要想根据意愿重塑社会，我们必须预测我们所设计的制度会产生什么样的后果。这些后果取决于分散的知识和未来意外事件之间的相互作用。如果没有这些知识，那未来的意外事件根本无法预测，而如果知识分散，那么规划者就无法掌握这些知识。

我们可能最好别把伯格和卢克曼归为现代意义上的建构主义者，尽管这个术语的含义有一定弹性（Berger 2016）。保罗·刘易斯（Paul Lewis 2010，p.207）说："伯格和他的合作者，例如托马斯·卢克曼，觉得自己融合了韦伯和迪尔凯姆的关键见解，认为社会产生于主观上有意义的人类活动，但似乎也拥有客观、物质般的一面。"如果这种吸引人的解释是正确的，那就进一步拉开了伯格和卢克曼（伯尔认为是由他们发起的）与建构主义之间的距离。不过，他们确实提到过，"社会世界由人创造——因此，也可以由人重塑"（p.89）。这句话似乎忽视了经济学中所谓的自发秩序。人们常常觉得自发秩序这一概念就是亚当·斯密那"看不见的手"，但在我这里，它的意思是人类行为会产生系统性的意外后果。其中一个标准的经济学例子是货币，即宏观经济中价格水平的决定机制和微观经济中相对价格的决定机制。对于这本书来说，最重要的是，劳动分工和与其相关、相应、共同进化的知识分工，都源于自发秩序。它们是人类行为的意外后果。

在我看来，伯格和卢克曼没有充分重视经济学中自发秩序这一理念。我的这一批评至少能得到一位学者的支持，他直接比较了哈耶克（1967b）与伯格和卢克曼（1966）。马丁（Martin 1968，p.341）对伯格和卢克曼批评道："毫无疑问，社会在某种程度上是'非人类的真实存在'，试图抹杀这一面，只是在自欺欺人、自我毁灭。"在这一点上,马丁(1968,p.341)说,哈耶克给我们提供了一个"重要补充",他"理解了非人类的复杂性,也理解了源自现在与过去、个人选择所产生的预期和非预期后果的'任意'机制"。1966年以来行为学和心理学的进步,向我们展示了人类社会生活中有很多东西来源于我们那些史前人类祖先,因此,社会生活是生物进化的产物,而不是人类的自由发明(Cosmides,Tooby,and Barkow 1992)。

伯格和卢克曼向专家们引入了一个新问题:了解哪位专家值得信任。正如我们前面看到的,他们说:"我不仅需要专家的建议,而且要专家先告诉我去找哪些专家。知识的社会分布基于一个简单的事实:我不了解别人拥有的知识,他们也不了解我的知识。于是,最终社会里形成了一个极其复杂且深奥的专业知识体系。"(p.46)

如果你没有相应的专业知识,那你该如何判断这些专业知识是否靠谱?伯格和卢克曼指出了我们在"自然情况"下常用的策略,即假定自己的日常现实与所在社会中其他成员的现实相符:"我知道**我的**意思和**他们的**意思之间存在着持久的对应关系。"(p.23)我将这个策略应用于专家问题。例如,我假设法庭科学是"科学",也假设法庭科学家与我一样,认为科学客观、可靠。我们依赖标签,因为我们没有专家拥有的那些知识。

至于自然情况下的预设策略在应对专业人士时是否有用,则取决于支配相关专业知识的社会过程的细节。如果专家的主张和行动,与公众的经验之间存在紧密的反馈循环,那么公众期望与专家能力之间可能就会存在某种一致性。

特纳(2001)提供了一个有用的例子,讲的是按摩技师。"按摩技师因知识（或知识的实践）而获得报酬，但报酬有多少，则取决于知识的受益人对理疗效果的判断。客户的说辞，使得这个按摩技师能在更广泛的受众群体中树立起他的专业形象。"（p.131）根据特纳的解释，这种类型的专业人士"应归入因服务成功而获得报酬的人那一类"（p.131）。

如果新手不能独立评判专家建议或实践的结果，专家之间的竞争可能就不足以使新手期望与专家能力保持一致。正如阿克洛夫（Akerlof 1970）所指出的，二手车领域就是这样。不过有些时候，即便消费者自主学习很困难，企业的市场操作也可能创造出有效的反馈回路。例如，美国的二手车经销商现在为所卖的二手车提供可靠的保修，大大降低了消费者买到残次品的风险。私人评级机构或许也能有效替消费者做判断。公路安全保险协会（Insurance Institute for Highway Safety）或许就在向消费者普及汽车安全方面的专业知识上做得很好。

伯格和卢克曼将他们的大部分注意力集中在全能专家（universal experts）身上。这些专家说自己拥有适用于世界上所有事物的特殊知识，不过驱动伯格和卢克曼分析的并非这一点。驱动他们分析的因素，似乎是全能专家的知识相对独立于普通人的经验控制或理性判断。在极端情况下，这两个特征创造了一本"充满神秘知识的秘文"（p.87）。

在这种情况下，知识的划分是不容易克服的。在全能专家市场中，竞争可能不会提高真实度。伯格和卢克曼指出，"某些社会中可能会出现操作困难"，例如当"相互竞争的专家群体或者专业知识太过复杂，普通人完全搞不明白"的时候（p.78）。专家知识体系中的多元化可能会产生"社会意义上相互隔离的子意义世界"，其中"特定角色的知识变得很玄奥"（p.85）。

全能专家通常是"官方认可的现实定义者"（p.97）。而现代社会的专家能获得权力，在特定领域定义现实。"所有的合法化，包括从离散的制度化意义上最简单的前理论合法化，到象征世界的建立，都可以被描述为世界维护机制"（p.105），因此，专家可能会参与子世界维护。

当一个世界或一个子世界处于危险之中时，专家们就会主张垄断，不愿允许竞争。此时，谁能被视为专家，就非常重要。"局外人必须**被拒于局外**"，而局内人"**必须被留在局中**"（p.87）。伯格和卢克曼指出："棘手的是，要在将局外人拒于外部的同时，让他们承认这一操作的合法性。"（p.87）

除了抬高自己的专业水平，部分专家还贬低他人。通过消解（nihilation），"现实的社会定义受到的威胁通过下述方式被冲抵掉：赋予象征世界之外的所有定义一个较低的本体论地位，这样就能不那么认真地对待这些定义"（p.115）。在这样的手段下，人们可能会认为被贬的群体知道谁是"真正的"专家。他们不知道真相，而我们知道，"在内心深处，他们知道是这么一回事"（p.116）。

不少专家可能会用"恐吓、理性和非理性的宣传……（将其）神秘化"和"操纵象征威望的符号"，来捍卫其垄断地位（p.87）。伯格和卢克曼指出，医生们操纵象征威望的符号，宣传现代医学的力量，并宣传其神秘性（p.88）。一般民众被拒绝医生的建议"所导致的身体毁灭的景象吓坏了"。"为了强调自身权威，医学界让自己笼罩在……象征权力和神秘的符号之中，这些符号包括奇怪的服装和难以理解的语言。"医学界的人被留在局内（也就是说，与"江湖郎中"区分开来），"不仅是通过这个行业强大的外部控制，还有一整套专业知识为他们提供'科学证据'，证明不按他们那一套行事，就是愚蠢甚至邪恶的行为"（p.88）。

专家理论解决了知识权威（epistemic authority）和知识自主（epistemic autonomy）的问题。在某种程度上，知识权威是有问题的，或者说，知识自主是可取的。于是就产生了专家问题。在本书中，我将试图表明，专家意见有一个市场，这个市场的结构决定了专家的可靠性和普通人的能力。早期关于专家和专业知识的讨论，大多将专家的可靠性和普通人的力量视为外生给定。这样的话，模型中什么是内生的，什么是外生的，可能会含混不清。举个例子，我们可以想象一个模型，里面的工人在且仅在工人的天堂中实现知识自主。在这样的模型中，普通人的能力究竟是外生的还是内生的，似乎就很不清楚了。总之，我们大概能说，在关于专家的讨论中，只有相对较小的一部分将专家的可靠性和普通人的能力完全内生化。

我已经为研究专家的文献勾勒出一张粗略的地图。接下来，我或许应该指出自己在地图上的位置。我认为专家对普通人而言是有风险的，部分原因是专家可能会优先考虑他们自身的利益，而非普通人的利益。然而，我将明确一个机制，保护普通人免受专家的错误和滥权之害。所以，在我的简单分类法中，最适合我自己的理论的，是"不可靠-有能力"这一类别。我在本书中建构的理论，会试图内生化专家的可靠性和普通人的能力。专家很有可能并不可靠，错误的制度也可能会让普通人或多或少没有能力。但专家和普通人之间存在着完美的道德、知识和认知对等。因此，在社会整体制度结构之中，或在人类思想和行动的某些领域占主导地位的制度之下，可能会有可靠的专家，也可能会有有能力的普通人，或者两者能同时存在。

定义"专家"

专家通常由专业知识来定义。也就是说，专家是具有专业知识的人。无论属于表2.1中的哪一格，这个定义都是标准定义。但这种定义"专家"的方式可能会让人觉得专家总是可靠的。它强调了普通人相对无知，会让人觉得普通人根据表2.1应该属于"无能力"。我把专家定义为发表收费意见的人。这样的定义不去断言专家究竟可不可靠，也并不暗示普通人无能力。

法律中的专家证人文献是一个例外，它与一般看法不同，并不认为专家由其专业知识定义。汉德（Hand 1901）指出了专家证人和其他证人之间的区别。其他证人之所以与专家不同，在于他们"只能对事实做证，不能对推论做证"（p.44）。换句话说，专家证人表达的是观点。汉德认为普通人无法判断相互竞争的专家主张哪个相对更好，所以希望将事情交给专家"裁决"。也就是说，他认为专家相对"可靠"，而普通人"无能力"。

伍德沃德（Woodward 1902）引述了圣克莱尔·麦克尔韦（St. Clair McKelway）的定义（但没有引用原文），"专家指那些以意见的形式提供证据的专业人员，不论他在专业领域内和社区中的地位与声誉如何"（Woodward 1902，p.488）。麦克尔韦的定义精确、中立。它告诉我们什么是专家证人，而非专家证人应该是什么。可惜，伍德沃德给出了一个修订版本，在专家的定义中增加了一个规范性元素："专家是这样一名专业人员，他以意见的形式提供证据，这份证据的价值与专家本人的性格、他在社区中的诚信声誉以及在专业领域或业界的地位成正比。仅仅聪明是不够的，还必须让人觉得足够诚实。"（p.488）

将专家理想化可能会导致我们采取道德主义的方法来处理专家问题。然而道德化并不能取代实证的专家理论。我们试图通过实证理论，客观地审视原因与结果。与其他经济学理论一样，专家理论中，我们也需要实证理论来为规范性的措施建议提供基础。

"专家"的定义不应该隐含着对专家是否（按表 2.1 的意义）"可靠"的判断，不应该认定专家是智是愚，是圣人还是无赖，受人尊敬还是被人嘲笑，广受关注还是被人忽视。然而，关于专家的讨论大多会对专家的知识和性格进行道德化。这种道德化可能在 19 世纪比较突出，虽然现在可能不那么明显，但实际上依旧存在。休伯（Huber 1993）创造的"垃圾科学"一词一直被人使用，这个词的意思是，科学证据之所以出错，至少应部分归因于专家在某种意义上的道德失败。休伯嘲笑说："科学怪人和反传统主义者像江湖郎中似的，兜售奇怪的诊断方式和江湖疗法，只不过他们不是在乡村集市里叫卖，而是在全国各地的法庭上吆喝。"（pp.ix-x）因此，他认为专家是不可靠的，而普通人往往没有能力区分"科学"和"垃圾科学"。很多情况下，这种道德化的解释有一定道理，但"垃圾科学"这样的词，没有考虑到应用科学的问题其实往往没那么容易解决，而且很多问题都不甚清楚。这个词用出来，很多时候含沙射影，好像如果两位专家的意见不一致，那至少其中一方肯定德行有亏。总之，道德化无助于建立关于专家和专家失灵的科学理论。

皮尔特和利维（2005）说，"专家"概念的"关键特征"是"专家为别人提出如何实现人的幸福的建议"（p.4, n.1）。这样刻画专家，就把专家与专家建议联系起来了。不过比较可惜，这里只考虑了一种建议（如何实现人的幸福），而且也没有根据专家的咨询角色来定义专家。在同一作品靠后的位置，两位作者"给出了一个更严格、更正式的专家定义"（p.4, n.1）。他们"将专家定义为以透明的方式使用**所有**证据来估计模型的人"（2005，p.241，加粗文字为原文强调的部分）。这一定义似乎将专家的专业知识抬得很高，认为他们给出的是力所能及的最优建议。皮尔特和利维认识到，"现实中的专家有时远不及"他们的"理想化专家"。这里所谓的理想化专家，"除了真理之外别无其他兴趣，因此会以最有效的方式使用所有数据来估计模型"（p.243）。实际上，皮尔特和利维对专家的研究始于对优生学的讨论（2005，p.vii；Levy and Peart 2017，p.xv），他们批评起优生学专家来毫不留情。但是，将这种理想化情形作为评判专家的标准，可能会更难确定什么条件能增加专家的可靠性，而什么条件会削弱专家的可靠性。

根据皮尔特和利维（2005）的定义，巫师和法庭科学家都不是专家。巫师特别神秘，行事并不透明（参见 Mackay 1852 关于炼金术的讨论）。法庭科学家通常会就相似性做出主观判断（Nichols 2007；

NAS 2009；Koppl 2010c），所以也并不透明。进一步讲，透明度也很难精确定义。利维和皮尔特（2017）提供了透明度的正式定义，但是，这个定义的适用范围不大，仅能用在统计估计这一语境。这看起来与他们所承认的"完全透明……可能是一个空想"（2017，p.183）十分符合。他们说："如果估计**透明**，那么对于任意读者来说，$_tE(b)^s=E(b)^t\forall t$ 总成立。如果等式不成立，那估计就不透明。"（p.222）即便是在这个定义所适用的小范围内，它的说服力也并非不容置疑。这个"任意读者"必须是专家。也就是说，我们必须假设，在这个世界上，专家的专业知识是常识，专家和普通人之间所有的认知和知识差异都被抹去了。

在关于"信任品"的经济学文献中，修理工、医生等人将判断和处置捆绑起来（Darby and Karni 1973；Wolinsky 1993，1995；Emons 1997，2001；Dulleck and Kerschbamer 2006；Sanford 2010）。这类文献中，"专家"能够进行判断，而客户不行。也就是说，这里的专家还是由他们的专业知识来定义的。桑福德（Sanford 2010）说："专家经过努力，能够理解并解读与客户情况相关的数据，而客户没有这样的能力。也就是说，真正的专业知识是知识提供方以一定的代价取得的，每服务一个客户就取得一点。"（p.199）这些文献中的专家出于私利或为回避责任，可能会提供错误的判断。桑福德的模型将"真正的专家"与"江湖郎中"区分开来，其中后者"无法有效履行职责"（2010，p.199）。于是，问题就变成了，这两种人在市场中各占多大的比例。

阿尔弗雷德·舒茨（1946）根据专家的专业知识定义专家。他说:"专家的……意见是基于合理的断言;专家的判断不是单纯的猜测,也不是稀松的假设。"(1946, p.465)对舒茨来说,根据定义,专家的知识本就是可靠的(valid)。舒茨差一点就要意识到专家问题了,但他对"专家"的定义使他无法充分认识到这个问题的全貌。韦尔霍斯·奥夫斯基(2016, p.248)将舒茨发表于1946年的文献描述为"专家研究"的"经典现象学方法"。

舒茨说,外部世界把"情况和事件"强加给我们,这些东西不是我们自己选择的。与陌生人的广泛合作是现代世界的特征,这一特征使得这些"强加的关联"(imposed relevancies)无处不在,也使这些关联具有潜在的压迫性,"可以说,我们可能会受到每个人的远程控制"(p.473)。这种"远程控制",加上知识的社会分布,迫使我们依赖别人,从别人那里获取指导自己选择的知识。此时,舒茨的想法非常接近伯格和卢克曼(1966)对专家问题的陈述(如前文所引)。不过,最后,舒茨似乎害怕普通人,所以把希望寄托在专家和博识的公民(下文会详细展开)身上。也就是说,他将自己置于表2.1的第二行,认为专家基本上是可靠的。舒茨并未完全认识到一般性的专家问题,因为在他看来,专家知识没什么问题。

继他们共同的老师阿尔弗雷德·舒茨(1946)之后,伯格和卢克曼(1966)也根据专业知识来定义专家,但他们自觉地把专家知识的可靠性问题放在一边(p.2)。他们把专家知识的可靠性问题明确地排除在讨论之外,因此能够对专家持相当怀疑的观点。然而,他们的怀疑态度并未在理论上阐明专家何时更可靠、何时更不可靠。布鲁尔(Bloor 1976)比伯格和卢克曼向前多走了一步,他提出了"对称"的方法论规范。根据这个方法论，科学社会学家可以不诉诸"真理"，就能解释为什么一种科学理论胜过另一种科学理论。伯格和卢克曼（1966）提出了专业知识的现象学分析，但他们没能提出一个因果理论，用以解释科学家及其他专家的想法。

现在，布鲁尔的对称原理在科学技术研究中已经失势。林奇和科尔（Lynch and Cole 2005，p.298）说："关于批判性、规范性、积极性、重建性 STS（科学技术研究）模式和其他'介入式'（engaged）研究模式的建议在文献中已经太多了。"他们称这种介入为科学技术研究的"规范转向"（2005，p.270）。这种"规范性"已经成为他们那个领域的"中心"（Lynch and Cole 2005，p.298）。特纳（2010，p.241）说："哈里·科林斯（Harry Collins）和布鲁诺·拉图尔（Bruno Latour）等主要人物，为了避免被视为怀疑论者而修改了自己的观点，尤其是他们对全球变暖的看法。"法庭科学为林奇和科尔（2005）的讨论提供了直接的背景。

特纳认为，科学技术研究的规范转向，至少应部分归因于一个外在动机：**我不想看起来像一个全球变暖的怀疑论者**。想要对全球变暖发出正面信号和想要干预政治结果，都是科学技术研究规范转向的外在动机。我不知道这些外在动机在规范转向中有多重要。不过，内在动机应该也发挥了一定的作用。毕竟，例如法庭科学中的一些做法，可能对最热衷于布鲁尔主义的学者来说"不科学"得令人震惊。在科学技术研究的规范转向中，外在动机和内在动机的相对重要性只是猜测和个人判断，不是科学的衡量。在任何情况下，良好的学术实践通常要求我们在考虑其他学者的论点和证据时，不去假定他们动机不纯。

与舒茨（1946）一样，科林斯和埃文斯（Collins and Evans 2002）将重点放在"专业知识"上，他们认为"专业知识""并非如真理一般"，因为专业知识"本质上是不精确的"，"无法提供确定性"（Collins and Evans 2003，pp.436-448）。他们说，"既然我们的答案取决于专业知识而不是真相，那么我们就必须像以前对待真相一样对待专业知识——专业不仅是历史判断，也不仅是竞争性归因的结果。我们必须将专业知识视为'真实的'，并建立一个'专业知识的规范性理论'"（2002，pp.236-237）。他们认为，他们所希望进入的"建议领域"（area of prescription），是"下游"描述性分析的"上游"。在下游的描述性分析中，布鲁尔的"对称"假设是"中心"（2002，p.286，n.28）。他们喜欢的"建议"（prescription）"依赖对某种生活形式的偏好，这种生活形式赋予科学推理以特殊的价值"，虽然他们没有明确地"论证为什么（他们）如此重视科学推理"。

如果我们用专业知识来定义专家，那么得像伯格和卢克曼（1966）那样，把专家可靠性的问题放在一边，要么就得像舒茨（1946）或科林斯和埃文斯（2002）那样，总是听从专家的意见。无论我们做出何种选择，都很难提出专家何时更可靠、何时不可靠的问题。相反，如果我们根据社会秩序中的地位来定义"专家"，那我们可以询问他们的经济动机，或许这样可以发现他们何时更有可能提供可靠的建议，何时不太可能提供可靠的建议。换句话说，我们需要的是**专家**理论，而不是**专业知识**理论。正如我前面提到的，我将"专家"定义为任何发表收费意见的人。使用这一经济学定义，就不需要**事先**确定专家的知识可不可靠、真不真实等等。这样的定义使我们能够提问，怎样的市场结构会产出更可靠的专家意见，怎样的市场结构会产出不太可靠的专家意见。也让我们能够提问，怎样的市场结构能够产生更有能力的普通人，怎样的市场结构会产生更无能力的普通人。

3
专家问题的两段历史

引子

专家问题的全貌涵盖了广泛的领域，囊括很多学科的详细历史，比如法学、哲学和宗教，也包括关于很多问题的无数讨论，比如医生权威的适当性、精神病学在国家中的作用、经济政策设计等。其中，两个思想史片段可能特别值得讨论。我要讨论的第一个片段，涉及苏格拉底传统（包括苏格拉底、柏拉图和亚里士多德等人的思想）中专家的角色。当然，这一传统在塑造后来的思想上发挥了巨大作用。我会尝试将这一传统置于产生它的竞争环境之中。苏格拉底是一位挑战宗教正统权威的专家，他和他那一派的思想者作为新的专家，挑战原有专家。

古代雅典的苏格拉底传统所具有的意义不仅在于历史本身，当时形成的对专家的态度至今仍然伴随着我们。很多人在捍卫诸如"科学"等特定领域的专家时，持有的观点很多都是我归于苏格拉底传统的那种观点。

我要讨论的第二个思想史片段，是法律中专家证人文献的出现。我主要会介绍美国和英国在 19 世纪的一些相关讨论。这些文献说明苏格拉底传统与许多现代专家的态度和假设之间存在联系。许多想要捍卫 19 世纪证人席上"科学"的人操着说教和专横的口吻，似乎反映出苏格拉底传统的哲学，或者至少反映出类似于苏格拉底派哲学家的态度。这些人和苏格拉底等人一样，希望自己能够要求、创造、保持一种拥有特权的知识地位。我会指出，这些 19 世纪的文献所表达的态度在今天仍然可见，尤其在英美法律体系中的专家证人制度里。在苏格拉底传统中，以及在关于专家证人的文献中，我们看到的论证都倾向于从道德和认知两方面抬高所有的专家，进而合理地主张普通人应当遵从专家指示。

苏格拉底传统

我们应该从政治斗争的角度看待苏格拉底之死。在政治斗争中，哲学家挑战宗教权威的地位，宗教权威则利用政治手段捍卫他们的特权。我希望展示的是，苏格拉底将自己当作专家，提升哲学的知识权威。他当时的教导，是对已有政治–宗教权力结构的根本威胁。

尼尔森（Nilsson 1940，pp.121-139）讨论了古希腊的"占卜者和预言家"与公元前 5 世纪到公元前 4 世纪哲学家和智者之间的冲突。预言家这类专家，受到哲学家和智者的挑战。尼尔森解释说：

真正有冲突的是下面两股力量：一是宗教对未来的预测，这是对实际生活干预力量最大的宗教活动，也是人们日常总接触到的活动；二是自然哲学试图用物理解释天体、大气现象和预兆之类的事。自然哲学的解释破坏了对预言家能力的信仰，使之冗余。如果用自然角度来解释这些现象，预言家的能力将化为乌有。

尼尔森指出，鉴于宗教与政治之间的紧密联系，质疑占卜成为一种政治上的威胁。

鲁贝尔（Rubel）强调雅典宗教和政治之间的紧密联系，"雅典社会基于如下这些宗教传统中的基本信念建立：神存在；神可以影响我们的世界；想要避免忽视神带来的后果，最好与神保持联系"（2014，p.viii）。他描述了雅典在伯罗奔尼撒战争（公元前431年至公元前404年）中败于斯巴达之后的"灾难"情形。"雅典人遭受了可怕的瘟疫、战争的恐怖和帝国的沦陷"，他们陷入了政治-宗教危机，"担心'天会从他们头上塌下'。"（2014，p.vii）公元前5世纪到公元前4世纪，雅典经历了一场政治危机，其中就包括"数度"审判被控不敬神明的哲学家（Rubel 2014，p.2），例如著名的苏格拉底审判。鲁贝尔（2014，p.2）指出："这种宗教审判是这一时期独有的。我们能够很合理地说，公元前5世纪末的雅典气氛'热烈'，这种气氛通过公民大会和法庭的审判表现了出来。审判中，被告都被控犯有宗教罪行。"

鉴于当时雅典宗教和苏格拉底哲学之间的深刻政治冲突（关于当时雅典宗教与政治密不可分的论述，见Rubel 2014, pp.5-13），在《申辩篇》中，苏格拉底可能利用了德尔斐神谕。德尔斐神谕受到高度尊重，比雅典当地的"预言家和占卜师"更受尊敬。它是更高一级的权威。若苏格拉底得到了这一更高权威的认可，那就很难指控他不敬神明了，也很难借由宗教权威来贬低他的哲学。这样的思考似乎支持了如下假设，即苏格拉底或他的支持者也许行了贿，通过德尔斐神谕告诉凯瑞丰，没有人比苏格拉底更聪明。得出这样的假设似乎很简单，但我并未在学术文献中发现它的踪迹。

诺克（Nock 1942）似乎暗示了行贿的可能性，"苏格拉底有充分的理由知道德尔斐神谕对世俗考量的影响，也知道能够影响神谕的各种因素"（p.476）。我在文献中找不到比诺克这番温和影射更强烈的暗示。史密斯（1989）考虑了苏格拉底可能参与"神谕的政治使用"（p.146）这一假说，但他又拒绝相信这一假说，理由是阿里斯托芬的剧作中没有任何一部提出了这种指控（pp. 146-147）。但与这一假说有关的是雅典占卜者，而不是阿里斯托芬"更加尊重"的德尔斐神谕（p.151）。方登罗斯（Fontenrose 1978）认为，虽然听起来"难以置信"，但神谕的故事并非不可能是"苏格拉底圈子中虔诚的虚构"（p.34）。但这种"难以置信"的可能性仍然不会使苏格拉底自身陷于欺骗或世俗的动机。丹尼尔和波兰斯基（Daniel and Polansky 1979, p.83）认为，对苏格拉底神谕故事的"怀疑"分为两类。一类认为这是"柏拉图的发明"，而另一类则怀疑，神谕对凯瑞丰的回答被人扭曲了，以此来支持苏格拉底。持这两种观点的怀疑论者似乎都没有想到行贿的可能。然而，关于德尔斐神谕的公认事实表明我们应该考虑行贿这种可能。

希罗多德记录了至少两起向神庙行贿的案件（V63，VI 66；Fairbanks 1906，pp.40-41）。里夫（Reeve 1990）给出了神谕运作的一些细节，并指出有"两种咨询神谕的方法"（p.29），其中一种很昂贵，"要以绵羊和山羊作为祭品"，另一种则很便宜。既然存在一种昂贵的方法，那也就很强烈地表明，德尔斐神谕是可以出售的。其他证据同样支持这一推测。布罗德（Broad 2006，p.16）提到了德尔斐神庙的"巨大财富"，他说："那时的习俗是，感恩的恳求者会回馈财富。各种礼物积累起来，几个世纪过后，德尔斐神庙已然成为地球上最富有的地方之一。"我们似乎很难区分"礼物"和贿赂。阿努什（Arnush）指出，公共和私人"顾问"都必须"以祭品和一种特殊的蛋糕（佩拉诺斯蛋糕）的形式缴纳税款，才能接触神谕"（2005，p.100）。劳埃德·琼斯（Lloyd Jones 1976，p.68）勉强承认："反对神职人员的批评家，可以轻易指责德尔斐神庙，说里面的人员追逐私利。"布罗德（2006，p.16）说："这位神庙祭司似乎随时准备取悦掌权者，腐败的气味会在她身上飘荡。"

凯瑞丰"穷得尽人皆知"，所以他可能一直用很便宜的方法来请神谕（Reeve 1990，p.29）。但如果有人把他送到德尔斐神庙那里，想借由他来得到想要的答案，那凯瑞丰很可能带来了钱、礼物或牲畜，而靠他自己微薄的资源显然无法提供这么丰富的贡品。事实上，还有什么比一个尽人皆知的穷人更适合行贿呢？他得到的答案比德尔斐神庙给出的大多数神谕都要明确：没有人比苏格拉底更聪明。一个腐败的神谕给出了异常清晰的答案，从而方便服务于政治目的。于是，我们可以很合理地发问：神谕给出的这个答案是不是买卖得到的？

《理想国》（V，473c）中有一段高贵的谎言（noble lie），讲述的是这样一个想法，神明在统治者身上加入了黄金，在军人身上加入了白银，在农夫和工匠身上加入了铜铁。柏拉图使用这一高贵的谎言，似乎说明他没有完全遵从苏格拉底在《申辩篇》中的教导——在知识上保持谦逊。不过，很难否认，苏格拉底在《申辩篇》和其他文章中是作为一位专家出现的，他坚持认为雅典人信任他。（戴维·M. 利维和罗纳德·波兰斯基都向我强调这一点在理解苏格拉底中的重要性。）例如，在色诺芬版本的故事中，梅莱托斯对他感叹道："我知道你说服很多人服从你，而不是服从他们的生身父亲。"

> "我承认确实如此，"苏格拉底回答，"这是因为他们知道我已经在教育这方面进行了研究；在健康方面，一个人更愿意听从医生，而不是听从父母；在立法会上，我想雅典的公民会听从那些最明智的论证者，而不是听从自己的亲戚；在选将军的时候，难道你们不是把父亲、兄弟甚至自己放在一边，而选择那些你们认为在军事问题上最明智的权威吗？"
>
> （Xenophon 2007，pp. 6-7）

在这段文字中，苏格拉底似乎在倡导专家统治。在所有领域，例如教育或医学，我们都应该服从那些在这方面"进行了研究"并成为"最明智的权威"的人。苏格拉底告诉我们，他的专长在于教育——请相信我，让我来教育你们的下一代，雅典人，因为我是你们当中最明智的教育家。这让人想起经济学家保罗·萨缪尔森（Paul

Samuelson)的名言:"如果我能为一个国家写作经济学教科书,我才不在乎谁制定一个国家的法律,也不在乎谁写那些高深的论文。"(Weinstein 2009)在《克里托篇》中,苏格拉底说,我们应该"听从有见解的人的意见,我们应该敬畏这个人,胜过世界上所有其他人"。或许我们应该把这种说法看作对智慧的尊重,但我们似乎也能从中看到他在呼吁普通人服从专家。

我把苏格拉底描述为专家,但苏格拉底的贫穷似乎与这种解释相矛盾。根据我的理论,专家给出意见是有报酬的。但长期以来,人们认为苏格拉底很穷,这似乎表明他并不通过给出意见收取报酬。他在《申辩篇》中说,为神谕辩护"穷尽了我的注意力,我没有时间关注任何公共事务或我自己的任何其他事,由于我对神的忠诚,我陷入了赤贫"(23b)。苏格拉底可能很贫困,这是文献中各种解释所关注的主题。我们不能排除他以现金或实物形式收取授课报酬的可能性。对话通常以雅典雇主的家为背景,他们热情好客,通常会提供一顿丰盛的餐食。如果这些餐食是礼物交换系统的一部分(Mauss 1925),那么它们就落在了信息选择理论严格限制的范围之外。然而,如果存在直接的交换规则,苏格拉底以教书来换取食物,那么严格意义上,他就是信息选择理论所界定的专家。阿里斯托芬把苏格拉底和凯瑞丰描绘成"思想所"(Thinkery)中的教师,这似乎与苏格拉底对梅莱托斯的回答一致,即他(苏格拉底)作为教师,理应被学生服从。如果苏格拉底谨慎地避免从他所教的年轻人那里得到任何报酬,那么我们可以问,阿里斯托芬这个"思想所"嘲讽是否就很奇怪了。我们无论如何解释有关苏格拉底贫困的问题,可能都不会实质性地影响我对苏格拉底传统的解释。即使苏格拉底自己严格意义上不是信息选择理论所界定的专家，他也依然主张专家统治。

柏拉图有一句名言，他在《理想国》中主张哲学家为王（V，473c）。"除非哲学家成为国王，或者这个世界上的国王和王子拥有哲学的精神和力量……否则城市永远不会从罪恶中解脱出来。"而且，正如我上面提到的，他主张少数人对多数人说出高贵的谎言。他提出（Republic，III，414c），"只要一个高贵的谎言即可，这个谎言或许可以骗过统治者，就算不行，也一定能够骗过城里的其他人"。因此，他将所有知识权威都放在哲学上。

亚里士多德保留了哲学家的知识权威，但将权威的执行权留给了其他人。4世纪的罗马政治家和哲学家瑟米斯蒂厄斯（Themistius）说：

> 就算柏拉图在所有其他方面都是神圣而令人钦佩的，但当说出下面这句话时，他完全是鲁莽的。他说，只有当哲学家成为统治者，或者国王成为哲学家，人类的邪恶才会停止。他的话遭到了驳斥，而且已经随着时间流逝而消逝了。我们应该向亚里士多德致敬，他稍微改变了柏拉图的话，使之更加符合现实。他说，国王没有必要成为哲学家，要是成为哲学家，反而甚至是一种劣势；国王应该做的是倾听并采纳真正的哲学家所言，这样，国王才是以善行统治国家，而不是凭借好话来统治国家。
>
> （见 Ross 1952，p.66）

在《政治学》（1288a）中，亚里士多德说：

> 我们已经说清，好的政体有三种，其中最好的政体，必然是由最优秀的人统治的政体。在这种政体中，一个人、一个家庭或一群人在道德上优于所有公民，于是最后者被统治，而前几者则能够根据最理想生活的原则来施行统治。本篇的第一部分已经证明，一个人的美德和一个最佳公民的美德必然是相同的。因此，很显然，一个人变得善良的方式和手段，与建立一个贵族或君主统治的国家的方式和手段一样。

可以合理地说，亚里士多德倾向于贤者统治。在他想象中，贤者的统治将带来哲学家专家（philosopher expert）所描述的"最理想的生活"。哲学家仍然拥有知识权威，人民仍然要服从。但人民服从的是政治权威，而政治权威应该听取哲学家的建议。

凯尔森（Kelsen 1937）认为，亚里士多德对君主制的辩护同时也是对马其顿的腓力和亚历山大的辩护。他引用亚里士多德的话：

> 但是，如果存在一个人，或多于一人，但没有多到足以构成一整个城邦，这些人美德出众，城邦里其他所有人的德行或政治能力都无法与之媲美，他们就已然不能只被视为城邦的一部分；因为，如果人们认为这样的人，与那些德行和政治能力远不如他们的人地位相等，那对这些美德出众的人来说，就不公正了。这样的人可以真正被视为人群中的神。
>
> （*Politics* 1284a，转引自 Kelsen 1937, p.31）

他接着问："这些话如果不是指腓力或亚历山大，那还会指谁？"

菲洛尼克（Filonik 2013，p.60）说："公元前 4 世纪末的大量事件都关乎雅典政治中的紧张局势，根源在于马其顿和与之相关的国内政治。"他报告了亚历山大去世时雅典对哲学家的许多起审判。这些审判通常针对亲马其顿的哲学家。他对许多"所谓的审判"的真实性持怀疑态度（p.70）。不过，"至少有些审判必须是真实的"（p.70），"这段时期政治冲突十分严重，一方是外交政治中的亲马其顿派和精英宪法改革的支持者，另一方是反马其顿派和民主支持者"（p.70）。传统故事中说亚里士多德为了避免遭受这种审判而逃离雅典，菲洛尼克认为这确实"可能"（2013，pp.72-73）。

赫劳斯特说："我们知道柏拉图的阿卡德米学园不仅关注政治理论等哲学或科学研究和关于缪斯的宗教活动，还关注有效的政治行动。"（Chroust 1973，vol.ii，p.123）学园"与希腊化世界的许多城市、民族、王朝和知名人士有大量政治接触和外交往来"（1973，vol.ii，p.123）。

普鲁塔克（Plutarch，*Morals* v 32/Goodwin 1878，pp.381-382）可能是更可靠的消息来源，他也强调了阿卡德米学园的政治作用：

> 柏拉图在他的著作中留下了关于法律、政府和公共福利政策的良言，但他刻在门徒和熟人心中的思想更加值得称颂。正是在这些思想的影响下，迪翁努力解救了西西里，皮托解放了色雷斯，赫拉克莱德杀掉了科特斯。卡布里亚斯和福基翁，这两位伟大的雅典将军，也出自阿卡德米学园。至于伊壁鸠鲁，他确实派了一

些人到小亚细亚去责骂提摩克拉底，还把他赶出了王宫，因为他得罪了他的兄弟迈特罗多鲁斯；这是写在他们自己的书上的。但柏拉图派他的门徒和朋友阿里斯托尼莫斯到阿卡迪亚人那里去，安排他们的公共福利事业，他还把弗尔米奥派去埃利亚，把美涅德谟派去皮拉。尤多克斯为尼达斯带去了法律，亚里士多德则给斯塔吉拉带去了法律，这两个人都是柏拉图的熟人。亚历山大大帝为了统治得好，需要色诺克拉底的规范。居住在小亚细亚的希腊人，将柏拉图的一个熟人，以弗所人迪利乌斯送到亚历山大身边，正是他刺激、挑动了亚历山大大帝，使之发动对波斯王的战争。

相比普鲁塔克，赫劳斯特（1967）对阿卡德米学园的看法要更负面一些。例如，迪翁在西西里岛"公元前4世纪发生的政治事件中有时扮演一个相当卑鄙的角色"（p.29）。"柏拉图的一些弟子似乎进行了政治报复。"他愤然写道。例如，查隆和帕列涅于"公元前331年左右，在亚历山大大帝及其将军寇拉各斯（Corragos）的支持下，成为令母邦人憎恶的暴君"（p.37）。在赫劳斯特看来，阿卡德米学园一开始是"理论的、普遍的，而且常常是乌托邦式的"，但伴随着亚历山大的征服及其带来的后果，学园逐渐变得更加"现实"起来。出现了两种趋势：

> 一种从根本上拒绝任何形式的专政或绝对统治，另一种主张或渴望开明形式的专政。后一种趋势的代表常常把自己变成小统

治者或专政者，全神贯注、卑微地努力为权力本身而管理、分派权力。这些人常常不得不依赖马其顿军队的善意和军事支持，或者依赖继业者（即亚历山大死后争夺权力的将军）的军事力量。另一方面，前一种趋势的代表在可能的情况下从事或计划实施专政，这种做法在公元前 3 世纪至公元前 1 世纪一直存在。

（p.40）

伊斯纳尔迪（Isnardi 1959）也将学园视为一个政治实体。它既是一个"文化社区"，也是一个"为探寻改造社会的可能性而组织起来的团体"（p.273）。甚至学园早期超脱的乌托邦倾向也可以从这个角度来看待。阿卡德米学园是"新机体的胚胎细胞"（p.274）。必然性（necessity）在学园这种二元性（dualism）的产生中扮演了重要角色。一开始，它借此以超脱的方式寻求世俗的目的，"柏拉图在不得不放弃一切政治活动的实际情形下创立了阿卡德米学园；甚至，根据城邦的命令，除了他的一些追随者的活动外，阿卡德米学园在一切政策上都不能发挥任何积极作用"（p.274）。不过，一直以来，学园追求的目的总是政治性的。

伊斯纳尔迪拒绝接受学园整体"在政治上忠于"（p.282）马其顿这一不恰当的观点，"尽管有人可能会说，学园越来越同情以传统形式出现并人格化为腓力的君权"（p.282）。我们不能认为学园有什么非常精确的政治计划，而应该说，它"鼓动"了"一定数量的受过柏拉图学派政治理性主义教育的青年，让他们试图夺取政治权力"（p.283）。

柏拉图和亚里士多德的优生学文章表明，苏格拉底传统中的古希腊哲学家将自己视为专家，认为普通人应该服从他们。例如，在《政治学》（7.1335b）中，亚里士多德呼吁制定"任何畸形儿童都不得生存的法律"。戴维·高尔顿（1998）指出了古希腊对优生学的"贡献"。"柏拉图的作品，"他说，"揭示了人们对优生学的浓厚兴趣，优生学是为城邦提供最优后代的一种手段。"（p.263）奥加坎加斯（Ojakangas 2011）指出，"斯巴达严格监督人口质量，优生学是他们的主要手段。柏拉图和亚里士多德还认为，健康的国家必须实行优生学，不仅包括杀婴，还包括许多其他控制和提高人口'质量'的手段"（p.2）。

戴维·高尔顿（1998，p.266）说："有趣的是，弗朗西斯·高尔顿和许多当代评论家似乎都并未赞扬，甚至没有提到古希腊对优生学主题的贡献。"他反对弗朗西斯·高尔顿提及柏拉图作品时的观点，弗朗西斯声称"殖民作为优生措施的想法……在柏拉图的著作中似乎没有出现"（p.263）。但皮尔森（Pearson 1911，pp.23-24）引用了柏拉图《法律篇》乔维特（Jowett）译本（V，735b-735a）中的以下段落：

> 牧羊人、牧牛人、马匹饲养人等在接收动物后，会先以适合动物群落的方式清理这些动物，然后再开始畜牧；他会按照健康和不健康、好品种和坏品种等标准将动物分类，并将不健康的和品种不好的送到另一畜群中。否则，那些天性不好和被不良畜养所毁坏的动物的灵魂或身体会占据他大量精力，使他的畜牧工作徒劳无功。如果他不清除掉这些动物，它们就会毁掉其他所有动

物纯洁健康的本性。接下来，动物的情况就不那么重要了，对它们加以介绍，只是为了举例说明；与人有关的事情才是最重要的。立法者应该进行调查，指出每种清理措施或其他措施的恰当性。例如城市的清理，有许多种清理方式，有些更容易，有些则困难。其中一些，比如最困难也最好的那些手段，在立法者是一个专制统治者的情况下，也许能够发挥作用；但如果立法者不是专制统治者，而是建立了一个新的政府和法律，这时即使他尝试最温和的净化，如果能完成，可能也很满足了。与医学中最猛烈的治疗方法一样，最好的清理手段是充满痛苦的，包括正义的惩罚，以及死刑或流放这些最后的手段。我们通常用这种方式处置那些无法治愈的、对整个国家造成最大伤害的大罪人。但更温和的清理手段如下：一无所有的人缺乏食物，于是跟随他们的领头人攻击富人，抢夺财产。这是城邦天然会有的病症。立法者应该尽可能用友好的精神处置他们，将他们送走。这种方式被委婉地称为送往殖民地。每个立法者都应该毫不犹豫地设法做到这一点。

可以公正地推断，苏格拉底、柏拉图和亚里士多德认为哲学家专家是可靠的，并且经常希望国家将他们的建议灌输给人民。

认为柏拉图的《理想国》是专制主义的说法已经过时了。我们可能不太经常在亚里士多德身上看到类似的东西。在强调亚里士多德对君主权力（特别是对他的赞助人腓力和亚历山大）的谄媚逢迎时，我至少大体上遵循了凯尔森（Kelsen 1937）的观点。凯尔森（1937）和赫劳斯特（1973）都受到了嘲笑。凯尔森常常被不恰当地跟赫劳斯特归在一起。米勒（Miller 1998，p.503）说："毫不奇怪，凯尔森和赫劳斯特都在学界受到冷遇。"米勒（1998）特别赞同学界对这两人的不屑一顾，他嘲笑说，所有"不切实际的解读，例如赫劳斯特和赫劳斯特提出的那些"（p.504）都是"有问题的"（p.503），且都受到了"合理批评"（p.515）。

米勒批评凯尔森（1937）的观点"不切实际"，然而，米勒自己的解释远比凯尔森的更为"不切实际"。比如，"相反，可以肯定地说，亚里士多德是马其顿君主制的非官方大使，他相当于代表了亚历山大和安提帕特在雅典的政治和文化利益部门。在这个职位上，亚里士多德必须表现出对雅典东道主的平衡和接受，同时又要巧妙地推进马其顿的立场"（p.515）。这种解释使亚里士多德成为一个自愿、自觉的伪君子，而且，他的哲学作品从未"解决他所提出的宪政民主和王权之间的紧张关系"（p.516）。相比米勒（1988）的解释，在凯尔森的解释中，亚里士多德没有那么纵恶，他的哲学内在一致性也更强。不过，无论是凯尔森还是米勒，只要他们其中一人的想法大致正确，那么根据第2章的分类法，我们都可以放心地将亚里士多德置于"可靠-无能力"这一类，跟苏格拉底传统中的早期思想家归于一类。

但是米勒对凯尔森的否定本身就是错误的，他的批评给人的印象是很无谓的评论，目的是让自己与一位被嘲笑的作者划清界限。凯尔森并非与赫劳斯特相反，他并没有给我们"描绘出似乎在马塔·哈里（Mata Hari）和詹姆斯·邦德之间摇摆的亚里士多德的形象"（Miller 1998，p.503）。不过，我想米勒确实可以对赫劳斯特嗤之以鼻，因为赫劳斯特采取了比米勒更为强硬的路线，米勒关于亚里士多德政治活动的观点没有那么极端。赫劳斯特将亚里士多德描述为"马其顿的政治代理人"。在同一页中,他说亚里士多德给安提帕特的信"可能包含关于雅典以及希腊其他地区政治局势和政治事件的'情报'"(1973,vol.I,p.171)。

我不知道赫劳斯特和米勒究竟谁更接近事实,也不知道是不是他们二者都夸大了亚里士多德的政治角色。无论如何,赫劳斯特的武断结论似乎完全是关于亚里士多德的生活,而非关于他的哲学的,因此与凯尔森的文献(1937)相去甚远。米勒将凯尔森关于学说的分析与赫劳斯特对亚里士多德政治活动的解读混为一谈。诚然,这二者相互交织,但是,凯尔森非常关注学说,而在赫劳斯特的著作中,广受批判的那一部分关注的则是人物生活。事实上,赫劳斯特没有引用凯尔森(1937)的观点。他唯一一次提到凯尔森,是在一句草率的评论中,说凯尔森的纯粹法律理论是一门"纯粹规范的科学",他认为凯尔森在这方面类似于晚期柏拉图哲学(1973,vol.II,p.138)。

梅兰(Merlan 1954)在讨论伊索克拉底给亚历山大的信时,似乎支持了我对苏格拉底传统的看法。伊索克拉底属于亲马其顿派,但他"与(柏拉图)学园的关系很不好"(Merlan 1954,p.61)。在得知亚里士多德被任命为亚历山大的导师后,伊索克拉底给年轻的亚历山大写了一封非常圆融的信,希望能够置他讨厌的对手亚里士多德于不利之境。根据梅兰不圆融的重述,这封信中写了如下这个段落:

> 比较这项教育计划与学园智者所提供的教育。他们会教你在

没有任何实际价值的问题上吹毛求疵，永远无法让你应对日常生活和政治的现实。他们会教你蔑视观点（常识），然而常识假定是世人事务的唯一基础，使用常识假定足以判断未来事件的进程。他们不教你追求常识性的观点，而是让你去追逐一个幻想，他们称这个幻想为真实而精确的知识，与单纯的观点不同。即使他们能够达到他们理想中那种精准的知识，这样的知识也只会是一种完全无用的东西。不要被他们关于善良和正义的浮夸观念或他们的对立面欺骗。这些只是普通的人类观念，并不太难理解，对你来说，它们只是来帮助你进行奖惩的。

（Merlan 1954，p.64）

伊斯纳尔迪（1959）也指出，"柏拉图学派与伊索克拉底学派之间的竞争"是为了争夺"在马其顿宫廷中的影响力"（p.286）。赫劳斯特说，伊索克拉底"传播了一种对政治和政治思想的实际（practical）态度，尽管不能说很务实（pragmatic）。同时，他嘲笑了柏拉图和早期学园倡导的纯粹理论伦理（purely theoretical-ethical）的政治哲学方法"（1973, vol.ii, p.135）。根据梅兰（1954, p.65）的说法，伊索克拉底在其他地方说："外行很难不注意到，智者假装拥有知识（eidenai），但在就实际事务进行讨论或建议时，却总是失败。很明显，依赖常识（观点）的人比那些声称拥有知识的人做得更好。"

深奥的知识使苏格拉底、柏拉图和亚里士多德成为专家，他们进而把自己的专业观点灌输给人民。而伊索克拉底反对这种深奥的知识。我们有真正的哲学知识，而其他人只有观点和常识。只有我们哲学家才是合格的专家。腓力和亚历山大选择哲学知识，而不选择常识和观点，似乎很合理。苏格拉底传统的哲学"知识"不容争议。它统一、明确、有确定性，比起单纯的观点，这样的哲学确定性为君主发布谕令提供了更好的基础，因为单纯的观点异质、多变、虚无缥缈。

苏格拉底传统里的哲学，比当时的雅典宗教更教条。不过，鲁贝尔指出，我们不应该因此将雅典宗教浪漫化，"无论如何，虽然多神教表面上是开放的，但承认和参加城邦的宗教活动是一项'不成文'的义务。也就是，为确保神的青睐，所有公民都要承认基本信仰，参与庄严的祭祀，参加其他宗教活动。如果不这样，人们就觉得城邦失去了稳定的希望"（2014，p.9）。尽管鲁贝尔对雅典宗教的描述不浪漫，他也承认，"城邦的多神教以摆脱教条为特征，因为没有强制性信仰，没有具有特殊知识的极权神职人员，也没有'教堂'，所以没有异端的风险"（Rubel 2014，pp.8-9）。这种对教条的摆脱，与苏格拉底传统中严格的哲学知识形成了鲜明的对比。

伊斯纳尔迪（1959）比鲁贝尔更进一步，她认为柏拉图创造了一个全面的宗教，与传统的城邦宗教相抗衡。她引用穆勒（Müller 1951）的话说，"希腊神学"始于柏拉图的《法律篇》，这本书"清楚地描绘了一种纯粹的宇宙宗教"，其中的宇宙是"善恶斗争的永恒领域"（p.287）。伊斯纳尔迪认为，她所赞同的穆勒的观点，是对耶格尔（Jaeger 1948，p.138）立场的补充和修正，耶格尔笔下的亚里士多德，是"希腊哲学家宇宙宗教的实际创始人"。苏格拉底哲学传统将哲学专家捧到比一般人更高的位置上，要求普通人服从这些哲学专家。这一传统吹捧着它的代表人物所谓的智力和道德优势。耶格尔

（1948，p.436）说：

> 柏拉图在思考善的时候，加入了对道德的看法，即苏格拉底所说的"智慧"。善与道德被混为一谈，以至于智慧这个概念，虽然平常使用时通常纯粹是道德的和实践的，但在柏拉图的笔下，总是意味着理论知识，事实上，它最终成为智（sophia）、思（nus）、知识（episteme）、理论（theory）这些表达的同义词，这些词长期以来只意味着纯粹的知识，与实践没有任何关系。

耶格尔（1948，pp.436-440）描述说："理论生活与亚里士多德伦理学核心之间的联系逐渐松弛。"可以推测出，这种"逐渐松弛"，对于亚里士多德维护亚历山大所谓优于他人的美德很有必要，因为亚历山大不是一个追求理论生活的修士型人物，而是一个实干家。不过，公平地说，在苏格拉底传统中，确实存在强烈地颂扬拥有知识的专家的卓越美德的倾向。

苏格拉底的传统试图用知识取代单纯的观点。我们甚至可以认为，柏拉图的《理想国》建立了一种新的哲学宗教，以挑战传统宗教。正如伊斯纳尔迪所说，这一切的核心是"试图夺取政治权力"。晚近的理性主义者也总表现出类似的倾向，这些人吹捧专家的优越性，从而为自己寻求政治权力。下文讨论的关于专家证人的文献就是一个生动的例子。

约翰·梅纳德·凯恩斯（John Maynard Keynes）也抬高了所谓专家的智力和道德优势。这种抬高在他1922年的论文《欧洲的重建：导论》（Keynes 1922，pp.432-433）中生动地表达了出来。他以柏拉图式的气势高呼："不！经济学家不是国王；完全正确。但他应该是！他是一位比将军、外交家或善辩的律师更好、更明智的执政者。在人口过多的现代世界，只有通过良好的调整才适合生存，经济学家不仅有用，而且必不可少。"他接着警告说，拒绝经济学家的建议会"使事情变糟"。这种"变糟"的威胁，完全符合伯格和卢克曼（1966，p.88）所指出的模式，也就是，专家们通过描述拒绝专家建议将导致的"厄运"来恐吓民众。

我无意回顾哲学史，也无意将每一位思想家的观念根据表 2.1 进行分类。然而，我对苏格拉底传统的讨论可能表明，我们或多或少可以从这样的角度来审视任何哲学家。对亚里士多德的讨论，暗示着给不同人物归类的复杂性。世俗或宗教权力可以作为哲学家专家和一般人之间的中介。哲学家可以赋予教会或科学以知识权威，同时告诫说，哲学能够纠正这种知识权威。笛卡儿和胡塞尔（Husserl）等人的主观主义似乎赋予了普通人权力。但是他们的思考只支持对世界的一种解释。如果你的思考让你对世界有不同的理解，那你就错了。因此，这些人物实际上可能比他们的主观主义一开始所暗示的更接近苏格拉底传统。维特根斯坦的"语言游戏"概念将知识嵌入实践，使得我们远离苏格拉底传统。哲学怀疑论可能引致专家怀疑论。我们将在第 6 章中看到，伯纳德·曼德维尔以其支持对专家和专业知识的怀疑的认识论观点而闻名。知识分散的观点得到了他的承认，并由哈耶克厘清，而这一观点也支持对专家和专业知识的怀疑。

法律中的专家证人

早在伯格和卢克曼（1966）研究一般性的专家问题之前，法律中的专家证人问题就已经存在。虽然直到19世纪，"专家证人"才作为一个单独的法律问题类别出现，但这一问题可以追溯到很久以前的英美法系。

至少早在14世纪，就可能存在由具备必要知识的人组成的特别陪审团。如果顾客投诉说买到了"腐败食品"，市长可能会"传唤被告所在行业的人员，因为他们非常了解实际情况，他们的意见影响很大，市长将据此指导宣判"（Hand 1901，pp.41-42）。至少在很多案件中，特别陪审团可能存在激励问题。例如，在"腐败食品"案例中，被称为专家的商人，很可能会将商业利益置于正义之上。一般来说，特别陪审团的专家们可能更加同情被告，而非同情原告。

法院还可以通过传唤专家，从他们的建议中获取专家知识。例如，"1345年，在一起关于故意伤害（即伤害他人，阻止他人自卫的罪行）的上诉中，法院从伦敦传唤了外科医生，让他们帮忙判断伤口是不是新造成的"（Hand 1901，pp.42-43）。汉德告诉我们，传唤证人的做法在15世纪中叶之前还未出现。因此，英国法院甚至在传唤普通证人的手段出现之前，就已经找到了利用专家的办法。

汉德（1901）引用了1620年英国阿尔索普诉鲍特雷尔（Alsop v. Bowtrell）一案，说"这是（他）发现的第一个真正的专家证词案例"，他将其描述为"一个将技术人员的结论提交给陪审团的案例"（p.45），并说，"在18世纪，这种做法肯定已经确立"（p.47）。戈兰（Golan 1999）认为，专家证人作为"确切的法律实体"（p.9）在英国法律中出现，可以追溯到 18 世纪早期"对抗革命"（Adversarial Revolution）的影响（p.9）。在 17 世纪 30 年代末之前的某个时候，一旦被告获得了聘请律师的权利，当事人就开始影响证据生成的过程。到 17 世纪末，"反对证据的惯例"导致了**传闻原则**（hearsay doctrine，将证词限制在"个人观察"范围内）以及**意见原则**（opinion doctrine，将证词限制在事实范围内，并排除从事实中得出的推论）（Golan 1999，p.10）的出现。专家证人根据没有亲自观察到的事实进行推断，成为这两个核心证据原则的例外情况。

戈兰（1999）表示，19 世纪早期，英国法院非常信任专家证人。随着时间的推移，专家证人中的"科学人"（Golan 1999，p.15）变得愈发重要，导致法学家和"科学人"十分失望沮丧。戈兰说，法学家因科学没有提供明确的证据而感到失望——唉，专家们无法达成一致。反过来，让科学家们感到沮丧的是，"他们的标准策略具有可信度和一致性，但没有很好地经受住法庭上的激烈对抗"（Golan 1999，p.16）。过去的记录似乎证实了戈兰的描述。

阿尔弗雷德·斯温·泰勒（Alfred Swaine Taylor）的《法医学手册》（*A Manual of Medical Jurisprudence*）于 1844 年首次出版。在该手册中，他抨击了有倾向性的医学专家："我们不应该再像最近一样听到医学控方（medical prosecution）和医学辩方（medical defence）的对峙。在这种对峙存在的情况下，法医学家不能被看作挖掘真相的科学证人，而应被看作有偏见的辩护人，因为他会不遗余力地帮助他所在的一方脱罪"（转引自 Unattributed 1844，p.273）。在之后的版本中，他同样谴责了有倾向性的医疗证词。在他有生之年出版的最后一个版本中，A. S. 泰勒说："除了任命一个由合格人员组成的医学委员会，让其担任博学法官的评估员以外，似乎没有其他补救办法。"（1880，p.339）A. S. 泰勒寻求中立的观点，而非竞争的观点。（正如我们将在下面与帕尔默案有关的内容中看到的那样，A. S. 泰勒似乎对嘲笑党派专家证人的虚伪指控持开放态度。）

约翰·皮特·泰勒（John Pitt Taylor）在其 1848 年的《论证据法》（*Treatise on the Law of Evidence*）中写道："或许最不值得陪审团相信的证词来自**经验丰富的证人**（skilled witnesses）。这些先生通常需要根据事实发言，而非根据自己的观点；但是，在这种情况下，常常让人惊讶的是，他们的看法十分符合聘请他们的一方的意愿或利益。"（Taylor 1848，p.54）J. P. 泰勒指出，这种证人的"判断"变得"扭曲"，这一观点早于罗森塔尔及其共同作者提出的"观察者效应"理论（Rosenthal and Fode 1961；Rosenthal 1978），并由赖辛格等（2002）和其他许多学者应用于法庭科学证词的分析中，这些学者包括伊蒂尔·德罗尔（Dror and Charlton 2006；Dror et al. 2006）和克兰等（Krane et al. 2008）。J. P. 泰勒建议不要太过重视此类证词。刚才引用的段落，以及这里讨论的整个段落，都是在逐字重复同一本书 1887 年版本第 79 页的内容（Taylor 1887）。

这两本书都在英美发行了多个版本，可以从中得出这样的结论：在这一时期，有倾向性的证人受到了广泛的关注，遭受质疑与蔑视。其他一些对法庭中专家证人的讨论（包括对"科学证人"和"医学证人"）支持了这一观点。

1854年发表在英国医学杂志上的一封信给出了一个挺有趣的例子（Browne 1854）。这封信的作者安德鲁·麦克法兰（Andrew McFarland）抱怨医疗事故诉讼和法庭上专家证人的风险。他反对"让具有科学知识经验的外科医生面对所谓的专家、各行各业的非正规从业者和最卑鄙的人"（p.243）。在这篇文章中，一位医学专家反对同行的挑战，该同行的能力和品格也相应地受到质疑。

大约在这个时候，科学家和医生之间关于专家科学和医学证人的讨论，往往非常强调医生或科学家的道德品质。这可能是因为，想象中的这个人物，反映了文艺复兴和现代早期的人文主义思想。库克（1994，p.4）说："有学问的人具有良好的品格，因此可能基于良好的判断力组成好的议会。这是一种常见的人文主义观念，用来说服绅士和贵族也成为有学问的人。"无论19世纪对医生或科学家道德品质的强调是否反映了这一人文主义思想，这一时期，有尊严的"科学人"，通常以面临具有挑战性的讯问为耻。对帕尔默的审判激励了这种挑战。

在一个著名的案件中，医生威廉·帕尔默（1824—1856）被判定毒杀了他的朋友库克。因为帕尔默需要钱来清偿赌债，所以被指控杀害库克并夺其钱财。达文波特-海因斯（Davenport-Hines 2009）发现证据"薄弱"，并批评导致帕尔默被判死刑的"作秀审判"（show trial）。伯尼（Burney 1999，p.77）描述了帕尔默审判前大众的思想倾向：

> 毒理学在公众心目中的地位并不明朗：它的主要发言人对毒理学证据的合法性持模棱两可的态度；新闻界的意见分为两种，一种是警告不要把常识牺牲在化学学究身上，另一种是从"侦查

狂热"(detection mania)的根源上探究主观的影响；医学媒体似乎承认，该领域容易因剥夺公众参与判断的能力，而被指控为极权主义。

关于帕尔默案的讨论往往对辩方的专家证人十分轻蔑，并带有评判性。有一种说法悲叹道："只要认为可以**聘请**专业证人，让他们在案件审理中保持中立，司法行政就会陷入最大的危险，科学性就会受到最大的伤害。"（Unattributed 1856，p.39）另一种观点（Davies 1856，p.611）是：

> 我相信，对于我们这个领域中现代以来（可能）最重要的那场审判，也就是威廉·帕尔默谋杀约翰·帕森斯·库克一案所呈现的场面，在座的每一位先生都会感到气恼、羞辱和悲伤。我们当中有谁每天读为帕尔默辩护而提出的所谓医学证据时，不为自己所在的领域感到羞耻？

戴维斯（Davies）认为，医学专家受到公众的质疑和挑战这件事让人无法忍受，他将这种"羞辱"归咎于辩方证人。戴维斯坚持认为，"证人不得有倾向性"（1856，p.612）。但是伯尼（Burney 1999）在仔细回顾历史之后发现，对帕尔默不利的医学证据可能比这些当代的描述要弱得多。

之前我们看到阿尔弗雷德·斯温·泰勒说："我们不应该……听到医学控方和医学辩方的对峙。"但在他1859年出版于美国的《法医学和医学中的毒药》第二版中，我们了解到他是帕尔默案中的控方证人（p.63），而且事实上是控方的主要医学证人（Burney 1999）。在这本书之后的部分中，泰勒严厉地批评了辩方的专家证人。泰勒声称，帕尔默案中辩方的医学证词毫无价值、弄虚作假，他说：

> 这很难体现医学证人的知识和道德情感，必然在很大程度上动摇了公众对医学意见的信任。如果科学证人接受辩护状，走进证人席，虽然内心早有定夺，却还是努力通过证词，引导陪审团相信相反的事情（他们作为辩护人，搅弄科学问题中的微妙之处，而非坚持简单的事实），这样的结果必然就会产生。
>
> （p.703）

这番长篇大论非常大胆。如果控方的医学证人没有污点，那辩护人当然就是那个说谎的。如今在美国也发生了类似的事情：控方嘲笑辩方专家是"雇来的枪"（hired gun）。这一指控很容易忽略检方法医专家也有报酬的事实。它忽略的另一个事实是，许多美国刑侦实验室可以通过**每次定罪**获利（Koppl and Sacks 2013，pp.147-148；Triplett 2013）。控方专家大多是公立刑侦实验室的全职雇员，这些实验室通常是市警察局或FBI（美国联邦调查局）等执法机构的一部分。因此，他们依靠警察或检察机关维持生计，且有着良好收入。相比控方专家，辩方专家可能更多是兼职专家证人，以此补贴收入，因此不太依赖客户。即使专家收入主要来源于专家证人的工作，他们也可以选择自己的客户，因此在每个案件中，他们不是很有必要每次都给出令客户满意的结果。

对于 A. S. 泰勒的书,至少有一篇评论提到并批评了刚刚引用的长篇大论。评论人指出,"泰勒博士本人提供了证据,因此获得了正当的报酬",并为"泰勒博士没有更好地理解律师的地位和职责而感到遗憾"(Unattributed 1859,p.575)。伯尼(1999,pp.87-92)指出,在帕尔默一案判决之后,A. S. 泰勒在他的文本(Taylor 1859,1880)中插入了一些材料,似乎主要是为了证明他在本案中本来相当可疑的证词是可靠的。后来,在 1859 年的斯梅瑟斯特(Smethurst)一案中,泰勒因一个严重错误被揭露而陷入尴尬境地,声誉受损(Coley 1991,p.422)。

帕尔默案和斯梅瑟斯特案是"关于科学专家证词的公开丑闻"(Golan 2004,p.110)。这些丑闻促成了 1860 年皇家艺术学会的一次重要会议,《艺术学会杂志》(*Journal of the Society of Arts*)第 7 卷第 374 页对此进行了报道(Golan 2004,p.111)。这次会议上提出的论点,反映了"普遍接受的惯例,即专家意见分歧不利于正义和科学"(p.118)。科学是中立的、好的,而偏袒是有害、腐败、不科学的。这次会议的许多提案,似乎旨在促进医疗和科学行业的利益,而非意在促成正义。史密斯(1860,p.141)提议"在法官身边安排一名科学评估员,由他在必要情况下对证人进行讯问,并向法官提供建议"。这位评估员"不应作为证人接受讯问,而应作为法官的助理"。有趣的是,史密斯甚至要求这位评估员"由官方任命",这将给予"科学一个更好的位置……也使评估员成为法官的下级或雇员,因此不会多言"(p.141)。史密斯似乎没意识到,他的评论可能会被解读为自私。

由于没有意识到这种可能性,他漫不经心地说:

> 科学家因相互信任而联结在一起,这种方式强于整个社会的联结。如果处于这种光荣且独立的位置,他们将会根据自己的知识和性格行事,以解决许多不必要的矛盾,消弭那些反对的声音。倘若有机会这么做,他们一定会且只会陈述所有的事实,也必将为此感到光荣。但是在目前的混乱局面下,他们很少有机会这么做。
>
> (p.141)

身为大律师,在与"科学人"对话时,竟然可以将他们视作"低等人物",这令人心生憎恶(p.141)。

设立这样一个评估员岗位的提议确实遭受到了一些阻力。评论家查德威克(E. Chadwick)指出,"它暗示科学和艺术是无所不知的。但这是一个错误的观念,会催生大量有害的庸医"(p.143)。有趣的是,查德威克推崇科学中的知识分工,进一步使得他在知识领域保持谦逊。"由于科学和艺术中的劳动力不断被细分,每一个只专注某一细分领域的人,其从事的范围,都不包含于其他人的知识之中,如果在自己的细分领域取得成功后,就对其他人发表权威意见,那这个人就会变成一个无知的庸医(相对其他人来讲)。"(p.143)

有趣的是,史密斯还预测了专家证人的"热水澡"(hot tubbing)。史密斯说:"我相信,如果科学证人(由任何一方任命)在会面时商讨出彼此一致的观点,并得出确切的分歧点,将为庭审节省大量时间。"（Smith 1860，p.138）现在，至少在澳大利亚的一些司法管辖区，这种程序或多或少地以"热水澡"的名义得到应用（Biscoe 2007）。在澳大利亚有两种形式的"热水澡"。在存在"并行证据"（concurrent evidence）的情况下，专家们一起作证，可以相互提问。审判前，专家们会先进行秘密会议，准备一份联合报告。

> 这些会议的目的，是使专家们确定相互同意或不同意的程度，解决或减少分歧，并要求他们签署一份联合报告，将他们各自的立场简化为这种书面形式。这份联合报告的目的在于促成和解。通常来讲，如果案件进一步审理，只有存在分歧的领域才是"活跃的"。
>
> （Edmond 2009，p.165）

戈兰（2004）表示，在皇家艺术学会的会议中，大多数与会者"赞同普遍接受的惯例，即专家意见分歧不利于正义和科学。只有一位评论员对这一观点提出质疑"，这个人就是威廉·奥德林（William Odling，p.118）。奥德林（1860）认为，"只有通过证词的冲突才能得出真相"（p.167）。正如戈兰（2004）所说，奥德林用一个专利案来说明他的观点，该案的判决取决于一个特定的化学反应是否可能发生。人们普遍认为这种反应不会发生。有倾向性的辩方专家设计出了一种"新的反应"，与原告专家的主张相矛盾，"这一例证显示了由希望得出不同结论的人士调查同一问题的重要性"（p.168）。戈兰（2004，p.119）说："奥德林的论点虽然简洁，但未能说服许多人。"

戈兰解释说："这种观点认为，诉讼中的对抗程序可能产生新的科学知识，与将科学对话视为一个中立的知识领域，所有人都能在此为了良好的社会目的相互合作的意识形态相互矛盾。"（pp.119-120）

正如我们所见，在19世纪，有许多专家证人的观点被采纳。然而，客观地说，由于无法消除不明确的情况，也无法消除科学分歧，专家证词的总体发展趋势依旧令人沮丧。雷诺兹（Reynolds 1867, p.644）说："因此，专家证词的产生太过复杂，以至于几乎自我毁灭了。"另一件普遍令人沮丧的事情是交叉审查（cross-examination），因为它常常挑战可敬的"科学人"不可侵犯的尊严。

与他之前的其他人一样，沃什本（Washburn 1876）建议"将要进行审判的法院，应在对各方进行适当的听证后，传唤适当数量的知名专家，如果各方认为还有其他专家合适的话，仍可自由传唤"（p.39）。这样做似乎是想追求中立。让专家成为法院的职员，将提高专家意见在陪审团中的"分量"，并且"使专家的职务具有尊严和重要性"（p.39）。

此处我们再次被告知，"科学人"的观点受到其他"科学人"的挑战，甚至是来自科学界以外人士的挑战，是一件多么可耻的事。这种态度普遍存在，且延续至今，它似乎是这样一种观点导致的：专家证人的知识是或应该是统一、明确和确定的。即使我们接受这种对普通"科学"知识的描述，专家证词也会将普通"科学"知识应用在人类事件中产生的复杂、模糊和富有争议的事实上。因此，专家证人的知识，通常更接近日常生活中分散的、相对实用的知识，而且这种接近程度，比科学捍卫者有时愿意承认的更高。专家证人知识的基本特征,与程序中其他参与者的知识没有太大区别。

对刊登在《英国医学杂志》上的一篇沃什本的文章的短评对这一提议表示认可(Unattributed 1877a)。"条件改善之后,证人席不再是折磨医生的地方。"尽管这句话很诙谐,但它似乎反映了专家不受质疑和被服从的愿望。对"中立"的呼吁支持了许多专家的看法,即他们的观点不应受到质疑。"专家之战"是公认的丑闻,而用来消除这类丑闻的措施,加强了医学等行业内成员的团结和共同利益。

专业经济学理论(economic theory of profession)有助于我们理解对专家证人的一些讨论,这些讨论既出现在法律文献中,也出现且更多地出现在医学和科学文献中。萨维奇(Savage 1994)给出了"专业"的经济学定义,即"共享核心能力的从业者之间不受所有权限制的战略联盟网络"(p.131)。专业就是网络。重要的是,"从业者的表现"通常会"直接影响其他从业者自身才能的发挥水平"(p.135)。萨维奇说:"每个人的惯常做法都必然与网络中其他人的惯常做法'相联系'或共存。"(p.136)

专业网络本质上是专业人员获得收入的基础,需要和谐与一致,因为专业网络一旦动摇就会威胁到收入。然而,"专家之战"往往会动摇网络,给成员带来混乱和痛苦。在医生和其他专家的专业生活中,专业网络的作用可能是造成无休止的哀叹的一个重要原因:有倾向性的专家制造了"可耻的严重恶行",有偏见是"令人不快"且"有损士气的",而且证人席不应成为专家证人的"刑场"。

一位作者指出,"聪明的律师"会为多位医生提供"书面证词的副本,且给予费用或承诺给予费用",最后只雇用那些给出有利意见的人。重要的是，律师"会故意向法院隐瞒"这一过程（Unattributed 1877b）。这种逻辑与费根鲍姆和利维（1996）的论述相似，我会在第 8 章中讨论这个内容。

在一次显微镜专家会议上，一位与会者建议："委员会可以阐明一些情况，以便专家以外的人也能够知道显微镜工作可能出现的结果，以及不可能出现的结果。"另一位与会者支持这一想法，因为"精明的律师用一位专家的证词攻击另一位专家的证词的闹剧频繁出现，这一想法能够消除这种闹剧"（Burrill 1890，p.214）。第三位与会者说："我们应该商定一个标准，所有的一般性陈述都可以根据这个标准进行审判，这样就可以提高专家作证的效率。农业化学家协会已经制定了一个标准，且被法庭接受，我们这个协会没有理由不为自己所在的知识领域这样做。"（pp.213-214）

在此，我们再次看到了对竞争专家的厌恶，以及相应的愿望——以某种方式阻止专家意见多样性的出现。同时，我们也再次看到了专业人士在防止专家出现意见分歧方面的作用。

在英国的一个司法管辖区利兹，专业人士对分歧的厌恶似乎影响了法庭程序。我们被告知（Unattributed 1890，p.492）："我们认为，长期以来利兹的行业领导者们一直有一种习惯，在双方专家开会之前拒绝就任何案件提供专家证据；这种做法非常有效，利兹巡回法庭没有再出现科学证据的冲突，令人瞩目。其他地方的这种冲突，多到使法庭上的证词都变得不可信。"如果报告准确，那么医生（也许还有其他专家）似乎成功地改变了对抗程序，但这种方式可能无法像统一证词那样促进真理和正义。福斯特（1897）认为，这表明专家证人在当时不受尊重。当时的评论经常坚称这类证词不甚重要。

1902年,《美国法律登记册》(The American Law Register)刊载了一篇有趣的文章,写的是两位专家之间的交流,这两位专家分别是宾夕法尼亚州法官克莱门特·B. 彭罗斯(Clement B. Penrose)和早期法庭笔迹鉴定专家(也有其他身份)珀西弗·弗雷泽(Persifor Frazer)。彭罗斯在回答弗雷泽(Penrose and Frazer,1902,p.346)的问题时说:"专家只是一名科学辩护人,而且也应该仅仅被如此看待,他与本案中他所代表的一方的法律辩护人有关联。"弗雷泽回答:"如果[专家]是一名伪装的特别顾问,或者你口中的'科学倡导者',那么他可能是一名专家斗士、一名胜诉者,但不论你怎么想,他都不是最高或最佳意义上的专家。"(p.347)重要的是,弗雷泽不能承认专家提出反对的可能性:"专家对某一问题进行检查后得出的意见,与任何事件一样,都是事实。如果他故意否认自己持有这种意见,那么他(在法律定义之外)就是在作伪证,是罪犯。"彭罗斯举出了例子,说明专家给出的意见,确实可能不属于事实。其中一个例子(p.348),似乎是有意要激怒弗雷泽:"在他看来,如果一个签名来自一个他不认识的人,那这个签名就是伪造的。"彭罗斯接着说:"与科学意见对立的一方,不被剥夺反驳的机会,不被阻止进行交叉对比,以揭露给出意见之人缺乏知识,或揭露出此人推断结论的方法不合逻辑。"(p.349)弗雷泽上当了,辩称自己的鉴定技术"在实践中'确然无疑'"(p.349)。因此,如果应用他的技术,"就不再有意见上的问题,而只有事实上的问题"(p.349)。弗雷泽的结论揭示了他的认知:

> 这是一条模糊的、不确定的、不断变化的界线，将法庭所称的"**意见**"和"**事实**"区分开来。实际上，法庭对两者进行区分的信念是**一种意见**，而非**事实**；无论如何，据我们所知，任何"事实"都或多或少是由一些人持有的"观点"，甚至那个伟大的第一事实——我思故我在，也是如此。这个事实无可辩驳，独占一档。
>
> （p.350）

弗雷泽欣然引用了笛卡儿及其理性主义观点，这使他的立场与我将在第6、7两章阐述的哈耶克式知识观总体上相去甚远。

弗雷泽写了一本关于可疑文件分析（包括笔迹鉴定）的书，至少出版了三版（见Frazer 1901，也可见Frazer 1894）。在书中，他反复提到"实验"（experiments）一词。而所谓"实验"，指的是专家们在案例中应用的技术。弗雷泽似乎没有进行任何研究，来验证自己的笔迹分析技术。实际上，这些技术的有效性似乎只是一个"假设"（postulate），不需要测试。弗雷泽关于笔迹分析的三个"假设"中包括"限制了变异的平均值测定适用于笔迹研究"（Frazer 1901，p.133）。赖辛格等人（1989）表示，在1939年之前，没人进行过笔迹识别的验证研究。他们说："目前（1989年），我们能做出的最善意的声明是，没有任何证据表明存在笔迹鉴定的专业知识。"（pp.750-751）最近，美国国家科学院（National Academy of Sciences，NAS）指出，"对经过训练的文件鉴定人员所用方法的可靠性和可复制性进行量化的研究十分有限"（NAS 2009，pp.5-30）。

弗雷泽的文章十分刻薄，有时似乎是为了弥补他的方法缺乏基础这个缺点。他说，如果"专家就笔迹给出侮辱性的证词"，此时"最应该受到责备的是法官"。这些法官的轻蔑有时是出于"无知，不知道科学方法和骗术之间的差异"，有时是出于"不相信会有人在与其雇主有关的案件中能完全不偏不倚"。弗雷泽认为，无论哪种情况，都令人愤慨：

> 这些人成为法官（可能）是因为他们是法律专家。如果普通公民指责法官偏袒有利于自己晋升的一方，并据此做出判决，玷污了司法权威，那么法官就会对这个普通公民施加惩罚。然而，法官反对其他专家（尤其是笔迹鉴定专家）的情况并不罕见。
>
> （Frazer 1907，p.272）

姆努金（Mnookin 2001）讲述了一段有趣的笔迹识别历史，其中对珀西弗·弗雷泽进行了相当多的讨论。

汉德（1901）认为，专家证人会带来"严重的实际困难"（p.50），因为专家在审判中事实上"取代了陪审团的位置"（p.51），他认为这是一种"恶行"（p.52）。汉德与其他很多人一样，反对"专家成为任何一方雇用的拥护者"（p.53）。然而，汉德反对的核心问题是竞争专家的意见分歧。当专家出现意见分歧时，"陪审团不是一个有能力的法庭"（p.55），只能武断地解决矛盾。汉德认为，唯一的解决办法是"专家委员会或一名专家不由任何一方聘请，仅向陪审团提供建议，给出适用于其管辖范围内的案件的一般性提议"（p.56）。

19世纪的普遍观点认为，专家科学证人应该得到尊重，这种观点延续到了下一个世纪。伊利亚斯伯格（Eliasberg 1945，p.234）哀叹道："在大律师面前你来我往地攻击，不断煽动、支持、密谋，都会营造出一种不良气氛，与我们法院大楼的山形墙上经常刻着的理想相抵触：'正义之地是一个神圣的地方'。"他列出的"迫切需要的"规则和程序包括下面这条："若律师故意攻击专家的荣誉或个人利益，应被视为藐视法庭。"（p. 241）

19世纪关于专家证人的文献与最近的讨论非常相似（Cheng 2006）。如今，我们也追求中立，反对"专家之战"。科学观点相异会是一桩丑闻。专家应当是法院的职员，不该参与对抗过程。如今，我们可以看到专业团体试图统一成员的证词，也可以看到辩方证人被诬蔑为"雇来的枪"，而检方证人所谓的权威则得到颂扬，可是，检方证人对工作报酬的依赖与辩方证人相同，有时甚至比辩方证人更依赖这份收入。如今，对专家偏见的哀叹往往基于一个（通常是隐含的）假设：科学知识是统一、明确、确定的，科学知识并不分散，不体现在实践中，也不可能出错。

19世纪，英美在讨论专家证人时，表达的主要态度，在某些方面与本章前面描述的苏格拉底传统相似。在这两种情况下，专家都因在道德和知识上优于普通人而备受推崇；在这两种情况下，伯格和卢克曼所描述的"消解"都是专家针对外行的操作——外行不应挑战专家，只应服从；在这两种情况下，专家知识都是等级分明、统一、明确、确定的，意见多样性是件坏事；在这两种情况下，专家都非常符合伯格和卢克曼（1966）"全能专家"模型的描述："官方认可的现实定义者"（p.97）。很不幸，在我看来，这种态度今天仍然非常普遍。

4
专家理论中的常见主题

以往对专家的讨论，反复出现一些主题与问题。这些主题相互重叠，因此有必要放在不同小节中分别讨论。

权力

一些人对专家观点存疑，他们通常也会畏惧专家的权力；另一些人则对专家相当信服，也只有他们才有可能支持其权力的提高。普通人越"无能力"[①]（根据表 2.1 的定义），专家权力造成的威胁就越大。

由第 2 章可见，福柯（1980，1982）认为，"学科（知识）"是权力的来源。在一部分人将学科知识灌输给其他人的同时，双方的权

[①] 本章所论的权力（power），与第 2 章定义的有能力（empowered）中的"能力"，在内涵上有所重叠。为照顾相关学科用语习惯，本节及本章必要部分保留"权力"的译法。敬请读者注意其中联系。——译者注（以下如无特殊说明，脚注均为译者注）

力关系就此形成。而在这一关系中，学科知识的输入方会在一定程度上受到压迫。对此，特纳（2001，pp.123-129）说，在传统的"文化研究"中，福柯等人认为，专家行为及其类别"限制"了消费者，迫使他们以"种族主义者、性别歧视者和'阶级主义者'的方式思考"（p.126）。许多经常引用福柯文献的学者确如他所说，但实际上特纳的观点言过其实。不过，从客观角度出发，福柯倾向于在大类（grand categories）中进行研究，伯格和卢克曼则更注重描述个体的意义结构及其形成的社会过程，二者之间并无关联。

福柯过分依赖大类，将自己所研究的"问题"理解为"理性的历史"。他曾说："我不是一个社会科学家。"因为他的考察对象并非"某一特定类型的制度运行方式"，而是"个体管理的理性化"（Dillon and Foucault 1980，p.4）。因此，他强调将统一的知识体系强加在罪犯、学生等群体身上的现象。

对于福柯（1980，1982）、哈贝马斯（Habermas 1985）等通常被归为"左派"的知名学者而言，回答专家权力的问题十分重要。不过，有些被怀疑是"右派"的自由主义思想家也同样关注这个问题，伊斯特利（Easterly 2013）就是一个代表。

伊斯特利（2013）驳斥了"技术官僚错觉"，即"相信贫困是一个纯粹的技术问题，可以通过化肥、抗生素或营养补充剂等技术方案解决"（p.6）。伊斯特利认为，"推崇技术官僚主义方法的经济学家在看待权力时过分天真。他们觉得放松甚至取消约束之后，权力还将自动保持善意"。贫困源于权力的缺失，而非因为没有化肥。"技术官僚错觉让人以为贫困源自专业知识的匮乏，但实际上，权力的缺失才是贫困的根源"（p.7）。在某种程度上，伊斯特利支持人权，因为"穷人的权力……本身是道德的目的"。他还指出一种基本机制，能让"自由发展"更有利于改善人们的生活：人们在拥有权力之后，便可选择与谁来往、与谁立约或为谁投票，以解决自己的问题，因而解决问题的能手能获得更多合作性的社会联系、需求和选票，模仿者会因此深受吸引，那些好的解决方法也会借此流传开来，于是人们的生活也变得更加富足。在自由发展的理念中，知识多样性有助于人类寻求难题的答案，而"专家独断"（the tyranny of experts）恰恰导致了与之相反的结果：知识多样性减少，普通人提供给专家的反馈也因此减少。强行灌输的专家方案降低了自由发展所自然产生的异质性。这种体制给出的常常是一刀切的方案，采取这样的方案无须像自由发展理念一样，不断进行局部探索或实验。自上而下的计划比不上自由发展理念中"大量探索与匹配的过程"。因此，伊斯特利认为，专家从根本上说并不可靠。民主与经济自由主义赋予普通人权力，因此从某种程度上来说依然很有价值。

伊斯特利将其对专家权力的自由主义观点与哈耶克的"知识问题"联系起来（我会在第6章和第7章仔细讨论哈耶克的"知识问题"）：

> 所谓"知识问题"，换一种说法，即"成功常常是一种惊喜"。我们通常难以预料**什么**是真正的解决方法，**何人**在**何时何地**能够提出解决方法则更是难以判断。而能成功的人物、时间和地点又在不断改变，求解的难度也随之提高。事实上，这只是有意地进

行设计，重申了哈耶克的"知识难题"而已。

（p. 241）

与伯格和卢克曼（1966）类似，伊斯特利也将专家问题与社会中的知识分工联系起来。而科恩（Coyne 2008）以军事干涉为语境，对专家权力提出的批评，也大体如此。

权力问题的核心在于由谁做出选择。专家是在帮普通人做选择，还是仅仅提供建议和意见？举个例子，受到政府资助的优生学专家有权决定别人是否应该绝育，这真是令人不寒而栗。很不幸，我们并非在回顾一段"古老的历史"，当谈及上面这种情况时，现在的我们毫无优越感可言。

埃利斯（2008）认为"遗传因素导致犯罪。因此，将'犯罪倾向基因'携带者的生育率限制在不携带该种基因的人之下，能降低一国的犯罪率"（p.259）。他明确地将该策略称为打击犯罪的"优生学方法"（p.258）。他指出，使用抗雄激素药物"也被称为化学阉割"，然后说："让有高犯罪风险，尤其是暴力犯罪风险的男性在青春期后服用抗雄激素，应能在一定程度上抑制睾酮在青春期后几年内的激增。那些最不懂得吸取教训的男性应接受持续 10 年的抗雄激素治疗。"（p.255）埃利斯幻想着，这些政策能够在技术中性的情况下得到精准实施，但他忘记了，真正负责施政的管理者们身处统治阶层，占据特权地位的他们会以进化心理学预测的方式行事，这是非常不幸的。

20 世纪 70 年代，强制绝育手术经美国法律批准，顺利得到了推广（Stern 2005；Shreffler et al. 2015）。近来，调查报告中心发现，"2006年至2010年，在未经州政府批准的情况下，与加利福尼亚州惩戒和康复部签订合同的医生对近150名女性囚犯进行了绝育"（Johnson 2013）。戴维·高尔顿与20世纪种族灭绝和大多数强制性优生学划清界限，他表示，如果妇女怀着携带"21三体"染色体的孩子，且"明显无法在经济上长期照顾残疾儿童"，"国家机构理应进行干预"（p.267）。如今戴维·高尔顿（Galton 1998）和李·埃利斯（Ellis 2008）之流的优生学家仍支持为他人做出生育决策。

优生政策属于人口政策。人口政策的范围不仅涵盖那些看似温和的措施，如由国家资助的儿童保育，还包含强制绝育，甚至种族灭绝等。可以这么说，优生政策建立的基础是"不良品质能够遗传"，范畴更大的"人口政策"则并非如此。然而，当人口规模或人口构成成为政策目标时，人身自由和尊严不再得到尊重，人们被视为牲畜，为脱离人口中个体诉求的目的服务。这种将人视为牲畜的观点可能使一些政治家更倾向于采取强制性措施。

德拉克洛瓦和格斯瑞（De la Croix and Gosseries 2009，p.507）提倡"利用可交易的生育权来实施人口政策"，并支持用"可交易的生育许可和可交易的生育豁免"来实现"最佳生育率"。这项提议的来源最早可追溯到肯尼斯·博尔丁（Kenneth Boulding 1964），这位学者似乎是第一个提出生育券概念的思想家。希吉等（Hickey et al. 2016，p.869）称："气候变化即将带来严重的威胁，需要用积极的政策加以应对，而人口工程也应包含在内。"他们说："再者，在经过精心设计的前提下，积极实施选择增强（choice-enhancing）、偏好调整（preference-adjusting）和激励干预（incentivizing interventions）等措施以降低全球生育率的做法是合乎道德的，而且或将成为全球人口工程计划的一个有效部分。"若政策"不将人口视为可操纵的变量，则有可能变得低效、迟滞"。另外，全球变暖与收入不平等的问题越迫在眉睫，我们就越有可能实施强制性的人口政策。

奥尼尔等（O'Neill et al. 2010，p.17525）声称，他们证明了"人口增长放缓能够有效促进全球减排"。他们发现"计划生育政策会对环境产生重大协同效益"。约翰斯·霍普金斯大学的伦理学家特拉维斯·里德（Travis Rieder）引用了奥尼尔等（2010）的观点，将儿童视为一种"外部性"。他曾经上过一档叫作《比尔·奈尔拯救世界》（Bill Nye Saves the World）的电视节目。他在节目中发表的评论让主持人不禁发问："所以在发达国家中，我们是否应该制定政策，来惩罚多生孩子的人呢？"（Rousselle 2017）里德回答说："我坚持认为我们起码应该考虑一下。"于是，美国的强制性人口政策开始作为一项对抗全球变暖的对策接受公众审查。公众常常视全球变暖为一种灾难性的威胁，因此我们似乎有理由担心，在不远的将来，强制性人口政策将得到政治上的认可。对此，我们应回顾一下伯格和卢克曼（1966，p.88）的发现：如果不听从专家的观点，"人们将受到随之而来的厄运的威胁"。

对于专家权力的问题，默顿（1937，1945，1976）可能一直以来都过于乐观了。他着眼于科学的社会结构，宣称科学家"对不同动机的追求"是"错误的"（1937，p.559）。他认为科学的知识优势（epistemic merit）源于科学的社会结构，而非科学家的个人价值。诚然，这种社会结构和专家（在此指科学家）的知识表现之间的联系很重要且很有价值，但正如先前讨论的那样，默顿没有充分重视专家行为不端或犯错的风险。默顿和巴伯（Merton and Barber，1976）对社会矛盾的讨论也说明了这一点。

默顿和巴伯（1976）识别了多种"社会学意义上的矛盾"（pp.6-12）。然而，他们侧重于"核心类型"（core type），即一个社会角色、一种社会地位或一组被同时占据的社会位置所"包含"的"不相容的规范性期望"。如此定义，"社会学意义上的矛盾"便成为社会公认规范之中的紧张关系，也就与专家何时、是否以及如何偏离这些规范无关了。默顿和巴伯（1976）使用"矛盾"这样的定义，模糊、忽略了专家的潜在问题，不利于鉴别专家的不当行为或下意识的偏见。值得注意的是，在讨论客户可能对专家感到失望时，默顿和巴伯（1976）说："我们关注的是**专家正常履行职责时导致的失望**。"他们不区分客户对"他的医生、律师、社会工作者或牧师"的反应（pp.26-27）。但是，虽然客户一般不能选择"社会工作者"，他们却能在自由竞争的条件下选择自己的牧师（在美国如此）。换句话说，社会工作者有政府给予的权力，而牧师只有说服的"权力"。在之后的章节中，我们将讨论，医生和律师拥有中等程度的权力：许可证的限制和专业组织给了这些专家一定的垄断力量，但客户的选择权至少会在某种程度上削弱专家的权力。然而，在默顿和巴伯看来，打交道的永远是一个相对可靠的专家和一个难对付的普通人。这个普通人需要专家的帮助，但特别难缠。

默顿和巴伯未曾意识到专家失灵的风险，虽然他们确实承认客户有可能"怀疑专业人士为他们提供服务的动机"（p.27），但却将重点完全放在客户的焦虑本身，不去考虑这种焦虑存的合理性。他们说："再次强调，可能按当时的标准，有些专业人士确实利用了客户的困难，但我们不讨论这些情况。我们只关注产生矛盾的合法操作之类的情况，不关注越轨行为。"（p.28）

默顿（1937）认为，科学在知识方面取得的成功，其实是社会结构的一个函数。例如，他认为公正并非科学家的高尚道德，"而是有一种独特的模式，利用制度来抑制许多潜在的不良动机，以规范科学家的行为"。科学家的道德并不比常人高尚，相反，"科学家的活动是受到严格监管的"（1937，p.559）。社会结构和知识表现之间的联系不仅在当时具有开创性，时至今日依旧十分重要。然而，当默顿研究不同行业时，他却未曾问及这些专家何时以及是否"受到严格的监管"。他毫不提及"越轨行为"，只考虑"合法行为"产生的"矛盾"。他赞许专家的专业知识。于是，权力问题淡出了他的视野，因此对于一个专家经济学理论而言，他对矛盾的分析用处不大。

问题的关键不总在于限制专家权力。我们在第3章看到过，苏格拉底曾试图赋予专家权力，并呼吁雅典人服从他们。科尔（Cole 2010）则希望在法庭科学中赋予"知识精英"权力。他以医学领域为例，明确呼吁在法庭科学中建立更强的"等级制度"，以提高知识精英的权力。因此，他希望通过提高某些专家的权力来弱化其他专家。属于知识精英的那部分专家可靠，而算不上知识精英的专家则不可靠。因此，必须通过赋予可靠专家权力来限制不可靠专家的权力。客观来讲，科尔认为，至少在刑事司法系统中，普通人根本没有权力。因此，他会寻求一种等级制度，而非一种民主的办法，用以解决专家问题。（见我与科尔在《福特汉姆城市法律期刊》上的交流：Cole 2012；Koppl 2012a。）

道德

在对专家进行理论化的讨论时，道德至少涉及三个问题。第一个问题有关专家的美德。现实生活中，品德高尚的专家通常备受信赖。假若19世纪许多研究专家的文献所说为实，即专家比普通人更有道德，那么，把普通人的权力降到最低似乎是明智之举。如此一来，人们就可以从更好的人那里得到指导。第二个问题在于，我们该以何种道德规范来约束专家。最后的问题是：什么样的社会机制才能约束专家，使其按照道德规范行事。

有些人认为专家品德高尚，并且因此更相信专家之于普通人的知识优势。我们在第3章中看到，苏格拉底的传统哲学和19世纪许多研究专家的文献都表达了这种态度。例如，安格斯·史密斯（Angus Smith 1860，p.141）写道：

> 科学家因共同信仰而联结在一起，这种方式强于整个社会的联结。如果处于这种光荣且独立的位置，他们将会根据自己的知识和性格行事，以解决许多不必要的矛盾，消弭那些反对的声音。倘若有机会这么做，他们一定会且只会陈述所有的事实，也必将为此感到光荣。

史密斯认为，科学与美德的结合能确保专家意见是正确的，法庭科学领域也出现了这种观点。但是其实法庭科学家可能会下意识地形成偏见。直到最近，这才被广泛认为是对法庭科学家道德品质的挑战。一位国际知名的法庭科学家（他同时也是法庭科学研究者）曾经激动地对我喊道："但我受过训练，会保持客观！"

品德更高尚的专家并不一定就更可靠。克普尔和考恩提到"法庭科学家会因为具有某些品质而被看作好人，但也可能会因为具有这些品质而出现下意识的偏见，并犯下错误"（Koppl and Cowan 2010, p.251）。例如，如果法庭科学专家知道他们手头的案件是一起令人发指的双重谋杀案，那么出于自身的正直和对受害者的同情，他们的判断可能出现偏差，在证据明明不匹配的情况下给出"匹配"的结果。

有些人常常以为，品德高尚的法庭科学家给出的意见一定正确。但正如安格斯·史密斯（1860）所说，在法庭科学中，这种观点的前提是将美德与"科学"结合起来。只有受过专门训练，有正直品德的专家才能确保在特定专业领域中提供正确意见。因此，对于维护法庭科学的人来说，坚持法庭科学的科学性一直非常重要。

从上述安格斯·史密斯（1860）的观点来看，"科学"也在防止出现意见多样性。（也可参考 Taylor 1859，p.703 和 Cook 1994。）如果认为"科学"和专家的个人美德足以保证专家意见是正确的，就意味着必须抵制和否定意见多样性。因此，法庭科学家声称他们的方法具有"零错误率"，并且证明了这个结果是正确的，达到了"合理的科学确定性程度"（NAS 2009；NIST 2011）。

有观点认为专家是唯一有道德的一类人，也有观点认为需要用道德规范来约束专家,这两者似乎完全对立。质疑专家可靠性的学者更有可能呼吁颁布明确的道德准则。利维和皮尔特(2017)提出了专家的道德准则。这种准则能够降低专家意见中出现偏见的风险。对此,透明是一个至关重要的最低要求。"首先……披露与专家经济利益相关的信息极其重要。"(p.314)同情客户或其他专家可能产生偏见,热衷于自己偏好的政策或政策分析的一般框架亦如此。"通过详述自己的工作经历,尤其是咨询经历,以及在咨询和学术工作中所主张的政策立场,可以更清楚地展露这类偏见。"(p.315)

克普尔和考恩(Koppl and Cowan 2010,p.241)写道:

> 美国统计协会(the American Statistical Association,ASA)的道德准则共有3 395个词,却没有提及防止违规的程序。美国法医科学院(the American Academy of Forensic Sciences,AAFS)的道德准则有1 384个词,其中除了154个词外均是序言、章节标题或(类似于)防止违规的程序。在这154个词中,62个词用于说明成员的行为不得违背"学院的利益和宗旨",31个词用于说明成员在未经事先许可的情况下不得以美国法医科学院的名义发表任何意见,剩余的52个词则用于说明法庭科学分析的道德。因此,美国统计协会的道德准则中有关道德行为的词数是美国法医科学院道德准则的65倍。美国统计协会的规范更加独特,才导致这种数量级差异。模糊的道德准则不太能够用来预防、纠正和检查错误。

这篇文章面世之后，美国法医科学院道德准则的篇幅被大幅删减。

行业道德准则应帮助专业人士了解哪些作为和不作为是错误的，哪些又是合乎道德的。这种准则也可能诱发高尚行为，这有一部分是通过准则的信息功能实现的。大多数专业人士或多或少想要表现得高尚，这种意愿可能部分来源于对自己专业的认同感。那么，简单地阐明和颁布一个道德准则，会对相关专业人士的行为产生一些影响，但同时也为他人提供了一个评判专业人士的标准，使专业人士有可能受到指责。这种副作用也会影响专业人士的行为。

解决专家问题的理论文献涵盖了其他用来确保专家行为不违背道德的机制，包括之后将提到的讨论和用民主来控制，以及监管和许可限制。由于存在竞争，专家即使不可靠，也可能被迫采取更符合道德要求的行为，这取决于市场的结构。亚当·斯密认为，起码当我们把"坦率与温和"视为道德规范时，宗教间的自由竞争会产生这样一种道德利益：

> 每一个教派的牧师意识到身边敌众我寡时，就不得不学会坦率和温和。而那些大教派的牧师很少有这种品质，因为大教派的教义得到了民事裁判官的支持，广大的王国或帝国中几乎所有居民都崇敬他们，因此他们眼中只有追随者、信徒和谦卑的崇拜者，其他均视而不见。
>
> （Smith 1776, v.1. p.197）

自反性

"自反性"是方法论的要求，即理论必须能够用来解释自身（Bloor 1976，pp.13-14；Pickering 1992，18-22）。如果理论家认为专家不可靠，自反性问题自然就出现了。理论家本身也算是专家，那么理论家的理论是否也就不可靠了？如果专家可靠，违背自反性的情况就不太可能出现：理论家的理论传达了可靠专家的意见，认为专家意见是可靠的。自反性与蚁丘问题非常相似，自反性其实就是可靠的专家想象自己是一只在蚁丘上俯视的蚂蚁，如果理论家要提出专家不可靠的警告，那么为了与其他人保持一致，他们必须承认自己是蚁穴中的蚂蚁，并在理论中强调这一事实。

特纳（1991，2003）讨论了科学研究中出现的一些问题。他批评亚桑诺夫（Jasanoff）等人，贬低了他们理论的"内在矛盾，即试图遵循科学的反本质主义（anti-essentialist，或译'社会建构主义'），又从外部上帝视角出发，提出带着'政策'含义的'批判'，试图使'科学研究'规范化"（Turner 2003, p.viii）。反过来，亚桑诺夫（2003, p.394）在批评科林斯和埃文斯（Collins and Evans 2002）时也引用了自反性的概念，她说："在专业知识的魔戒中，不存在一个客观的阿基米德支点，使一个无所不知的主体能够决定谁属于或不属于这里。"

在第 11 章中我将论证，我们可以使用实验经济学的方法，来绕开是否需要怀疑专家意见这个棘手的问题。使用这些方法可以在一定程度上减轻自反性要求所带来的问题。通过在人类的实验室中**建构**真理，我们为自己创造了特纳所贬低的"上帝视角"。然而，这样的视角只有在实验室中才能成立，在气候变化或流行病学等领域中，就无法用来评判相互竞争的科学主张。我将在第 11 章中论证，这一视角有助于我们判断不同的制度如何影响专家失灵的可能性。

除此之外，至少还有四种方法可以用来处理潜在的自反性悖论。第一，理论家使自身免受理论的限制；第二，理论家可能会接受自我参照（self-reference）的悖论，但要使用反讽或讽刺的方法，防止悖论从内部摧毁理论；第三，理论家可能会以自我参照无法伤害理论的方式来建构自己的理论，但目前尚不清楚这种方法能否成功；最后一种策略是第三种的变体，理论家可能会识别出理论解释能力的局限性，防止悖论的产生。

理论家可以通过某种方式，使他们自身或他们的理论无须满足自反性的要求，从而回避自反性问题。马克思主义（至少它的一些变体）采用了这种策略：一切意识形态都是物质力量的反映，但是由于革命先锋队在历史上处于独特地位，能够看到事物的本来面目，因此只有他们才不会出现历史唯物主义所说的虚假意识。把理论家从他们的理论中解脱出来会出现一种明显的不对称性，这种不一致可能会招致批评家的批评。

讽刺可能是一种避免悖论的工具，防止悖论无法将理论家纳入模型中的情况出现。讽刺作家运用讽刺的语调，告诫读者要质疑自己和他人的动机、自我解释（self-interpretation）。但对于讽刺作家也需有同等的质疑。讽刺意味着邀请读者质疑作家。如果能够利用讽刺和反讽将理论家纳入模型中，那么就可能像菲尔丁（Fielding）所写的《汤姆·琼斯》（*Tom Jones*）一样，成为自由主义的真实声音。自反性的讽刺方法反映了专家不可靠的观点，也反映了普通人有可能有能力的观点。讽刺作家让读者质疑专家，甚至是质疑作家自己，因此，读者有能力。

正如戴维·利维（David Levy）和桑德拉·皮尔特（Sandra Peart）对我说的那样，我们可以"将理论家纳入模型中"，而非将他们拿走（在 Levy and Peart 2017，p.192 中，他们说，"我们需要将经济学家放在模型中"，因为"经济学专家和我们研究的人有相同的动机结构"）。将理论家纳入模型是很困难的事情。但是，至少当理论家没有在模型中天真地假设所有人都是有道德的，且思想和动机是透明的时候，如果理论家要避免把自己塑造成一只在蚁丘上俯视的蚂蚁，那么自反性可能是必须考虑的问题。识别解释能力的局限性使模型更容易将理论家包含在内。

皮尔特和利维（2005，p.3）认为"分析平等主义"（analytical egalitarianism）是社会科学家的一种假设，假定"人类的语言和贸易能力是相同的；人类之间被观察到的差异可以用动机、运气和历史来解释。之所以会错误地认为普通人与专家之间有所不同，完全是出于'哲学家的虚荣心'"。"哲学家的虚荣心"这一说法是他们从斯密的《国富论》的第 1 章第 4 节中得来。他们将这种方法论规范描述为要求模型中"不同类型主体之间的差异"是"模型内生的"，同时，要求将"理论家"视为"与模型中的主体类型相同"（Levy and Peart 2008a，p.473）。

奈特试图解决蚁丘问题。特纳（1991）赞美了他，说他在解决如何将理论家纳入模型的问题上付出了巨大努力。社会学家乔治·伦德伯格（George A. Lundberg）通常被认为是"新实证主义者"（neo-positivist。Wagner 1963，p.738，n.7；Shepard 2013，p.17），奈特在写给他的一封信中问道：

> 为什么在思考社会问题时，总是免不了变成不同形式文字游戏之间的竞争？当然，社会问题本身在很大程度上是人的思想如何运作的问题，那些在某些领域有领导地位的人的思想尤为重要。其中，行为主义者的思想无疑是最具挑战性的。为了解决这个问题，比较恰当的原则是从认识自身出发，或者说应始于身边——行为主义首先要解释的是行为主义本身！如果行为主义将这个问题放在第一位，而非开始情绪化的宗教狂欢，试图把每个人都转变成它独特的启蒙运动类型，那么它将发挥巨大作用，变得完全无害。
>
> （Knight 1933，转引自 Turner 1991，p.30）

奈特希望理论能解释理论家的行为。

奈特的学生布坎南（Buchanan 1959）也致力于解决蚁丘问题。他希望经济学家能够在不将自己的价值观强加给他人的前提下继续提供咨询服务。作为社会中平等的一员，经济学家可能会寻求意见完全一致。然而，社区中总存在难对付或不理智的成员，可能导致根本达不到"完全同意"。对某个观点的意见要达成一致，必须假定"社会群体是由理性的人组成的"（p.134）。因此，"政治经济学家……在寻求共识的过程中，被迫区分理性和不理性的人"（p.135）。我们寻求的不是"绝对一致",而是"相对一致。"

相对一致这个概念似乎值得怀疑,因为这根本不是真正的同意,而是**想象中的**"理性的人"之间**想象的**同意。我们和布坎南以及罗尔斯(Rawls)一样,试图推断出在纯粹假想的情境中"理性的"人会做出什么选择,但这样的情境在现实中并不存在。实际上讨论和商议根本不存在,它们只是理论家的**假想物**。理论家从而不再是普通人中的一员,而是变成了所有人!(见 Gordon 1976,pp. 577-578。)

于是,对"相对一致"的追求并不能防止"政治经济学家"将自己的意见强加给他人,这种追求最终进一步推翻了布坎南所寻求的道德和知识上的自反性。政治经济学家通过决定什么是"理性的",以及**想象**"理性的人"会同意什么,来代替人们决定哪个意见更重要。理论家想象不到的观点因此被排除在外,不再重要。

哈耶克也对自反性的问题进行处理。《感觉的秩序》(Hayek 1952a)勾勒了一种心理的理论,在这种理论中,思想是在神经联系中产生的。这些联系随时都能形成一个分类系统,而正常的思考和科学的解释是分类活动。哈耶克认为"任何分类工具都必须具备比它所分类的对象更复杂的结构;因此,任何解释主体的能力都有局限,仅能处理结构复杂度比自己低的对象"(1952a,p.185)。在哈耶克看来,"人脑永远无法完全解释自己的运作",这在逻辑上是必然的(1952a,p.185),因为必须比自身更复杂才能做到这一点。之后,哈耶克将这个观点与数学中的康托对角线理论和哥德尔不完全性定理联系起来(1967b,p.61,n.49,p.62)。

哈耶克也将"原理的解释"(explanation of the principle)的概念

（1952a，p.182）应用到社会科学中（Hayek 1967b）。在原理的解释中，只有某些现象的一般特征才重要。研究的现象越复杂越好。因此，哈耶克通过识别逻辑上的必要性的和不可克服的局限性解决了自反性问题。

之前我们看到李·埃利斯主张化学阉割携带"犯罪倾向基因"的年轻人。像埃利斯（2008）一样，认为专家可靠而普通人无能力的那些学者，通常不会要求自己的理论满足自反性。然而，埃利斯的文章正说明了自反性——系统中所有主体都应纳入模型中——非常重要。他将携带"犯罪倾向基因"的人纳入模型中，但却不对那些执行绝育政策的专家做相同处理。即便假定他的优生思想是正确的，这些政策也需要这些执行的人拥有所罗门式的无私和智慧。可是，这个理论最终是把自由裁量权交由不太可能如此无私和睿智的人去执行。有些时候，专家提出的政策建议会要求一些人以与激励不一致的方式行动，甚至要求某些人以超人的能力行事，为了降低这种不合理的风险，就像其他社会科学中的处理方式一样，我们必须在专家理论中对**所有**主体建模。

博识的公民

我说过，普通人可能无能力，也可能有能力。如果专家由专业知识定义，那么**除非**普通人拥有与专家相似的专业知识，不然可能很难想象一个普通人有能力。这种想法出现在舒茨（Schutz 1946）对"博识的公民"的讨论中。如果一个理论认为专家在根本上是可靠的，且普通人有能力，那么博识的公民自然会存在。如果专家由专业知识定义，并且基本上可靠，那么普通人的权力只能来源于知识。根据定义，博识的公民不是专家，但他们知识渊博。如果专家不可靠，而普通人有能力，则博识的公民可能会发挥作用，本节中利维和皮尔特（2017）的理论就是一个例子。在一个普通人无能力的理论中，博识的公民可能毫无作用。然而，我在本节中将要讨论到，特纳（2003）将把公民训练成"初级科学家"的愿望归于卡尔·皮尔森。

舒茨（1946）区分了"专家"、"博识的公民"和"普通人"。"普通人"是完全不反思的，会"毫不怀疑"地将"秘诀"应用到生活中（p.465）。博识的公民则介于专家和普通人之间，他虽然不是专家，但"他不接受简单但模糊的秘诀，也不接受因不理智而产生的不明激情和感受"。博识，意味着在这个人比较了解的领域里，或者至少在他能间接接触的领域里，无论是否与他手头的事务相关，他都能**理性地提出**意见（p.466，加粗部分为原文标记的重点）。

这三种人都是"理想化的类型"。舒茨非常清楚，在所有领域都不会存在纯粹的普通人。对于秘诀，再没有好奇心的人都不会仅仅是接受而已，起码会提出一些意见，即使其中许多意见可能并不完全是"理性地提出"的。知识在社会中是分散的，这意味着没有人能够成为所有领域的专家，也无法在所有领域都博识。舒茨希望博识的公民能够比较不同专家的竞争性主张，并将自己博识的观点传递给普通人。他总结道："在民主社会中，自己的意见能够在普通人之间流传，是博识的公民的责任和荣幸所在。"（p.478）在这篇文章中，舒茨认为"博识"的人有能力，而其他人则相对无能力。

巴伯（2004，p.xii）解释了舒茨（1946）的观点，他说："博识的公民的意见，应该优先于专家和不知情的人的意见。"这种说法可能夸大了博识的公民质疑专家的能力。舒茨说："一个博识的公民认为自己完全有资格决定谁是称职的专家，甚至会在听取了对立的专家意见后做出这种决定。"（p.466）博识的公民的意见总是源于更有学问的专家的意见。然而，每个专家都为其专业所限制，"专家从这样的假设出发：在自己的领域内建立的问题系统是相关的，而且这是唯一一个相关的系统"（Schutz 1946，p.474）。这不仅狭隘，也脱离道德规范。我们"从专家的建议中，只能期望得到如何实现预定目的的指示，而无法根据建议确定要实现的目的"（p.474）。博识的公民权衡和比较不同专家的意见。因此，用巴伯的话来说，博识的公民的意见"应该优先于专家……的意见"。但博识的公民总是在专家意见中做出选择，因此博识的公民的意见总是源于更有学问的专家的意见。

在舒茨的观点中，博识的公民训练普通人，有助于确保正确的专家意见能够"流行"。在亚桑诺夫（2003）的理论中，博识的公民则起到完全相反的作用。她说："专业知识是在制度内部形成的，而强大的制度可能会导致不公正和毫无根据的世界观延续下去，除非普通人不断地审视它们，在皇帝没有穿新衣时能够指出。"（2003，p.398）舒茨似乎想当然地认为，博识的公民会支持专家。而亚桑诺夫则似乎想当然地认为，博识的公民会反对专家。

我们很难判断舒茨和亚桑诺夫的观点孰对孰错，因为我们不清楚公众的意见何时源于博识的公民，而何时源于普通人。一位研究者会认为，抵制达尔文主义的公众是无知的。根据定义，博识的公民会支持达尔文主义。另一位研究者可能会说，博识的公民足够了解智能设计，会跟亚桑诺夫一样，抵制伪专家将可疑的达尔文主义灌输给单纯的学生（诚然，Blount et al. 2008 已经使得智能设计的例子现在不再适用）。如何评估公民是否"博识"可能与如何评估专家意见分不开。此外，对于一个专家理论来说，**任何**关于博识公民角色的阐述似乎都不太令人满意。形成意见的社会过程太复杂，无法简化成我们在舒茨（1946）和亚桑诺夫（2003）的文献中看到的那种简单公式。

有些作者以某种方式用"公民能力"（citizen competence）来定义专家，特纳（2003，p.97-128）对此进行了讨论。对于使有能力的公民成为"初级科学家"之流的观点，他都归于杜威和皮尔森。这些知名人士与其说是在控制专家，不如说是在让社会变得更科学。

特纳赞扬了詹姆斯·B.科南特更具怀疑态度的观点。科南特认为，相比懂得科学，公民更应懂得（以特纳的话讲）"科学如何运作"（p.121）。特纳表示，科南特的教育改革意在"培养自由公众的成员"（2003，p.121）。然而，科南特不认为博识的公民**足**以控制专家。

利维和皮尔特（2017）提出，随机选择的公民可以代替博识的公民。随机性取代了信息性。正如我们所见，利维和皮尔特（2017）强调透明的制度会使普通人有能力。他们还提出了一个相对具体的建议，通过"将陪审团制度拓展为监管制度"来减轻专家的偏见。他们说："我们建议，与其指定监管机构，由机构的专家来做决定（只有拥有发言权的人才对问题有特别的兴趣），不如随机挑选一些人来做决定，由互相争论的专家向他们解释问题。"（2017，p.242）他们并未讨论如何实施这一制度，虽然他们**规定**选择应是随机的，但没有具体说明什么样的社会机制会产生这种结果。因此，与桑福德·莱文森（Sanford Levinson）呼吁随机挑选制宪会议代表一样，他们的提议也很无力（Devins et al. 2016，p.242-243）。利维和皮尔特（2017）认为陪审团的选择是"随机的"，并将自己的提议与其进行对比。但是，近期美国最高法院对福斯特诉查特曼一案的判决（14-8349，2016年5月23日）说明，对陪审团成员的选择经常不是随机的，甚至还带有种族偏见。在本案中，法院裁定控方故意不选择非洲裔陪审员。在这起特殊案件中，法院的判决制裁了这种非随机性。不幸的是，这个判决似乎也不能保证以后对陪审团成员的选择就是随机的。这场有问题的审判是在1987年进行的，也就是说，违法行为持续了将近30年。此外，至少有一名记者报道："此判决仅在福斯特选择陪审团一案中生效，不太可能产生广泛影响。福斯特案中出现的证据很罕见，这种证据很容易能避免留下。"（Liptak 2016）随机性是一件好事，但也很难实现。

科兰德和库珀斯（Colander and Kupers 2014，p.173-174）在博识的公民的主题上出现了有趣的转变。在经济政策的背景下，他们将"专家问题"定义成"没有人让专家保持谦卑的问题"，他们解释道："问题不在于他们不是专家，而在于他们所面临的问题过于复杂，以至于没有人能完全理解。"他们"拥护……被教授的常识（educated common sense）的观点。被教授的常识包括意识到我们的知识存在局限性，这种意识固有地存在于"现代复杂性理论所提出的概念框架中，包括圣菲研究所（Santa Fe Institute）研究的复杂性数学理论。"复杂的政策革命不仅包含边际变化理论，也包含专家如何改变他们看待模型和政策的方式,"他们说,"这本书的一个中心论点是,复杂性作为一门学科已经存在了几十年(比敏感性久得多),忽视这一框架的政策不符合被教授的常识的标准。"因此,专家应该用"被教授的常识"来武装自己,而舒茨将这种常识与博识的公民联系在一起。专家们与其如亚桑诺夫所说,等待被告知他们是没有穿新衣的皇帝,不如变得谦逊,去认识和承认,真正果断地肯定自己是赤身裸体的。

用民主控制专家

用民主控制专家(democratic control of experts)的思想与博识的公民有关。这种观点认为我们从专家那里获益,但要用某种民主手段控制他们。与博识的公民一样,用民主控制专家这一理论,大致更可能归属于普通人有能力的理论,但这些概念有时会以出人意料的方式相互结合。我将简要讨论威尔逊(Wilson 1887)的观点,他认为普通人从根本上说是无能力的。然而,民主原则将以某种方式确保专家服务于公众利益。

政府政策建立在专家意见的基础上,在这种背景下,经常出现专家控制问题,默顿(1945)和特纳(2001)就是这样的例子。在这种情况下,民主有时被视为一种保障,能够防止专家出现问题。大致说来,原因可能是选民雇用了专家,因此专家有义务为人民服务。还有另一种可能:选民以某种方式决定谁是专家,从而保留最终控制权。

亚桑诺夫在给出第一种原因时说"我们需要公众参与,来检验和质疑专家所需解决的问题的框架",而"公民参与作为一种工具,使专业知识符合文化标准,依据这样的标准,专业知识会成为可靠的公共知识,这样的标准也会形成一个文化特有的公民知识论"。我们看到,她在给出第二种原因时,援引了"普通人不断地审视它们,在皇帝没有穿新衣时能够指出"(2003,p.397-398)。亚桑诺夫在同一篇文章中为"参与"做了两次辩护。在一个纯粹规范性的评论中,她说:"在民主社会,所有决定应尽可能公开。"(p.397)最后,她指向一种博识公民的理念,认为"公民参与可以更广泛地传播专业知识,提高公民能力,并对现代性做出更深刻、更具反思性的反应"(p.398)。

正如我们所见,默顿(1945)认为专家有"依赖性",这一点足以防止专家滥用权力,起码避免那些最严重的情况。特纳(2001)采用了第二种方法,他认为"当存在某种更理性的标准,且一个平庸的判断方法在达不到这个标准时会出现将专家判定为水管工的情况,那么专业知识就是自由主义理论的一个深刻问题;当不存在这种标准,且这种平庸的方法超出了普通人的能力时,专业知识就变成民主理论的一个深刻问题"(p.146)。特纳坚信,民主对专家问题能发挥稳健作用。但是,他援引了詹姆斯·B.科南特的观点,摒弃"用民主控制**科学**"的想法,认为这是一种"危险的幻觉"(2003,p.vii,加粗效果为本书作者所加)。

威尔逊(1887)写道:"一个具有攻击性的官方阶级——一个独特的半法人团体——的同情心,与进步的、思想自由的人民的同情心相背离,他们的内心,只有偏执的官僚主义的那种狭隘。"威尔逊写出了对这个阶级的恐惧(p.216)。但他向读者保证,这种恐惧之所以存在,是因为忽视了一个重要原则,即"美国政府在任何时候都必须对公众意见保持敏感"（p.216）。威尔逊规定官场应具有并保持民主精神。他说："我们的理想是公务员队伍足够有文化，行事能够自发地充满活力，同时又通过选举和不停的公共咨询与大众思想紧密相连，以至于不会存在独断或阶级精神。"（p.217）

威尔逊对于官僚主义恐惧的反应很惊人。打个比方，我给一个醉汉买一瓶威士忌，并规定他只能在急诊时使用，但是，我的规定无法保证他会克制自己。在这个比喻中，"醉汉"指的是威尔逊所说的"公务员队伍，他们经过专门的教育和培训，在一个完善的组织中任职，有着合理的等级制度和独特的纪律"（p.216），而威士忌则指权力。

讨论

讨论是研究专家的文献中常见的主题。在强调讨论的理论中，博识的公民通常没那么重要。如果讨论能给公民带来知识，那么我们就不需要用到博识的公民这一预设的形象。强调讨论的理论家们经常认为，讨论赋予公众权力。因此，他们认为应该将公众放在表2.1的右栏中。认为专家可靠的理论和与其相反的理论都可能强调讨论。科林斯和埃文斯的文献（2002）是前者的一个例子，亚桑诺夫的理论（2003）则属于后者。

有几位重要人士谈到过政治中讨论的作用，包括约翰·斯图尔特·穆勒、约翰·罗尔斯和尤尔根·哈贝马斯。杜兰特（Durant 2011）和特纳（2003）都认为哈贝马斯是专家理论的重要思想来源。杜兰特（2011）对罗尔斯也相当重视。利维和皮尔特（2017，p.35）让我们注意到，穆勒的《论自由》中的一段话谈到了竞争的专家这个主题：

> 我承认，所有观点的宗派化倾向并不会因自由讨论而消除，却常常因为自由讨论而加剧和恶化；本该看到却看不到的真理，由于被对手宣扬，因而受到更加猛烈的否定。但是，这种意见冲突对更冷静、更无私的旁观者，而非充满激情的党派，产生了有益的效果。不同部分真理之间的激烈冲突并不可怕，可怕的是对另一半真理的无声压制。
>
> [Mill（1869）1977，p.259]

在第 8 章中，我将讨论米尔格罗姆和罗伯茨（Milgrom and Roberts 1986）提出的重要模型，该模型采用了与穆勒相似的逻辑，说明竞争的专家如何引导中立的一方获得"信息充分的意见"。

弗兰克·奈特试图采用讨论的理念，确保经济学专家不会将解决方案强加给其他人。"在奈特看来，"利维和皮尔特（2017，p.48）解释说，"经济学专家的角色有两部分：一是将社会价值观（规范）视作给定的，二是坚持改革提案在民主决策程序中应提交讨论。"奈特说："但讨论应与说服不同，与任何直接影响他人行为、信仰或情绪的意图都不同。"（转引自 Levy and Peart 2017，p.48）利维和皮尔特引用奈特的话，并引用他们在经济学中确定的更广泛的"讨论传统"，说明专家应该"受到讨论和透明度的约束"（2017，p.7）。

早些时候，我们看到亚桑诺夫（2003）为"参与"辩护，认为它既与民主有关，又与讨论有关。亚桑诺夫坚持认为，"在公共领域如何看待专业知识的地位"是"一个政治（尤其是民主）理论课题"，她援引了"激烈而紧密的科学-社会谈判"这一概念（2003，p.394）。杜兰特（2011）对"希拉·亚桑诺夫和布赖恩·温（Brian Wynne）以及哈利·科林斯和罗伯特·埃文斯两方之间的辩论"进行了讨论（p.691）。他将"科林斯和埃文斯的方法联系到（约翰·）罗尔斯的公共理性（public reason）的概念上，更广泛地说，是联系到自由平等主义的一种形式上去"，并将"亚桑诺夫和温的理论与当代身份政治课题联系起来，更一般地说，是与哈贝马斯的对话伦理学联系起来"（p.692）。

利维和皮尔特（2017）指出了经济学中的"讨论传统"。他们认为自己处于这个传统的范畴内，并且认为这个传统对他们关于专家和专业知识的理论来讲至关重要。利维和皮尔特（2017）认为，有一些学者也处于讨论传统的范畴之内，比如亚当·斯密和约翰·穆勒等古典经济学家，以及晚近的知名人士，如詹姆斯·布坎南、弗农·史密斯和阿马蒂亚·森。恪守这个传统的经济学家"阐述了与讨论相关的丰富的道德和物质利益，这些利益有助于形成良好的社会秩序"（p.30）。虽然这个传统没有产生研究专家的经济理论，但确实提供了一些与这种理论相关的主题的预期。

利维和皮尔特（2017）有充分理由认为，伯纳德·曼德维尔不在讨论传统的范畴之内。根据这个传统，引领我们通往真相的讨论必须受到限制。利维和皮尔特解释说："与经济学家使用的术语一样，讨论也有严格的要求。互惠和礼貌是必要的，真正的倾听和道德的约束也是必要的。在这个传统中，人们必然会接受个人的'观点'，而一个良好的社会,是一个通过观点之间逐渐形成的共识来实现自我治理的社会。"(p.30)而曼德维尔不会认真对待这些限制。

在曼德维尔看来,讨论就是在自欺欺人。我们被教导说要有"虚伪的习惯,有了这种习惯之后,我们在摇篮里就能学会在很大程度上隐藏自恋之类的情感,甚至对自己都要隐藏起来"(1729,vol.I,p.140)。事实上,"如果不虚伪,我们不可能变得擅长交际"(1729,vol.I,p.401)。虚伪和自欺欺人在我们的本性中根深蒂固,因此即使有"严格的"道德约束,也无法通过讨论得到真理。我们同样无法期望人们在实践中遵守像"真正的倾听"这样的约束。然而,正如我们将在第6章中所见,曼德维尔确实认为我们可以慢慢学会"良好的礼仪",也势必会走向礼貌和勉强的互惠。我们可以学会与人相处,积累的经验也能导向良好的实践,如熟练的航行技巧和良好的礼仪。但真理更难寻得。

曼德维尔对我们发现真理的能力深表怀疑,这引发了一个问题:他是否能够假装自己以某种方式克服了普遍存在的虚伪和自欺欺人,从而说出人性和社会生活的真理。难道曼德维尔自己的原则不是在邀请我们质疑他的动机和论点吗?然而,我们很难建构一个解释社会过程的模型,使之对于理论家和其他人来说同等适用。我们已经看到,起码当模型没有天真地假设我们所有人都有道德,且没有假设我们的思想和动机自我透明(self-transparent)时,我们很难把理论家纳入模型中。我们也看到,在这种情况下,如果理论家要避免把自己塑造成特殊的、某种程度上高于普通人的人,那么自反性必须得到满足。我将在第6章中讨论到,曼德维尔的《寓言》具有讽刺性。我之前说过，讽刺是避免自我参照悖论的一种手段。曼德维尔没有把自己纳入模型里，而是邀请读者将他纳入模型。

市场结构

在一个（例如我在本书中勾勒的）专家经济学理论中，市场结构的问题总会出现。专家的可靠性和普通人的能力可能取决于市场结构。虽然市场有许多形式，但我们可以大致将其区分为竞争市场和垄断市场两类。然后，理论家必须判断，专家是享有垄断地位更好，还是被迫接受竞争更好。这种粗略的说法与复杂的现实情况之间还有些差距，但它有助于我们对专家进行理论化的处理。"竞争"这个经济概念有可能造成误解，因此必须谨慎解释。

我们已经看到，伯格和卢克曼（1966）强调了专家市场垄断的危险。厄尔和波茨（Earl and Potts 2004）讨论了"偏好市场"（market for preferences）这个概念，而波茨（2012）则讨论了"新品捆绑"（novelty bundling）。他们探讨了在新技术或新时尚领域中如何利用专业知识做生意。这些企业帮助见识较少的家庭了解新产品。专家们让消费者了解有多少种可能性，给出不同的产品组合。波茨（2012，p.295）举了"*Vogue* 等时尚杂志"捆绑推新的例子，这些杂志向读者展示面料、服装、发型等产品的新组合。厄尔和波茨（2004，p. 622）指出，"亚马逊等商品评论网站"也如此。消费者在考虑新的商品和组合时，拿不准自己想要什么，专家们就帮助他们形成（低级）偏好。因此，我们可以将市场描述为偏好市场。基于厄尔和波茨（2004）、波茨（2012）的文章，克普尔等（2015）提出了"新品中介"（novelty intermediation）的概念。我在前面简要评论了米尔格罗姆和罗伯茨（1986）的文章，在他们的模型中，"强烈对立"的专家之间互相竞争会带来好处，因为能够使中立的一方获得"信息充分的意见"。

利维和皮尔特对专家之间的竞争表现出奇怪的矛盾态度。他们明确地谴责了专家意见的垄断（Levy and Peart 2006）。19世纪在英格兰有一项裁决，内容是避孕信息是否应被认定为淫秽信息并禁止传播。利维和皮尔特认为，在这项裁决中，"专业知识的竞争导致了混乱，但也可能带来有益的影响"（Levy and Peart 2017，p.108）。但是，他们又欣然引用弗兰克·奈特的话，哀叹所谓"（经济学家之间）为获得认可和影响力而竞争"的倾向，一旦有了这种倾向，就"不再将精力花在把事情弄清楚上"。奈特对经济学家嗤之以鼻，认为他们"消除了彼此意见的'科学上的'差异，争先恐后地向公众兜售他们的商品"（Knight 1933，pp.xxvii-xxviii，转引自 Levy and Peart 2017，p.186）。在本书中，我明确表示，我更偏好专家意见市场的"竞争"。但同时我也试图强调市场结构的重要性。如果市场缺乏竞争、不存在"共生态冗余"（synecological redundancy）（定义见第9章），且无法自由进入，那么所谓的"竞争性"市场结构可能难以防止专家失灵。因此，利维和皮尔特的态度看似矛盾，但他们的态度可能反映出，在那些被认为是"竞争性的"专家意见市场中，不同市场结构之间的差异十分重要。客观来说，利维和皮尔特没有对竞争和市场结构的主题进行充分的理论化。在第8—11章，我提出了一个专家和专家失灵的"经济学"理论，这个理论将以市场结构为中心。

专家文献背景下的信息选择

在本章结束之前,我简单地将"信息选择理论"(即我所谓的专家经济学理论)放在更大的专家文献背景下进行一些讨论。我们已经看到,这个理论可能最符合第 2 章基本分类法中的"不可靠-有能力"类别。本节中,我对"专家"的定义进行评论,并简要阐述本章所论的每个主题中我自己的立场。

定义

如果知识分散,那么每个人在劳动分工中处于不同位置,拥有不同的专业知识。如果用专业知识来定义专家,那我们都是"专家"。这样的"专家"定义无法区分专家和普通人,我们也很难基于这个概念进一步开展关于专家的研究。因此,我并非用专业知识来定义"专家",而是看一个人能否通过提供意见获取报酬。我提出的不是专业知识理论,而是专家经济学理论。

权力

在我的理论中,专家的权力令人畏惧,它使专家变得不那么可靠。至少有两个条件导致专家会拥有不正当的权力。首先,专家可能有垄断力量,因为他们成了"官方认可的现实定义者"(Berger and Luckmann 1966, p.97)。其次,他们不仅提供建议,而且有可能会代替普通人进行选择。我寻求的是能够增加专家意见多样性的机制,由此弱化专家的垄断权力。一般来说,我更希望专家只扮演顾问的角色,保持普通人的自主性。

我认为福柯将知识灌输视为权力问题是正确的做法。我反对会导致强加知识于他人的专家统治。在结语中我会提到，专家问题基本上可以精炼为知识灌输的问题。和福柯一样，我认为如果某些人可以将单一的知识体系灌输给他人，被灌输的人就会在一定程度上受到压迫。然而，与福柯不同的是，我是一名社会科学家，我想知道制度是如何运作的。因此，我不是从"理性""对话""学科"以及它们不断变化的历史形式等角度进行自己的分析。我分析的是什么人做什么事，以及他们为什么这样做。我觉得自己有义务尽我所能，确保在我的理论中，主体的行为对于模型中现实世界的行为人来讲都是可以理解的（Schutz 1943，p.147；Machlup 1955，p.17）。相反，福柯希望"将分析导向应用它的实践领域，而非导向思想或可能产生思想的主体"（1972，p.235）。

道德

我坚决驳斥专家比普通人更有道德的说法，我认为专家的道德水平和普通人相当。有效的道德准则往往能改善专家意见，但并不是达到这一目的的有力机制。市场竞争的结果可能更好。

自反性

我将自反性看作中心问题。与哈耶克等人一样，我认为自反性意味着解释能力的局限性，特别是意味着我们不能像布鲁尔（1976）等人一样，得出观点之间具有因果关系的理论。与利维和皮尔特

（2017）一样，我非常重视"将理论家纳入模型中"。换言之，理论家不能出于理论的要求，暗地里将自身设定得与模型里面的其他主体不同，在动机、知识、道德、行为或任何其他方面都不应如此。理论家不过是蚁丘中的一只蚂蚁。

博识的公民

有些观点认为博识的公民有特殊的作用，能够约束专家，或使得专家意见在普通人之间流传，但我的理论不重视这一点。

用民主控制专家

民主是一项重要的政治原则，也是防止暴政的堡垒。但公共选择理论（Buchanan and Tullock 1962）的逻辑似乎表明，用民主控制专家可能效果不佳。规制俘虏理论（Stigler 1971；Posner 1974；Yandle 1983）似乎也助长了这种悲观态度。因此，与其他许多对专家问题的理论化处理不同，我不太重视民主原则是否能够限制专家滥用权力。民主不能有效遏制专家的权力、专家的错误或专家权力的滥用。相反，专家统治与多元民主是相背离的。

讨论

据我所知，在思想市场（market for ideas）上，最好的意见并不一定最为盛行。但是，自由公开的讨论仍然是一种壁垒，能用来应对多种问题，包括专家的失败和权力的滥用。然而，任何鼓励讨论的行为都不能阻止专家统治导致专家失灵。因此，市场结构才是根本问题，讨论的规矩则并不是。

市场结构

我强调市场结构对于限制专家意见的重要性。考恩和我曾说过："竞争将巫师变成了老师。"（Koppl and Cowan 2010，p.254）我采用了对"竞争"的广为认可的看法。不幸的是，"竞争"一词容易造成误解，它涵盖了完全不同的市场结构，能产出完全不同的知识。不能只是引用"竞争"这个空洞的词，而不对其进行分析。"竞争"一词可能隐含着各种学术想法，很多与我所想的模型几乎没什么关系。在第 5 章中，我将介绍本书第三部分使用的一些经济学概念，讨论对它们的一些常见误解。

结束语

在本章和前两章中，我展示了有关专家的文献。这些文献横跨许多学科，容易显得缺乏结构性。进行科学技术研究的学者在这些文献中做出了重要贡献，并相互引用和讨论了各自的成果。科学社会学和科学方法论文献与专家经济学和专家社会学有所关联。布托斯和克普尔（Butos and Koppl 2003）综述了这些文献，包括布鲁尔（1976）、基切尔（Kitcher 1993）、库恩（Kuhn 1970）、拉图尔（Latour 1987）、拉图尔和伍尔加（Latour and Woolgar 1979）、默顿（1937）、皮克林（1992）和波兰尼（Polanyi 1962）等学者的作品。然而普遍来讲，这些文献探讨的是研究科学而非专家。

我试图梳理更多文献，但这些文献连贯性较差且缺少联系，因为研究主题相似的学者不会相互引用。例如，特纳（2014）没有引用皮尔特和利维（2005），利维和皮尔特（2017）也不引用特纳（2001）。表 2.1 中的简单分类法可能有助于使这些文献形成一定的结构性和连贯性。

在本章中，我梳理了几个在研究专家的文献中反复出现且相互重叠的主题。除了如何定义"专家"这一显而易见的问题外，还有权力、道德、自反性、博识的公民、用民主控制专家、讨论和市场结构等常见的主题。对于每个主题，我都至少尝试说明，在专家理论的背景下，处理这一主题有哪些可选策略。

这一章和前两章探讨了专家问题的思想史。第 8—11 章阐述专家和专家失灵的理论。由于哈耶克的自发秩序和知识分散是讨论这一理论的核心概念，因此，在之后的三章中，我将对这些基本概念进行评述，并对哈耶克知识分散的观点进行大篇幅的讨论，因为我认为这个想法和哈耶克所认为的一样重要。但"知识是分散的"这句不起眼的老生常谈很容易被忽视。我试图证明，哈耶克对知识的洞见，远超这句陈词滥调本身，因为在他提出之前，学界普遍对这个问题没有清晰的认知，而且，即便在他提出之后，由于对知识分散问题的本质认识不足，经验丰富的学者也还是常常在这个问题上犯错。还有一些人提出了更复杂的概念，但他们仍然保有一种基本的知识等级观，在我看来，这是大错特错的。

第二部分
专家理论的基础

5
一些经济学概念与思想

本书勾勒了一个专家经济学理论，这个理论会使用到"自发秩序"和"竞争"这两个经济学概念。我在接下来的两章中，会讲解知识分工的概念，要理解知识分工，自发秩序的概念至关重要。"竞争"的概念对于专家理论，尤其是专家失灵理论来说，也非常重要。但是，自发秩序和竞争这两个概念比较灵活，不同的经济学家会给予它们不同的含义。而且，经济学家解释这两个概念的方式，与非经济学家有些时候可能很不一样。因此，使用两个概念，尤其是用它们来有效地交流想法，可能没那么容易。我不想创造可能被误解的新术语，于是试图厘清这两个概念在"主线经济学"（mainline economics）中广泛使用的传统意义，主线经济学正是我这个理论的知识背景。彼得·博特克（Peter Boettke）创造了"主线经济学"一词，以囊括亚当·斯密、哈耶克、弗农·史密斯等人的经济学思想传统。这一思想传统强调"经济分析的局限性和经济控制的努力"（Boettke 2012, pp.383-385）。在这个传统中，自发秩序和竞争的概念非常重要。

自发秩序

"自发秩序"这个概念通常又被称为"看不见的手"。但"看不见的手"一词有时被视为一种宗教观念,有时也意味着对市场的神秘化,所以可能会引起混淆或误解。因此,我将使用哈耶克创造的术语"自发秩序"。自发秩序的意思是,人类行为会产生系统性非预期后果(systematic but unintended consequences)。对自发秩序的一种解释是所谓"看不见的手的解释"(Ullmann Margalit 1978)。"主线"市场理论就将市场及其科学规律视为自发秩序。我会在下面简要指出,不能将这种理解等同于瓦尔拉斯(Leon Walras,1874—1877)所提出的一般均衡理论。但是,很多对于一般均衡理论的惯常解释,认为一般均衡一定程度上刻画了亚当·斯密的"看不见的手"。经济学中最常见的新古典解释就认为,市场理论描述了一种自发秩序。

为了介绍这一概念,我会使用一个很简单的例子,也就是美式橄榄球比赛中的观众行为。稍后,我会简要地讨论更为严肃的例子,包括货币和劳动分工。但这个最简单的例子可能会更加清楚,有助于引入这一常遭诽谤和误解的概念。

在美式橄榄球中,当掷出一个"长程炸弹"(long bomb)时,体育馆里的每个人都会起立。"长程炸弹"指一种将球在场上投掷出很长一段距离的操作。这种情况相当令人激动,一旦出现,观众们都会站起来。这种联系非常有规律、非常一致:掷出长程炸弹,大家就站起来。这是一个科学的规律,尽管它很琐碎。如果不考虑人类行为的系统性非预期后果,我们就无法充分解释这一现象。如果没有这种自发秩序的概念，同时假设没有超自然的解释，我们可能不得不采用以下两种方式之一，来解释这种规律性。其一，我们可以解释说这是"自然"现象。我们可能会为这一规律寻找一个物理原因，或者一个生物学解释。其二，我们可以说这是"人为的"。我们可以把这一规律解释为计划的产物。但这两种解释都不对。

这种现象并不"自然"。投出一个长程炸弹时，座椅上没有弹簧来把球迷往上推，也没有什么无形的线从天上垂下，在适当的时候把我们拉起来。如果"自然"不包括人类行为，那么我们就无法把这种规律解释为"自然"现象。可是，如果"人为"表示它是提前计划好的，那这种规律也不是什么"人为"现象。投出一个长程炸弹时，观众并没有接到站起来的指示。没有提前召开会议，让球迷们一致同意在出现长程炸弹时都站起来的计划。他们没有接到起立的命令，却还是站了起来。

我们可以把长程炸弹现象解释为一种自发秩序。一旦投出长程炸弹，靠近地面的观众必须站起来，观看球在空中的行进。他们希望看得到这个过程，如果不站起来，就看不见。第一排的观众站起来，就挡住了第二排观众的视线，第二排观众如果想跟住这个球，就也必须站起来。第二排的观众一站起来，就挡住了第三排观众的视线，第三排观众如果也想跟上这个运动过程，就也必须站起来。依此类推，直到最高一排。这种现象完全是有规律的。它很有规律，有规律到看起来像是计划好的，但其实不是人为设计的产物。从这个意义上讲，它就像是自然现象。这一现象虽然并非计划好的，但却是人类行动的结果。从这个意义上讲，它就像是人为现象。这是人类行为的一个系统性非预期后果，是一种自发秩序。

重要的是，长程炸弹现象存在，而身处其中的人，却可能完全没有意识到。每个人都知道大家何时起立，何时坐下。但他们可能没有意识到长程炸弹让大家都起立这一规律。因此，我们得到了一条体育馆行为法则，这条法则是人们在不知情的情况下遵循的。许多思想家（以及大多数本科生）似乎认为，任何"经济学法则"都必须**先**设计并颁布出来，**然后**人们再加以遵循。如果有法则，就一定有制定者。但自发秩序的"法则"，通常在没人意识到的情况下发挥作用。因此，商品供给量增加，导致价格下跌，这一规律在荷马时期的希腊发生的可能性，并不低于在19世纪的伦敦发生的可能性。

我对长程炸弹现象的解释也需要经过实证检验。如果这个课题值得研究，那么研究人员可以亲自去体育场，看看我所指出的相关性是否稳健（或许我太不严谨了，基于很少的观测，就得出这样的普遍规律）。他们可以观察下面一排的球迷是否比上面的先站起来。他们可以成为参与者式的观察员，问他们旁边的观众："你刚才为什么站着？"有很多人声称"看不见的手"的解释都是无法检验的"巧合"，这是错误的。自库恩（Kuhn 1970）以来，哲学家和方法论者对"证伪"的困难变得更加敏感，也对更普遍的理论的经验控制更加敏感了。看不见的手的解释也不例外。与自然科学和社会科学中其他科学理论相比，看不见的手的解释受到的检验和批评并不算少。

货币进化和劳动分工是更严肃的自发秩序范例。

正如卡尔·门格尔（Carl Menger 1871）指出的，约翰·劳（John Law 1705）似乎是第一位通过进化而非协议来解释货币存在的学者。

门格尔自己的论述，是"看不见的手"的解释的一个标准例子。故事从物物交换开始。当交易者创造性地参与间接交易时，进化过程就开始了。接着，许多人开始有动机扩张自己的行为模式，纳入间接交换这种行为。就算经济中的所有交易者都实行间接交换，也可能并没有一种普遍为人所接受的交换媒介，即货币可能并不存在。在这种情况下，许多交易者就会有动机改变自己的交易媒介。他们会从需求较少的商品转向需求更普遍的商品。换言之，他们有动机转向更像货币的商品。直到某些商品成为人们普遍接受的交换媒介，整个进化过程才算完成。这些交换媒介就是货币。这个过程可能产生一种以上的货币，也可能只产生唯一一种被人普遍接受的交换媒介。

门格尔的故事阐明了，在没有创造货币的总体计划或协议时，货币是如何产生的。这个故事背后的逻辑是，间接交换往往比物物交换更好，而且交换媒介的可接受性会自我强化。有几个香烟成为货币的例子，似乎正符合这种模式。雷德福德（Radford 1945）在描述二战战俘营经济状况时，就记载了香烟作为货币使用的情况。森（Senn 1951）描述了战后德国的货币限制如何导致香烟被当作货币来使用。在大约18个月的时间里，香烟钱是一种次要的货币，主要用于支撑"盟国国民和相对少数德国人"之间的贸易（p.332）。在二战后的罗马尼亚，健牌香烟被用作货币，特别是用于贿赂（Leary 1988）或购买"时常短缺"的物品，比如"肉、农产品和能源"（Lee 1987）。在李的记录中，有一个人解释道："如果我需要找律师，我会将健牌香烟给他。"在诸如此类的情况中，种种限制阻止了普通货币的使用。在香烟（或者某个特定牌子的香烟）身上，似乎发生了门格尔式的进化过程，没有任何的事先计划，参与人员之间也没有特意进行协调。

路德维希·冯·米塞斯说，"货币发明学说"的"主要缺陷"是"假设人们在一个不熟悉间接交换和货币的时代，能够设计出一种新的经济秩序，这种秩序与他们所处时代的实际情况完全不同，而且这些人还能够理解这样一种设计的重要性"（1966，pp.402-403）。也就是说，在一个没有钱的世界里，想要预测钱的系统性好处，是认知上的超人壮举。

在这本书中，很重要的一点是，劳动分工是一种自发秩序。劳动分工这一体系，本质是专业化和互相交换。每个参与者都专门从事一组相对有限的任务，从而产生了剩余。然后，参与者用自己的剩余，去换取其他参与者的剩余。换句话说，我们专业化，然后互相交换。专业化使我们生产率更高，交易则让我们从生产率的提高中获益。

这几乎就像是有一个决策者，将社会生产过程划分为若干子任务，并将这些子任务分配给个人和团体（如公司）。但是，分工并非出自一个伟大的划分者（Great Divider）之手。相反，每个参与者（无论是个人，还是有共同目标的有组织团体）都倾向于专注自己做得相对最好的任务。经济学家用"比较优势"一词来刻画相对擅长某事这一概念。我们并不能保证每个参与者都能找到自己的比较优势，但是，如果有足够多的个体做他们相对擅长的事务，那么社会中（实际上是全球经济中）所有个体的生产活动都能不错地共存。如果我们之中有太多人认为自己是好歌手，那么歌手的报酬就会很低。于是，我们中就会有一些人转而从事其他工作。那些退出动机最强烈的人，往往就是相对较差的歌手，也有可能是优秀歌手，但他们拥有其他技能，而且这些其他技能的社会需求相对较大。换言之，在其他领域具有比较优势的企业，退出该行业的动机会最强烈。

如果我们之中没什么人以唱歌为生，那么歌手的报酬就会很高，从而吸引新人入行。那些进入动机最强烈的人，往往是相对优秀的歌手，也有可能是比较一般的歌手，但他们的其他技能没有什么社会需求。换句话说，那些在歌唱方面具有比较优势的人，拥有进入这个行业的最大动机。斯密（1776）认为，劳动分工为个人带来了比较优势，而非比较优势带来了分工。尽管个体存在一些先天差异，但斯密说的可能差不多是正确的。我和你之间在经济上最重要的差异，可能来自各自生活中的不同经历和不同机会。我们一开始没什么差别，但是，我们进入劳动力市场时存在着差异，这些差异就意味着不同的比较优势。一旦走上不同道路，得到不同机会，经历不同工作，我们就会变得更加不一样。因此，在我们工作史中的任意时刻，我们各自都有不同的比较优势。无论比较优势是如何产生的，前面那个歌手进入和退出市场的解释性故事，似乎都是成立的。对于这个故事来说，重要的不是比较优势为何存在，而是它们确实存在。

想象出一个伟大的划分者，可能有助于我们理解劳动分工是一种自发秩序。但是分工太复杂了，复杂到不可能是人类思维的设计产物。曼德维尔（1729，vol.I，pp.182-183）评论了他那个时代英国生产低档服装的大批工人：

> 人们嘲笑一个男人，因为他穿着厚厚的大长袍，里面是一件

粗布衬衫，但人们应该学会从这可怜人的朴素衣服里发现可贵之处：要得到最普通的约克郡衣物，需要多少人、多少不同的行业、多少不同的技能和工具？人类要学会从一粒种子开始，培育和准备出亚麻布这样有用的产品，需要多么深刻的思想和智慧、多么辛苦的劳动、多么漫长的时间！

后来，斯密（1776，I.1.11）对"文明繁荣的国家中，最常见的匠人或散工"的"羊毛外衣"做出了类似的评论。布坎南（Buchanan 1982）进一步指出，社会秩序是随着其出现过程而被定义的。也就是说，即使是超智能的存在，也不可能设计出大规模的自发社会秩序。

一般均衡理论是这一过程的标准数学模型。然而，理论并不代表这个过程本身，它只是这个过程的理论终点。当然，一般均衡理论也有不同的版本。最开始的版本是瓦尔拉斯提出的。晚近一些，德布鲁（Debreu 1959）在他的一般均衡理论中使用了非常不同的数学方法。这一过程的理论结果，即价格和商品的均衡分布是最优的，任何重新安排，都无法在不损害至少一个人的情况下，改善另一个人的状况。然而，经济学家非常清楚，这种有趣的理论均衡，在任何实际的经济环境中，都无法实现。

偏爱几乎自由无阻的市场交易的经济学家，通常认为政府"干预"无法使我们更接近理论的理想状况。但也有许多经济学家，认为政府干预（"监管"）具有改善结果的巨大潜力。虽然博特克所谓的"主线"传统中的那些经济学家会相对强烈地支持几乎不受约束的市场竞争，但这种观点在经济学界可能只占少数（Klein and Stern 2006）。虽然经济学家往往比非经济学家更倾向于自由贸易和自由市场，但在经济学界，强烈的自由市场观点只是主线，而不是主流（mainstream）。

弗雷德里克·巴斯夏（Frederic Bastiat）对巴黎如何存活的思考，反映出他认为分工是一种自发秩序：

> 来到巴黎参观时，我对自己说，如果各种物资不流入这座大都市，这里的一百万人将在几天内全部死亡。想要它的居民免于饥荒、暴动和恐怖的劫掠，那么明天必须有各种东西通过它的城门。试图理解这些东西究竟有多丰富，可能会让人的想象力受到冲击。然而，此时此刻，所有人都安心地睡着了，一点也没有被如此吓人的情景打扰。另一方面，今天有80个部门在运转着，它们没有合作计划，没有相互安排，却维持了巴黎的供应。
>
> （Bastiat 1845，p.97）

伦纳德·里德（Leonard Read）1958年的著名散文《我，铅笔》指出，没有人知道如何独立制作铅笔。虽然可能性不大，但确实可以想象，有人可能知道铅笔厂生产铅笔的全过程，可没有人知道生产铅笔所需的所有投入，以及生产这些投入所需要的投入，等等。只有整个劳动分工体系，才"知道"如何制作铅笔。铅笔制作的知识分布在社会分工的所有参与者中；它存在于这个体系之中。如果没有人知道这一切是如何运作的（从这个意义上说，如果没有人理解分工），那似乎就很难否认分工是一种自发秩序。随着时间的推移，它会以无人计划、无人详细了解的方式进化。这是人类行为的系统性非预期后果。

苏格兰启蒙运动的哲学家们清楚地表达了自发秩序的思想。亚当·弗格森（Adam Ferguson 1767；转引自 Hayek 1967a，p.96）说："国家建立时会遇到障碍，这确实是人类行为的结果，但并非源于任何人类设计。"当然还有亚当·斯密，他使用了"看不见的手"这一短语。

表 5.1 给出了秩序结构（orderly structure）的一种简单分类。秩序可能是人类行为的结果，也可能不是；可能是源于人类设计，也可能不是。自然秩序并非人类行为的结果，也并非任何人类设计的实施结果。人工秩序则是人类行为和执行人类设计的结果。我们可以设想，不可能有什么秩序源于人类设计，但却不是人类行为的结果。任何将计划付诸实施的行动都是人类行为，这样的人类行为，会带来设计好的秩序。因此，这样的秩序，不可能只是实施了人类设计的结果，却不是人类行为的结果。最后一点，自发秩序是人类行为的结果，但并不源于某种人类设计。

表 5.1 对秩序的分类

	实施了人类设计	并非实施了人类设计
是人类行为的结果	人工秩序	自发秩序
不是人类行为的结果	不存在	自然秩序

表 5.1 的分类法有助于我们的思考，但它并不意味着排除中间情形。我们想一下现代的汽车。任何一辆汽车的有序性，都是实施人类设计的人类行为所带来的结果。不过，这样的设计，只是对先前设计

的微调，而之前的设计，则是调整了更早期的设计，以此类推。最早的汽车是无马的马车。人们把内燃机和早期的马车车厢设计结合起来，然后稍稍进行了调整。那些早期的引擎和马车车厢，则只是修改了更早的形式。因此，即使是看似明显的人工秩序（比如一辆现代汽车从装配线上生产出来），也是某个进化过程的产物，没有人计划了这个进化过程，也没有人能够想象出这个进化过程。如果没有人知道如何制作铅笔，那么铅笔就更可能是进化出来的，而不是被设计出来的。

我们也可以想一下"人浪"。体育场里的观众，可能会一个接一个地站起来，再一个接一个地坐下，于是人浪涌动。如果有人试图在体育场掀起这样一波人浪，他可能成功，也可能失败。肯定会有几个人做出反应，踩着节奏，于是进展顺利。可是大家并未达成制造这种人浪的协议，也没有人发出强制命令来推动人浪，更没有什么计划，规定这人浪会持续多久。也就是说，人浪在某种程度上是自发的。但是，如果绝大多数参与者没有意识到他们在做什么，也没有意识到人浪是什么，那人浪就不可能发生。他们不可能不知道自己正在掀起人浪。所以，人浪还有一个重要的"人造"元素。它是自发秩序和人工秩序之间的中间情形。

无论政府扮演什么样的角色，任何适度复杂的经济秩序都是自发的秩序。苏联的官方计划从来都不是苏联经济的单一主导力量。相反，非正式市场和官方行为以复杂的方式相互作用，形成了一种自发的秩序，尽管产生的不是讨喜的秩序（Boettke 2001）。郑（Joung 2016）讨论了朝鲜的自发秩序力量。瓦格纳（Wagner 2010）和史密斯等（Smith et al.2011）认为名义上的"公共"企业和名义上的"私有"企业之间"相互纠缠"。就像在物理上，两个间隔很远的粒子可能发生"纠缠"，一个粒子的性质即时取决于另一个粒子的性质，"私有"企业和"公共"企业的行为发生着"纠缠"，一种企业的性质是另一种企业性质的函数。举例来说，在当前美国的裙带资本主义制度中，"系统"企业（"systemic" enterprises）在用别人的钱赌博，于是，即便在一个利润私有化而亏损社会化的制度下，这些企业也理性地承担比其他类似企业更多的风险。在这个例子中，政策制度塑造了"私有"主体的风险承受能力。政府可能会制定计划，但无论对人还是对老鼠，安排得最好的计划，往往都会跑偏。（另见 Koppl et al. 2015。）

哈耶克用"自发秩序"来描述"生长出的秩序……自我生成或内生的秩序"（1973，p.37）。社会中的自发秩序是"人类行为的结果，但并非人类设计的结果"（1967a）。哈耶克认为，对自发秩序的研究，最初是在经济学领域。但生物学"从一开始就关注被我们称为'生物体'的一种特殊自发秩序"（1973，p.37）。直到"控制论［作为］一门特殊学科"出现，物理科学才开始讨论这些"自组织或自生成系统"（出处同上）。

当然，我们行动的许多后果都在意料之中。行动有目的，而且经常能够达到目的。但预期的结果没有引出基本的科学问题。意料之外的后果才令人费解。经济在没有中央计划者的情况下运行，似乎是灾难般的处方。但是，这个体系把我们每个人团结在一起，让我们以比其他方式更好的方式实现自己的目标。这是经济学核心的科学问题。

自发秩序有三个"特有性质"（它们是典型性质，并不总是存在）。第一，自发秩序很复杂；对于自发秩序，"复杂程度并不以人类思维为限"。想想分工。正如巴斯夏所言，没有人确切知道所有的部分如何组合在一起。我们有泛泛的想法，但没有详细、具体的理解。第二是抽象性；一个自发秩序的"存在不一定会让我们的感官捕捉到，其基础可能是纯粹的**抽象**关系，我们只能靠精神力量来重构这样的关系"。再一次，想想经济。经济不是一堆机器，也不是发生在周四两点的事情。经济是事件发生的秩序，是一组相互的联系。第三，自发秩序没有目的；它不是由任何设计思维"制造出来"的，"**无法合理地说它有特定目的**，尽管若想成达成各种目的，意识到自发秩序的存在极其重要"（Hayek 1973，p.38；所有强调都是原文标出的）。我们再次以经济为例。经济的"目的"是什么？我们每个人都有自己的目的，但我们没有什么宏大的集体目标。一个无神论者可能会从一个基督徒那里买一本《圣经》，用来寻找可能与之矛盾的东西，从而使基督徒难堪。无神论者反对基督教，而基督徒支持基督教，可他们却完成了同一笔交易，买卖了《圣经》。这两个人的目的完全不同，甚至完全相反。

哈耶克的自发秩序概念，与复杂性理论家的"复杂适应系统"概念至少是相似的。哈耶克说，自发秩序"源于对某些行为规则要素的遵守"（1973，p.43）。每个"主体"都遵循一组规则，并对局部信息做出反应。许多个体之间发生互动，就产生了一个整体秩序，而这个秩序，并非始自任何一个产生出它的个体的计划。如果个体的数量足够多，即使每个个体遵循的规则都非常简单，这个秩序也可能非常复杂。哈耶克是一位进化理论家，他的进化思想部分基于认知心理学，与复杂性理论中讨论的内容很相似。哈耶克认识到，正如圣菲团队的复杂适应系统一样，经济或任何其他复杂适应系统都"没有全局控制器"（Arthur, Durlauf, and Lane 1997，p.4）。

"非预期后果"、"自发秩序"和"复杂适应系统"这些术语的含义并不相同。许多非预期后果既没有系统性，也没有秩序。但正是由于这个原因，这样的后果通常不会成为科学研究的对象。自发秩序可能相对简单，但极少有（如果有的话）什么简单的情形值得我们研究。原则上，一个复杂的自适应系统可以被建构出来，它的所有方面和行为都可以由完美的规划得到。但是我们很难举出例子来。这种系统就不会产生非预期后果。因此，虽然这些术语覆盖的内容不尽相同，但它们之间的重叠很多。在它们的重叠部分，就包含了这个领域中大部分（也可能是所有）有趣的现象。

竞争

"竞争"这个词可能会引发各种各样的想法，其中许多与我的想法大相径庭。经济学家和非经济学家在用"自由市场竞争"这一术语的时候，都经常没办法给出一个定义。其他相关术语，比如"资本主义"和"自由放任"等，也经常在没有适当定义的情况下使用。一般来说，这些术语想要指代的理念是，不同交易方可以自由地与他们所选的人进行交易。但现实中，任何所谓"自由竞争"的体制，都会限制谁能与谁进行交易，也会限定进行交易的条件。此类限制有一些遭到了经济学家的广泛反对。例如，经济学家普遍反对限制本国人与外国人的贸易，我们倾向于支持自由贸易。经济学家还普遍反对最低工资法，我们认为这一制度弊大于利（当然，这两个例子都有明显的例外情况，有些经济学家喜欢这些限制）。然而，一些其他的限制得到了经济学家和非经济学家的广泛支持。例如，儿童不应该有完全的契约自由。12岁或16岁的孩子，可能会买一台玩具卡车，但不能买二手车。再比如，成年人也不应该被允许卖身为奴。

什么东西可以交易，交易的量应该多大，这都有限制，而且我们认为这些限制理所当然。如果我卖给你一个标着"橄榄"的大罐头，但你买来之后，却发现它里面有大量盐水，而橄榄只有两个，你会指控我欺诈。我违反了合同中隐含的合理（reasonableness）标准。这种合理的标准是否违背了"自由市场竞争"？当我们使用"自由市场竞争"之类的术语时（无论是出于赞同还是不赞同的态度），哪些交易限制"有效"，哪些无效，得靠我们猜测。换言之，我们通常只去猜测这个词对于大肆宣扬它的作者而言，究竟意味着什么。

限制的这种模糊性，可能反映了这样一种观点：这种限制的形成，最好是经过一个去中心化的进化过程，而不是中央力量试图设计和强加的。在这种情况下，英国的普通法常常备受推崇。所有合同都不完整，没有细说在每种可能的意外情况下应该怎么办。因此，缔约双方依赖一套共有的期望，这些期望往往是无意识、心照不宣的。只有当它们被违反时，我们才会意识到它们的存在。如果缔约双方发生争议，他们可能会去民事法庭，对簿公堂。法院必须尽力确定哪一方的预期更合理。这一决定取决于许多细节情况，比如相关行业的常规做法。因此，"自由市场竞争"的"规则"，应该主要以惯例和习俗这种大家心照不宣的形式存在。在这种观点下，当缔约方陷入争议时，要确定哪一方当事人的期望更合理，"公平"的概念至关重要。一般而言，我们合理期望，贸易伙伴不会故意欺骗我们，来达成不公平的交易。在我们与他人的交易中，什么公平，什么不公平，这个标准就包含于习俗之中。

普通法的捍卫者认为，至少有一些实际存在的普通法制度，已经接近了理想状态，比集中计划的限制制度更好。他们普遍认为，建立这种去中心化的争端解决程序，不仅可能，而且可取，因此在很大程度上（尽管不是完全）回避了政府当局的"监管"。他们认为普通法在很大程度上优于"监管"。然而，请注意，即使在这种所谓的反监管观点中，商业也绝对会受到监管。监管它的，是一套在实践中具有强制性和约束力的规则。所有商业活动都受到监管，即便是在自由放任的情况下。问题是，什么样的监管才是最好的。对"监管"的普遍反对，或许逻辑不清，又或许是在要求通过分散的进化过程（如英美普通法）来进行监管。

我认为，即使是最狂热的自由放任支持者，通常也不会建议商业完全不受限制，没有约束行为的规则。相反，他们希望（在可能的情况下）有一个中心化的进化过程，以确定这些规则。可惜，关于"自由"（freedom, liberty）、"自由放任"等的空谈常常掩盖了如下观点，即所有商业，无论多么"自由"，都是"受监管的"，因为总有一些规则，对于你能做什么做出限制，无论这些规则是自上而下还是自下而上产生的。对"自由"之类的空谈很容易让人觉得，"自由市场竞争"意味着全面自由（free-for-all），狡猾、冷血的参与者，天然会比亲社会的参与者（prosocial actors）更具优势。这样就好像经济学家太过重视"个人主义"和"自私"这种原始概念，以至于他们无法理解"自由市场竞争"究竟有多吓人。然而，专业经济学家，特别是研究型大学的经济学家，根本不支持这种广受批评的观点。

科尔的文章（2012）和科尔与汤普森共同完成的研究（2013）阐述了可能存在的困惑。他们对于我的"竞争性"法庭科学改革理念，基本持**赞同**态度，但是他们的描述，实际上严重曲解了这些改革背后的经济愿景。这是很好的示例，因为几位作者对我在这一领域的工作大多持友好的态度。他们不是那些急于曲解我论点的敌对批评者。重要的是，他们对"自由市场竞争"这一经济理念的解释并非个例。相反，它代表着非经济学家对经济学家试图说什么的大量学术思考。

他们对"竞争"的解读（我下面会解释），并不符合亚当·斯密、哈耶克和弗农·史密斯等人的"主线经济学"。但更多的"新古典主义"经济学家，有时确实会陷入他们描述的那种思维，至少在市场中某种程度上是"自然的"。因此，除了表达对于科尔2012年和科尔与汤普森2013年发表的研究成果的不同意见，我还将说明，新古典主义经济学最重要的一位建构者在"自然"（"natural"）这件事上的观点，至少类似于他们归于我和一般经济学家的观点。而且，我们还将看到，与他们的描述最接近的经济学家，**不是**"自由市场经济学家"，而是"干预主义者"。

科尔（2012）说，"自由市场竞争需要一个公平的竞争环境"，因此，"克普尔教授对公平竞争环境的设想，即辩方和控方专家在自由市场中竞争"可能多少有点"天真"（p.103）。我认为科尔表达的，是一个通常被认为是理所当然的普遍观点：在允许"自由市场竞争"

之前，我们必须有一个"公平的竞争环境"。在我看来，事实几乎相反：这种有时被称为"自由市场竞争"的东西，在竞争开始**之前**，并不"需要"一个"公平竞争的环境"。相反，"自由市场竞争"会导致**出现**更大的平等。诚然，它并未消除财富和收入的不平等，但它确实会减少这样的不平等。

顺带一提，我曾经建议刑侦实验室之间应该有"竞争"，但我这个建议，并非对"自由市场竞争"的呼吁。克普尔（2005a）确实将私有化纳入了改革方案中。但在那篇文章中，我引用了威廉森（1976），指出"设计拙劣的'私有化'可能会让追求利润的垄断企业取代政府官僚机构"（p.273）。私有化很容易出错，并非万用灵药。不过无论如何，刑事司法是一项国家职能，因此被国家垄断。就算真的私有化了刑侦实验室，最终结果仍然不会是"自由市场竞争"。

"自由市场竞争"（不管它究竟是什么）需要一个"公平竞争的环境"的说法，要么是实证性的，要么是规范性的。我没听过有什么实证性的论述，说竞争的存在需要有某种公平的条件。事实上，亚当·斯密认为，在一个竞争性的制度中，奴隶制可以无限期地延续下去。奴隶并非与奴隶主同在一个"公平的竞争环境"之中。斯密反对奴隶制。他认为对于奴隶主而言，奴隶劳动比自由劳动更昂贵。（Fogel and Engerman 1974 表明，斯密在这一点上可能是错的，尽管这仍然是一个有争议的问题。）奴隶制仍然存在，尽管（我们认为）它经济效率低下，这是因为我们"热爱统治和专制"，这"将使自由国家的奴隶永远无法恢复自由"（Smith 1982，p.186）。（这段文字摘自 1762—1763 年的演讲，LJ[A]iii, 114。）斯密关于奴隶制持续存在的理论表明,"自由市场经济学"(不管它是什么)并不假设或"需要"一个"公平的竞争环境"。

认为我们得有一个"公平竞争的环境"的,可能是一些"自由市场竞争"的**批评者**。但是,很难看出,这种规范性的观点,应该怎么应用在"竞争性"刑侦实验室这一狭义问题上。无论如何,我认为主流经济学家通常支持转移支付——**让我们征富人的税,把钱给穷人**。即使是两位经常被指责说反对这种措施的著名经济学家——哈耶克和米尔顿·弗里德曼,实际上也大力支持过这些措施(Hayek 1944; Friedman 1962)。我们并非"需要"一个"公平的竞争环境",而是我们希望给予相对贫困的人公共资助。

我曾提出,"自由市场竞争"可能会减少不平等。这样的说法我认为大体上是正确的。细节很重要,历史也很重要。但是就总体趋势而言,不怎么受约束的市场一般会减少不同种族、不同民族之间的平均财富差异,并(在较小程度上)减少个人之间的平均财富差异。各国平均身高的趋同说明了这一总体趋势,"20世纪90年代,西方发达国家的身高增长趋势有所减缓,而晚近工业化国家或发展中国家的身高增长趋势仍然存在"(Pak 2004,p.512)。通过与全球市场的更大融合,贫穷国家逐渐变得富有,它们的国民平均身高也会向富裕国家靠拢。

进步时代的一些经济学家似乎就已经明白,"自由市场竞争"会消除群体之间的差异。出于对所谓劣势群体竞争的恐惧,他们中的一些人赞成采取限制性措施。伦纳德(2005,pp.212-213)解释了这种情况如何导致对最低工资的支持。

进步派经济学家和批评他们的新古典主义者一样，认为有效的最低工资约束会导致失业。然而，进步派经济学家也认为，最低工资导致的失业是一种社会福利，因为它发挥了优生作用，为劳动力市场剔除了那些"无法就业"的人。悉尼·韦布和比阿特丽斯·韦布［1897（1920），p.785］明确地说："人口中某些部分（不可就业的人群）的失业不是社会疾病的标志，而是社会健康的标志。""在所有应付这些寄生虫的方法中，"悉尼·韦布（1912，p.992）在《政治经济学期刊》上指出，"对社会最具毁灭性的，是允许他们作为工薪阶层自由竞争。"人们认为，最低工资通过两个渠道在优生方面发挥作用：一是阻止潜在移民（Henderson 1900），二是将"无法就业"的人从就业岗位上除名，这些人一旦被甄别出来，可能就会被隔离在农村社区或者被绝育。

出于类似的原因，这些经济学家赞成限制移民。这种优生观点则成为支持限制性措施的理由。

科尔和汤普森（2013，p.126）说我"提倡一种竞争体系，在这种体系中，（刑侦）实验室自然会竞争，以提供证据的最佳科学分析"。我不知道"自然"或"非自然"竞争是什么意思，我也不记得自己使用了这样的语言来阐述我的建议，毕竟，这份建议需要政策制定者思考，再做出决定，采取行动。他们似乎相信，经济学家认为市场在某种程度上是"自然的"，于是（我猜他们认为）超出了人类能干预的范围。

就像我们讨论自发秩序时看到的，这类对于标准经济学的解读可能是错误的。毋庸置疑，这样的解读不符合我所说的"主线经济学"。现在我要谈到一些"新古典主义"观点，这些观点更接近上述那种解读。可能有人看着奇怪，主线经济学家怎么会这么想。如果你对自发秩序的想法没什么感觉，那么进一步看，经济学家对无计划秩序的强调，似乎暗示说市场形式是"自然的"，因为其中没有人类行为的参与。如果把这一观点再推进一步，经济学家似乎是在说，市场并非由我们创造、设计或实施。我们只是消除了它们"自然"存在的障碍。这种解释是错误的。市场是自发秩序，因此在很大程度上是人类行为的结果。在许多情况下，市场结构要么是设计的产物，要么至少受相对较高等级的人类计划的影响，比如监管机构、国家政府等。

包括经济学家在内的许多学者，似乎都在为如何解释标准的微观经济理论而苦恼。（例如，参见 Yeager 1960; Langlois and Koppl 1991。）有一个科尔和汤普森（2013）似乎也支持的普遍观点：经济学家无法认识到人类行为在塑造市场形式中的作用。须德仁·杰拉克（Zuiderent-Jerak）说，科学研究的视角"将市场"从经济学中设想的"非人'自然'实体，转变为有趣的对象，用于研究如何创造并调节某个特定形式的客观实体"（2009，p.769）。我们如果认为经济学家是在描述自发秩序，那么就没有必要用这种方式来解读他们。

米歇尔·卡龙（Michel Callon）认为，对"经济学"有意义的一个批评是"经济学家扮演着非常重要的角色，因为他们在政治领域的自然法则的支配下，践行了纯粹市场的理念"（转引自 Barry and Slater 2002，p.299）。卡龙做出如上评论的背景，是批评经济学家成为垄断专家，对于这样的批评，我基本上是同意的。但如果说经济原则是"自然法则"，可能会误导人们，因为这种说法会唤起宗教中的对错观念，似乎暗示着社会形式不会进化，或者不应该进化。

如果我们泛泛地使用卡龙关于"践行"市场的说法，就跟他这个不靠谱的评论所暗含的意思一样，那一定很荒谬。诚然，在现代世界，经济专家可能参与市场的设计和再设计。而且在许多情况下，带来的结果确实应受批评（见 Koppl et al. 2015 和 Smith 2009）。但经济学家已经将他们的模型应用于经济理论还未出现的时间和地点。这一活动被称为"经济史研究"，经济学的基本"定律"在如此应用时，并没有什么不同。例如，在经济学家之间毫无争议的一点是 3 世纪末和 4 世纪罗马货币兑换的崩溃，应归咎于皇帝操纵的货币贬值（Jones 1953；Mises 1966，pp.761-763；Wassink 1991 p.468）。这个相当单调的科学经济学例子，与卡龙荒谬的"践行"观点并不一致，也与他声称的"只存在与特定市场相关的、临时的、不断变化的法律"（Callon 1998，p.47）不一致。

可以推断，问题（依旧）出在卡龙等人没有理解自发秩序这个经济学概念。因此，卡龙（1998，p.30）似乎认为，他的观点对经济学来说很陌生，但其实他提出的是一个很老套的进化观点："市场更像一座未完工的建筑，一个不断变化的工作场所，市场中的计划和建设，通过反复试错，推动了众多个体参与到开发中来，这些人开发分析工具、游戏规则、组织形式和定价原则。"（p.30）在对自发秩序没有明确认识的情况下，经济学家似乎否认或忽视了人类行为在经济进化中的作用，甚至否认、忽视了经济进化本身。对于身处这种误解之中的人来说，似乎有必要怪罪于经济学家，说他们认为市场就像一棵树，或者一座山一样，是"自然"的。这样的怪罪，与标准经济学关系不大，与我的知识"竞争"观点背后的"主线"（Boettke 2012，pp.383-385）经济学关系更小。

对经济学的常见批评，认为经济学家觉得市场在某种程度上是"自然"的。我已经驳斥了这样的批评。但经济理论中有一派重要观点，与科尔、卡龙和其他人对经济学家的一般看法至少一定程度上比较接近。但持这种观点的经济学家，通常不会草率地支持"自由市场竞争"，他们更支持干预和监管。

一般均衡理论的创始人里昂·瓦尔拉斯说，他的"纯经济学"是"自然科学"，因为它考虑的是"事物与事物的关系"（Koppl 1995）。因此，经济学是物理学的分支。对瓦尔拉斯来说，纯经济学是一门自然科学，研究的现象中没有人类行为。对于大多数读者来说，这种观点可能会显得很奇怪、很令人迷惑。更令人困惑的是，瓦尔拉斯认为身为自然科学的经济学是一门规范性学科，它描述了一个理想世界，实现这个世界则是政治的责任。想要弄明白为什么这样的观点对于他这种高度的学者而言是合理的，那我们还得下一些功夫。瓦尔拉斯建立理论所依托的哲学基础，与我们今天普遍接受的东西截然不同——他最重要的哲学灵感来自法国折中主义哲学家艾蒂安·瓦舍罗（Étienne Vacherot）。规范物理学的概念在今天的大多数思想家看来一定是逻辑混乱的。克普尔（1995）试图展示这些看似奇异的想法如何能完美地符合逻辑，这样的想法与当今大多数社会科学家的想法相去甚远。

对瓦尔拉斯来说，这一理论一方面是"自然的"，一方面也是政策的目标。对于这样的观点，大多数经济学家（甚至所有经济学家）

都持反对态度。但许多新古典主义经济学家认为，瓦尔拉斯一般均衡模型确实是规范的理想情形。他们仍然认为，实现一般均衡，是政策的目标。理想情形没能实现，于是我们就有了"市场失灵"（market failure）这一概念。

规范性经济学中市场失灵的解决方法里最典型的陈述来自巴托（Bator 1958）。回想一下，在一般均衡中，大家都无法在不伤害至少一个人的前提下改善自己的境况。这个条件是一种最优性，瓦尔拉斯注意到了这一点，也强调了它。然而，它被称为"帕累托最优"，以维尔弗雷多·帕累托（Vilfredo Pareto）的名字命名，帕累托是瓦尔拉斯的技术经济学的追随者。新古典主义经济学家将帕累托最优作为评判政策的核心规范性标准。证明经济均衡达到这种规范最优状态，所需的数学条件非常严苛，而且人为的痕迹很重。所以，我们可能会说，在很多情况下都存在"市场失灵"，当然也就相应地需要政府"干预"（后来，公共选择经济学家将"政府失灵"理论发展为"市场失灵"的一种对偶理论）。研究市场失灵的理论家们正是按照瓦尔拉斯的方式来看待一般均衡，把它当作政策应该瞄准的规范性理想情形。这些经济学家之中，无人会跟瓦尔拉斯一样，说一般均衡是物理的一部分，因此是"自然的"。但他们对于这个理想情形，并没有产生怀疑。当事实不符合理论时，他们希望改变事实，却不认为这可能是因为他们的理论存在缺陷。因此，总体而言，确实存在一批重要的经济理论家和政策顾问，持有卡龙所描述的那种观点，或者说，至少比起主线经济学家，他们的观点跟卡龙的描述更接近。但是，请注意，这些市场失灵理论家**并非**"自由市场竞争"的倡导者。瓦尔拉斯是一位合作主义者（cooperativist），自称（与马克思无关）"科学社会主义者"。

我并不是说，此处所述的老式新古典经济学今天仍然占据主导地位，就像它在巴托的时代（1958年）或在更晚近一些时（比如1975年或1980年）一样。事实并非如此，这种新古典经济学已然失势，进化论、复杂性理论和制度分析正在占据主导地位。然而，我的目的并不是判断经济学可能会走向何方，也不是预判随着时间的推移，经济学会不会更加支持"自由市场"。我在这一章中要做的，只是为我在专家和专家失灵的问题上的主要论证厘清一些经济学基础概念。"竞争"一词总造成困惑，但我没有真正令人满意的替代词。因此，我还是会使用这个词，希望本章中的澄清内容，能够最大程度减少误解。

本章概述了自发秩序这一重要的经济概念。这一概念对于充分解释社会中的知识分工很有必要。劳动分工和知识分工是共同进化的，二者都属于自发秩序。这一事实对于我们理解哈耶克式的知识分散至关重要，部分原因是，这消解了通常暗含的一种理论，即知识存在于某种计划好的等级结构中，这种结构允许上层发起调查和指导。在接下来的两章中，我将介绍关于知识分工的思想史。虽然我的综述肯定是不完整的，但我希望它能达到两个目的。其一，我希望它能让我们对这一现象有相对丰富的理解，超越"不同人知道不同事"这种笼统的陈词滥调。其二，我希望表明，知识分散的概念在西方思想中一直没有得到很好的理解。有时候，一些水平很高的思考者甚至无法理解这个概念最简单的版本，无法理解它的基本含义。

6
曼德维尔之前的知识分工思想

引子

　　专家问题源于伯格和卢克曼（1966）所强调的"知识的社会分布"。因此，对专家失灵的分析，应该基于对社会中知识分工的理解。我们需要知道专业的来源。知识的社会分工并非由知识精英从上层设计好并灌输于人。知识分工自发地出现，是针对局部目的的个人选择的意外结果，而非来自任何对系统的总体设计。知识的划分是一种自发秩序，它是自下而上的，而非自上而下。专家失灵理论如果不基于对社会知识分工这种自下而上的理解，那就可能会出错。

　　在前面的章节中，我们看到一些作者的观点基于知识等级观。正如我将在本章中指出的那样，社会中的知识分工相当丰富和复杂。要是我们采用一个极其简化的知识等级模型，那么有可能认为知识的增长可以被规划，或者理论家可以建构因果模型，来解释其他人的"意识形态"。曼海姆（1936）就是一个例子。前文中，我们看到曼海姆

（1936）将科学和他自己的思想排除在"意识形态"的范畴之外，他将自己的理论置于系统之上，而非系统之中。虽然科尔（2010）没有像曼海姆那样进行粗略的简化，但他也是采用相对等级化的观点来看待知识的一个例子。他明确呼吁，应该有更强的"等级体系"，并希望赋予"知识精英"以权力。科尔的知识等级观对于实践有一定启示，对于专家失灵理论也有一定意义。

科尔批评了美国国家科学院发表的一份重要文件。该报告（NAS 2009）回顾了美国法庭科学的情况，并提出了改革建议。科尔（2010）支持该报告的核心改革措施，即通过一个监管机构，以联邦级别监督法庭科学。但他也批评了这份报告，反对它采用卡尔·波普尔和罗伯特·默顿的那些"过时的科学模型"，他说这些东西只会"阻碍"这份报告达成"声称要达成的目标：通过法庭科学，'引入'含糊不清的'科学文化'"（Cole 2010，p.452）。一个"明显的问题"是波普尔的科学"大胆"（scientific "boldness"）思想，"报告中关于'科学方法'的讨论明显遗漏了这一点"（p.452）。

波普尔说，科学家们应大胆地推测。科尔机敏地指出，在波普尔的观点中，"只有通过大胆思考、冒险和做出'大胆推测'，科学家才能推动知识进步"（Cole 2010，p.452）。科尔认为，如果将这种波普尔式的做法应用于法庭科学的日常工作，会是巨大的错误。科尔坚称，"波普尔的理论，适用于那些在学术机构顶端产生理论的科学家"，而可能不适合法庭科学家，因为他们一般不是研究型科学家。法庭科学家大多是"技术科学工作者，我们可能不希望他们太大胆"（p. 452-453）。

科尔强调了"发现科学"（discovery science）和"平凡科学"

（mundane science）之间的所谓区别。他希望，只有在发现科学中，才表现出波普尔式的大胆。但在第3章中，我们看到的一个"平凡科学"的例子，就体现了这种大胆。我们看到，奥德林（1860）用一个例子为"证词的冲突"（p.167）辩护。前面引用奥德林的论述比较短，此处值得引述更长的一段。奥德林（1860，p.168）说：

> 在一次侵权诉讼中，专利权人聘请了三四名优秀科学家，这几名科学家宣称某个化学反应不可能发生。权威著作支持了他们的说法，而且，在一般的实验操作中，这个反应肯定不会发生。对被告来说，最重要的是要证明这一反应的可行性。他的证人经过多次尝试，成功地设计出一种方法，使反应能够顺利发生。据此，被告方反驳了原告的证人，十分肯定地说反应能够发生。这个例子说明了一个重要情况：应该让希望得出不同结论的人来研究同一件事。要是当时这个案件只是提交给一个独立的委员会，那委员会很可能只根据当时的情况做出决定，会完全忽视这一新的反应及其重要后果。

此案如果应用知识的等级模型，可能会被错判原告胜诉，对被告很不公正。

科尔（2010）采用了知识等级观。在本章和下一章中，我将用一种非等级的观点来看待知识，这种观点很大程度上应归功于哈耶克和伯纳德·曼德维尔。

我们还看到过其他理论家采用简化过的、等级相对分明的知识观。

其中，阿尔弗雷德·舒茨的观点异常有趣。舒茨认识到了哈耶克的知识分工，而且高度重视这一想法："知识分布在社会中，这种分布机制可以是社会学专业的研究对象。"（1946，p.464）然而，舒茨认为博识的公民能够裁断不同领域专家的意见。舒茨说："理论上，每个人都可以获得大量的知识，这些知识由实践经验和科学技术积累而成，都是有根据的见解。"（1946，p.463）因此，尽管舒茨完全承认哈耶克关于知识分散的想法，但是他认为社会"知识存量"（stock of knowledge）由"有根据的见解"组成，并非主要存在于因劳动分工而逐渐出现的各方面实践中。这些"有根据的见解"显然是**有意识的思考**，而且"理论上人人都可以获得"。虽然他强调知识分工，但他的专家理论所基于的知识理论，比哈耶克的知识理论更加等级化、更加非实体化。

舒茨（1946）的例子表明，哈耶克对于知识分散的观点，并不像很多概述所说的那么简单易懂。如果希望避免前面提到的曼海姆、科尔和舒茨等人所犯的那种错误，那么我们最好在这个话题上多花点儿时间。

知识分工

术语"知识分工"（division of knowledge，又译"知识划分"[①]）

[①] 英文中 division 一词意义较泛，中文里可使用不同词语，区分作者想要表达的两种意思。此处使用"知识分工"这个译法，表达的是"不同人知道不同事"这一意义，与"劳动分工"相对应；而"知识划分"则用于表达其他意义，如学科知识的划分、私人领域与公共领域的知识划分等。

描述的一般是将教育或科学划入不同主题、不同学科。例如，我们常常会区分科学和人文学科。麦克奎安（McKeon 2005）脑子里似乎就有这种"划分"结果。我们的知识可以**划分**为关于公共领域的知识和关于私人领域的知识，每个领域有不同的规则、原则。（考虑到 Wagner 2010 的解释，即名义上的公共领域和私人领域存在"纠缠"，这样的知识划分可能会受到质疑。）从这个意义上说，可能有某个人能够完全理解"知识划分"。"知识划分"也可能是指各类知识之间的哲学区别。例如，先验知识和后验知识之间的差异可以被描述为一种"知识划分"。当然，这样使用这一术语，完全是合理的，但这样的用法，与此处我所感兴趣的含义不同。在本书中，这个术语指的是不同人知道不同事。

大家普遍认为，知识是分散的这一观点出自哈耶克（1937,1945）。这一归因似乎无误。但我们会看到，其他人对哈耶克也有着不同程度的影响。特别是，曼德维尔（1729）对分散的知识进行的论述，对今天的研究仍有影响。此前，乔治（George 1898）和米塞斯（1920）也都曾对这一思想做过明确的科学阐述，并得出如下结论：全面的中央生产计划不可能像其倡导者想象的那样，具有很高的生产力和效率。

我们很难追溯哈耶克知识分散这一概念的历史。问题在于不同人知道不同事这一基本观点，本身微不足道且显而易见。知识分散在劳动分工的参与者之间。一旦前述观点结合了对知识本质更广泛的理解，它所隐含的东西就不再那么微不足道、显而易见了。

不同人知道不同事，这个道理不言自明。凯尔等人（Keil et

al. 2008）指出，"作为成年人，我们都不认为知识同质且均匀地分布在人们的头脑中"（p.259）。我们认识到"知识和理解聚集在一起，反映了不同专业领域"（p.259）。鲁兹和凯尔（Lutz and Keil 2003, p.1081）发现"3岁的儿童已经有了认知分工的意识。他们明白成年人并非无所不知，而是有不同的专业领域"。年龄较大的儿童表现得更为成熟。这两位研究者发现，"4岁的儿童不仅能够对刻板的角色做出归因，而且能够在生物学和力学等相当广泛且看似抽象的领域做出判断"（p.1081）。也就是说，我们可以推断，过去的学者常常会注意到知识分工，但却不认为自己是新发现了什么。也许正是出于这个原因，在哈耶克之前，无人能将这一基本事实作为社会科学一个明确的中心主题。曼德维尔或许是个例外。但他对知识分散的讨论，似乎并未对后来的思想家产生很大的影响。即便是深受曼德维尔影响的亚当·斯密和大卫·休谟，对知识分工的看法也没有他那么激进。一直到哈耶克手上，这个主题才在经济学中重要起来。

哈耶克关于知识分散的观点很重要，这是因为，我们无法将分散的知识聚集起来，克服或消除这种分散。因此，我们要理解分散的知识，就必须理解这些知识分散的本质。本章我所描绘的知识图景，与隐性知识和扩展认知等主题下的大量文献有关系。不过对于这些文献，我仅一带而过，注意力还是放在与专家失灵理论相关的主题上，也就是知识分工。下面我会详细论证，与劳动分工相对应的知识具有"构件性"，而且是进化的。这些知识还可能是体外的、隐性的、共生态的。把这几个标签排列一下，就会得到一个缩写词 SELECT，意思是知识可能是共生态的（Synecological）、进化的（EvoLutionary）、体外的（Exosomatic）、构件性的（Constitutive）和隐性的（Tacit）。

如果知晓的单位（knowing unit）并非一个个体，而是相互作用的个体所构成的集合，那么知识就是共生态的。史密斯（2009）在对比经济学中的"建构主义"理性和"生态"理性时也提出了类似的观点。他将生态理性与"适应性的人类决策，以及与自然社会系统中的群体发现过程"联系起来（2009，p.25）。哈钦斯（Hutchins 1991，1995）提出过一个著名的阐释：在一艘现代的船舶上，任何人都不知道所有信息，但这些信息仍然会进入决策过程，指引船舶航行。知晓的实体（the knowing entity）是船及其船员，而不是任何一个人。存在一种进化而来的"认知劳动分工"（division of cognitive labor）（1991，p.34），这种分工不是由某一个人完整设计出来的。船员中的每个人都与其他人以及船舶进行互动，由此产生的选择，可能更合理的说法是系统（船舶及其全体船员）选择，而非船舶上任何一个人的个人选择。有些读者可能会说，只有个体才能知道，也只有个体才能选择。但是，如果我们不了解船舶认知劳动分工的细节，那么我们就无法确定哪些人知道哪些事情，哪些人做出了哪些选择。我们不需要船的认知分工图，就能认识到他们的互动可能正在产生适应性的结果，而这些适应性的结果，取决于来自船内外的新信息。换句话说，我们不需要一张船的认知劳动分工图，就可以看得出，船的思维、学习和行动方式，与人类个体的思维、学习和行动方式非常相似。

我们在上一章中看到，伦纳德·里德（1958）告诉我们，没有人知道如何制作铅笔。可能没有人知道铅笔厂要生产铅笔，统共必须发生些什么。这里也存在认知劳动分工。再有，没人知道如何生产铅笔制作所需的所有原料，也没有人知道如何制作所有这些原料的原料，等等。只有劳动分工的整体，才"知道"如何制作铅笔。铅笔制作的知识分布在社会分工的所有参与者中，存在于系统之中。铅笔制作的知识是共生态的。

"共生态"这个术语，是我从生态学中借用的。"群落生态学"（synecology，"共生态"一词的名词形式）在《牛津英语词典》中的定义是："对环境与占据它的生物群落之间关系的研究。同时也可表示它们之间的关系"。从词源来看，"共"（syn）的意思是"相同"。因此，从词源上讲，这个词的意思是"相同的生态"。相互作用的要素处于相同的生态之中。我使用"共生态"这个术语，表示这种知识是通过环境中各要素的相互作用而产生的，与这些要素、要素的相互作用、它们的环境，都分不开。

有不少观点认为知识是进化的。进化知识的概念在曼德维尔（1729）的论述中就能找到。我们将在本节后面看到，瓦萨里（1568）也采用了进化的观点来看待知识，尽管他没有给出进化知识的哲学理论基础。晚近一些，拉德尼茨基和巴特利（Radnitzsky and Bartley 1987）给出了现代进化认识论的典型论述，这一论述与卡尔·波普尔（1959）和伊姆雷·拉卡托斯（Imre Lakatos 1970）等名字常常联系在一起。唐纳德·坎贝尔（1987，p.73-79）回顾了进化认识论思想的部分历史，但只追溯到了赫伯特·斯宾塞（Herbert

Spencer）。

一般来说，如果知识在变异、选择和保留的过程中随时间而变化，那么它就是"进化的"。隆哥等人（Longo et al. 2012）为我们提供了一种可以称为"创造性进化"（creative evolution）的理论。该理论已被费林等人（Felin et al. 2014）、克普尔等人（2015a、2015b）和德文斯等人（2015，2016）引入了社会科学和人文学科。如果克普尔等人（2015a）所说无误，那么创造性进化理论正是描述了知识分工和劳动分工的共同进化。

如果知识是在使用这种知识的有机体之外的物体中，那么它就是体外的。英戈尔德（Ingold）指出，洛特卡（Lotka 1945, p.188）似乎是首个将"体外"一词用于"人类知识的产物"上的人（Ingold 1986, p.347）。洛特卡说："在所谓的体外进化过程中，通过选择性生存，原子结构和生理功能在连续几代中缓慢适应。同时，辅助我们自有的受体-效应器装置（receptor-effector apparatus）的'人工'手段发展飞快，进一步增强了适应性。"他将**体外**进化与人类"知识孕育知识"的想法联系起来（1945, p. 192）。

卡尔·波普尔（1979）以这本书为主要例子，强调了许多人类知识的体外性。对于这个讨论，煮蛋计时器可能是一个更合适的例子。关于何时从煮锅中取出鸡蛋的知识，就存在鸡蛋计时器中，而计时器与厨师是无关的。

如果知识是现象的一部分，那么它就具有"构件性"。如果它能解释现象，那它就具有"思辨性"（speculative）。我们即将看到，这两种性质会互相重叠。例如，渔民的知识是渔业的组成部分，无论在渔业理论中能找到的知识是多还是少。

最后，如果知识存在于我们的技能、习惯和实践中，而非以明确的书面形式存在，那么它就是隐性的。如何骑自行车的知识就是隐性的。赖尔（Ryle 1949）和波兰尼（Polanyi 1958）是论述隐性知识的标准引用源，尽管乔治（1898，pp.39-41）等许多其他学者也以某种方式注意到了这种现象。

知识与劳动分工共同进化，具有是共生态、进化性、体外性、构件性和隐性等特点。具备 SELECT 性质的知识，似乎**必然**是进化的。但是，共生态、体外性、构件性和隐性则并非必然具备，而是属于**典型特征**。普伦德加斯特（Prendergast 2014）对曼德维尔的评论，对于这里刻画的知识同样适用：在社会演变中"积累下来的知识产生于经济活动过程中，并嵌入实践、程序、商品和技术中"（p.105）。

哈耶克对知识分散的发现，并不是不同人知道不同事这一不言而喻的真理。他的发现是，这种简单的想法对于社会理论而言至关重要。哈耶克在描述他 1937 年的论文《经济学与知识》（"Economics and Knowledge"）时，似乎将这一发现归功于自己，这篇论文将知识分工确定为经济学的核心问题。哈耶克将这件事描述为"我对经济学理论做出的最具独创性的贡献"（Hayek 1994，p.79）。早期的学者对知识分工给予了不同程度的关注，也体现出不同的态度。

曼德维尔对知识的论述，与后来哈耶克的想法如此相似，我们可能会怀疑哈耶克是否无意识地借用了曼德维尔的观点。他关于曼德维尔的文章（Hayek 1978）对曼德维尔赞誉有加，而且将进化和自发秩序这一对"孪生思想"的诞生归功于曼德维尔（p.250）。但哈耶克似乎并不认可曼德维尔的知识分散理论，这样的冷落看起来不太像是故意的。

然而，就算我们把这个思想完全算作曼德维尔的功劳，但最终也是哈耶克让这个思想成为经济学中的重要部分，而不是曼德维尔、乔治或米塞斯。哈耶克之后，人们普遍认识到了知识分散的问题，而哈耶克之前并未如此。即使是使用这个概念的人，通常也没有充分理解其意义，但它的真实性和重要性仍然得到了广泛认可。正是因为哈耶克，这一思想才在社会科学的众多词汇中确立了永久的地位。因此，"哈耶克的"知识分散，而不是"曼德维尔的"知识分散，应该是个公平的说法。

区分构件性知识和思辨性知识，对于理解哈耶克的知识分散观点至关重要。这一区别略微修正了哈耶克关于"构件性"和"思辨性"思想之间的区别的论述（1952b, pp.36-37）。如果拥有知识成为社会现象发生的一个原因，那么知识就具有"构件性"。这种知识是这一现象的**构件**。如果知识解释了某种东西，无论是社会现象、自然现象还是其他东西，那么它就具有"思辨性"。

这一般区分的是知识的两个**方面**，但某些构件性知识没有明显的思辨维度。社会分工中每个位置相关的专业知识使得分工成为可能，而且，从这个意义上说，正是这些专业知识"造成了"劳动分工。当然，早期也许不那么精细的劳动分工，确实产生了构件性知识，从而促成了后来可能更精细的劳动分工。我们这里还有一个例子，是关于进化系统中的反馈。这里的逻辑与杨（1928）的逻辑相近，但杨在看待知识时，采用了更为等级化的观点。

早在科学家们获得航海数学原理这一**思辨性**知识之前，水手们就已经拥有了航行的**构件性**知识（Mandeville 1729，p.143）。野生黑猩猩制造工具（Goodall 1964），我们可以说它们具有制造工具的构件性知识。然而，可以推测，它们并没有任何关于工具制造的**思辨性**知识，因为它们不具备人类语言。虽然我们能教黑猩猩做一些事，但我们目前理解的野生黑猩猩手势语言（Hobaiter and Byrne 2014），看起来无法具有某种**解释性**功能，来定义思辨性知识。对人类来说也一样，构件性知识不需要以任何方式跟思辨性知识对应上。只不过，人类的构件性知识可能是思辨性的。经典力学是思辨性的知识，因为它解释了天体运动和地球上的运动。它也是构件性知识，因为能指导我们建造房屋、桥梁。

思辨性知识具有理论性和明确性，但不一定用于指导行动。当它用于指导行动时，知识先于行动，并与行动分离。构件性知识可能是隐性的，而且是实用的。根据它的定义，构件性知识一定被用于指导行动。它不必先于所指导的行动存在，也不必与行动分开存在。学会骑自行车之前，我并不知道如何骑车。而且我骑车的技巧，与骑车这件事情本身是分不开的。如果我发现自己不会骑自行车了，可能会感叹说自己"忘记"怎么骑了，意思是我丧失了这项技能，而不是说我的记忆力不好。

哈耶克的知识分散概念，主要是指构件性知识，是指能够实现劳动分工的知识。专业知识，通常是从专家在社会分工中的位置衍生出来的构件性知识。

在柏拉图的《申辩篇》中，知识的社会分工是一个突出的特征。

在书中，苏格拉底解释了他是如何成为雅典的牛虻的。凯瑞丰曾到德尔斐神庙请求神谕，询问是否有人比苏格拉底更聪明。苏格拉底说："皮提亚女先知回答道，没有人比苏格拉底更聪明。"就像《卡萨布兰卡》中的雷诺船长一样，苏格拉底对这一回答感到震惊。他说，他因此被迫去问询他的雅典同胞，想要证明神谕是错误的。他的第一站是一位政治家。他们的交流让苏格拉底觉得"这个人什么都不知道"，鉴于此人的职业，这样的说法有些道理。其他政客也好不到哪里去。苏格拉底从政治家转向诗人，结果发现诗人无法解释自己的作品。就像政客们一样，诗人认为自己是聪明的，但事实并非如此。最后，他找到了工匠，苏格拉底说，工匠"知道许多精巧事物的制作方法"，因此比他更聪明。但是，像诗人和政治家一样，"他们认为自己也知道各种各样的大事"，而其实他们对这些事一无所知。从这段经历中，他得出了著名的结论："人啊，最聪明的人，像苏格拉底一样，知道他的智慧实际上毫无价值。"

苏格拉底与工匠的对话揭示了知识的社会分化。每个人都了解自己的技术，在这方面都是"有智慧的"。苏格拉底打破了他们"哲学上的自我虚夸"，明确认为实用、谦逊、熟练的知识高于理论知识，至少在谦逊的工匠中是如此："我发现最有名的人几乎都是最愚蠢的，但一部分低人一等的人，实际上则更有智慧。"此外，在与诗人的交谈中，他发现一些知识是隐性的。他说："诗人写诗，靠的不是智慧，而是靠某种天才和灵感。"他们知道如何写诗，但却无法向别人解释这件事。

在柏拉图的《申辩篇》中，人们的知识都是构件性知识，大多隐性地存在于习惯和诀窍之中。诗人说不出怎么写出一首好诗，但他们就是写得出来。最后，知识分工对应于劳动分工。柏拉图笔下的苏格拉底，并未思考知识分工和劳动分工是被计划出来的，还是逐渐形成的。

　　古代作家似乎没有多少作品很清楚地写出哈耶克自发秩序的概念。根据哈耶克的这个概念，一个看似有计划的社会秩序，可能是人类行为的非预期后果。这一点对我们很重要，因为在我的解释中，知识分工本身就是一种自发秩序，与劳动分工一起形成。

　　哈耶克（1978）说，古希腊人"当然"看到了无计划秩序的问题，但他们用"自然"（physei）和"认为或习惯"（thesei 或 nomõ）之间的区别来讨论这个问题（pp. 253-254）。哈耶克说，这种词汇存在"歧义"，所以"产生了无尽的混乱"（p. 253）。如果古希腊人像哈耶克所说的一样，对这个问题如此熟悉，那么，他们无法克服这个所谓的词汇问题，似乎就说不太通了。我们很难不怀疑，哈耶克所说的混乱，其实是存在于古希腊人的理解中，而不仅存在于他们的论述中。无论如何，古代作家并没有非常明确地阐明自发秩序的概念。如果这一点成立，那么他们对知识分工就不可能有清晰的阐述，不可能得出我前面解释的那种广义的哈耶克式术语。

　　哈耶克确实给出了一些具有暗示性的引文。他说，在"所有自由国家"，都有人"相信上苍守护着他们的各种事务，使得他们不系统的努力最终能产生有利的情形"（p.254）。他引用阿里斯托芬的话来说明这一信念：

有一个古老的传说
我们所有愚蠢的计划和虚荣的自负

都被转为公众的利益。

但是，以神的介入来改变混乱的选择所带来的狼狈与痛苦，这样的想法似乎与亚当·斯密看不见的手仍相去甚远。

哈耶克所引"阿提卡演说家安提丰"的话，似乎与我们的主题更加接近。安提丰说，伟大的时代"是良好法律最可靠的象征，因为时间和经验向人类展示什么是不完美的"。这句话暗示了人类知识的局限性，暗示了积累经验所带来的结果优于设计的结果。

最后，哈耶克（1978，p.255）引用了加图（Cato）的一段话，表达了对传统的看重，认为传统体现了许多人智慧的累积，而其中每个人的头脑都是脆弱、容易犯错的。罗马法是典范，因为它不是基于一个人的天才，而是基于许多人的天才：它不是在一代人的时间里建立的，而是在几个世纪和许多代人的长时间中建立的。因为，他说，没有任何一个人拥有如此伟大的天才，任何东西都逃不过他的掌握，没有实际经验和时间的考验，同一代人的力量全部加起来，也不可能为未来做好所有准备。

对哈耶克来说，这段话代表了一种自然法传统，其中保留了一些自发秩序的概念。在哈耶克看来，这一传统在"16世纪的西班牙耶稣会士"手中达到了顶峰。这些"16世纪的西班牙经院教师……强调，所谓的数理价格（pretium mathematicum）取决于太多的特殊情况，人类永远不可能知道，只有上帝知道"（1989，p.5）。也就是说，这些人似乎对哈耶克知识分散问题有了相对清晰的认识。哈耶克说，在"被下一个世纪的理性主义浪潮淹没"之前，他们已经触及了非常

"现代"的结果（1978，p.255）。

另一位 16 世纪的思想家乔尔乔·瓦萨里（Georgio Vasari）得出的结果，也与本文所采用的一般观点相一致。他的《艺苑名人传》记录了绘画、雕塑、建筑等艺术知识的积累过程。他将艺术进步视为对古代实践与知识的复兴。因此，他的故事中有目的论的成分。然而，他所追求的古代完美先前并未存在，这样的完美，是通过瓦萨里在他的艺术史中记录现代人物时所用的那种逐步发现的笔法实现的：

> 在自己的头脑中仔细地思考之后，我判断，这些艺术的特性在于，它们始于低微，一点一点地改进，最终达到完美的高度；我相信这一点，因为我看到，其他领域也发生了几乎同样的事情，这个不小的论据可以用来支撑这一真理，因为所有学科之间，都存在一定程度的亲缘关系。这一定发生在了古代绘画和雕塑上，而且发生的方式还非常相似，以至于就算名字对调，它们的历史还是会完全相同。
>
> （i，247）

所有学科的进步过程，都是瓦萨里记录的托斯卡纳艺术（从契马部埃到米开朗琪罗）逐步积累的那种过程。瓦萨里说，这一过程在古代世界和现代世界都是一样的。在这个过程中获得的知识大部分是隐性的。诗歌和"设计艺术"里，在灵感的"火焰"中创作的作品，比那些通过"努力和劳累"创作的作品要好（p.274）。而且这个过程不一定是累积的，知识可以产生，也可以消失。卢卡·德拉·罗比（Luca della Robbia）发明了釉面陶土雕塑，这是"古罗马人不会的"一种"新的雕塑形式"（p.280）。他的技术是家族的秘密，当他的家族"灭绝"时，这一技术知识基本上就消亡了，"艺术被剥夺了制作釉面作品的真实方法"（p.280）。

在他讲述的故事中，至少有一个清楚地表明了瓦萨里对知识分布的理解。洛伦佐·吉贝尔蒂（Lorenzo Ghiberti）在竞争中获胜，赢得为佛罗伦萨洗礼堂制作一对青铜门的机会。他制作的门现在是洗礼堂的北门，这对青铜门描绘了《圣经·旧约全书》中的场景。吉贝尔蒂的竞争对手将自己的作品"隐藏在最秘密的地方，防止遭人抄袭"。然而吉贝尔蒂"曾邀请市民，有时甚至是任何熟悉艺术的过路人，来看看他的作品，听听他们的想法。这些意见使他能够创作出一个制作精良、毫无瑕疵的模型"（p.292）。通过大众对他的批评，吉贝尔蒂得以改进作品，并最终在竞争中胜出。

瓦萨里记录了一个传统的出现，从最早的契马部埃开始，到米开朗琪罗达到的巅峰（瓦萨里选择契马部埃作为"绘画艺术的第一道亮光"，似乎更具政治性，而非事实性。但就我们的目的而言，这无关紧要）。在这个过程中，画家们学会了如何写实地表现人体，如何矮化人物，如何表现一个"冷得发抖"的人物（p.323），如何透视，如何使得人物"庄重威严"（p.723），等等。绘画界中的竞争和模仿产生了一系列实践，进而带来了一系列的目标与创新。然而，这段历史似乎对后来的社会思想影响甚微，甚至没有影响。曼德维尔在《寓言》中并未提及它。亚当·斯密的图书馆中有一本瓦萨里的《名人传》（Bonar 1894，p.116）。但是，在《国富论》和《道德情操论》以及《关于正义、警察、岁入和军备的演讲》中都没有提到它。无论是因为它是"理性主义浪潮"的受害者，还是因为它被认为是社会理论之外的东西，又或者是出于其他原因，瓦萨里的作品似乎都没有在社会理论中留下任何明显的痕迹，尽管他为我们提供了关于自发秩序演变的一部详细而生动的编年史。

哈耶克说，曼德维尔的"思辨……标志着进化论和自发秩序这对孪生思想，在现代思想中取得了明确突破"（1978，p.250）。曼德维尔认识到知识是分割开的，并且十分重视这一事实。他认识到了知识的隐性性质。同时，他区分了构件性知识与思辨性知识，相对于后者，他更重视前者。他认为构件性知识产生于劳动分工。他将劳动分工、构件性知识和思辨性知识视为缓慢进化的产物，认为这些都受到个人行为的推动，但并不受人类设计推动。哈耶克评估了曼德维尔在进化和自发秩序这对"孪生思想"的创造中所起的作用，他的评估支持了这样一种想法，即曼德维尔可能是第一个想出哈耶克式人类知识观的学者（或至少是第一个这样的现代作家）。我们将会看到，后来的作家似乎没有曼德维尔那样的激进愿景，直到哈耶克的出现。哈耶克于1937年发表经典文章《经济学与知识》，标志着他开始复兴这一愿景。即使哈耶克在这一主题上的著作被广为引用，大多数学者对知识依旧持有较为温和的观点——这一较为温和的观点高估了理性思维和思辨知识的力量，至少如果曼德维尔和哈耶克是正确的话。普伦德加斯特（2014，p.87）很好地总结了曼德维尔对这些主题的观点："对曼德维尔来说，创新者是能力普通的人，但他们对于环境中的机遇和挑战保持着警觉。由于专业化，他们拥有隐性知识，这些知识在他们所做的事情中走向现实，而非在理论命题中得以实现。"

伯纳德·曼德维尔指出了社会中的知识分工。曼德维尔解释说，因为"人们在倾向、知识和环境等方面有所不同"，所以"他们受到各种激情的不同影响"（1729，vol.II，p.90）。他认识到，这样分割开的知识是一种新出现的现象，这一现象更多地与经验有关，而非与"**先验推理**"有关（1729，vol.II，p.145）。我们"常常认为人类有天才的卓越、洞察的深度，而事实上，这些来自时间的积累和几代人的经验，各代人在自然属性和天生才智上几乎没有什么不同"（1729，vol.II，p.142）。例如，航海技术已经能用数学来解释，但它的实践"不需要丝毫的数学知识"（1729，vol.II，p.143）。目不识丁的水手在服役后很快就学会了航海，"比最伟大的数学家一辈子所能做到的要好得多，如果这位数学家从未到海上去过"（1729，vol.II，p.143）。通过实践，知识变成了"习惯"（1729，vol.II，p.140）。

同样，

> 酿造和制作面包的技艺慢慢地达到了现在的完美状态，但如果是一次性把它们发明出来，那么所需要的知识比最伟大的哲学家迄今为止所拥有的知识还要多，比最伟大的哲学家对发酵本质的洞察还要深；然而，现在我们人类中，最吝啬的人都在享受这两种技艺的果实。一个饥饿的可怜虫，不知道还能提出什么要求，能比要一点儿面包或一小杯啤酒更卑微。

曼德维尔说,

> 不仅最开始那些初学者(那些在艺术、礼节和航海等方面写出第一篇文章的人)不知道真正的原因,不知道这些技艺实际上是在自然界中建立起来的,而且即便到了现在,这两种技艺都达到了极致,在这些技艺上最专业的人,那些每天改进这些技艺的人,对它们的基本原理也都知之甚少,就像他们的前辈一开始那样。
>
> (1729,vol.II,p.144)

这段话强烈地表达了实践经验知识先于理论知识的观点。

曼德维尔认为构件性知识高于推测性知识,而且似乎认为二者之间的重叠很小。尽管曼德维尔自己否认过(I 292),但他有时好像完全看不起教育,认为"贫苦劳动者的知识,应限定在其职业的范畴之内"(1729,vol.I,p.288)。普伦德加斯特(2010)解释说,曼德维尔非常重视教育,但抨击了"穷人之所以穷是因为缺乏教育这一观点"(p.415,n.1)。此外,他欣赏的教育往往是在校外进行的,"父母把知识传给儿女。一个人少时所学,往后会通过生活经验得到丰富。每一代人所受的教育,都必比前人更好;通过这种方式,两三个世纪之内,良好的礼仪必能达到完美"(1729,vol.II,pp.145-146)。即便那些接受过大学教育的人,也应该专注于与贸易有关的事情。"不会有人让自己的儿子去做金匠的学徒,以此让他成为亚麻布布商;那么又为什么要请一位牧师来教导他的儿子,以使

儿子成为律师或医生呢？"（1729，vol.I，p.293）

曼德维尔对穷人的态度争议不断。一方面，他对立法者说，一个国家"最可靠的财富"是"众多勤劳的穷人"（1729，vol.I，p.287），"在最恶劣的环境下，为了让社会幸福，使人们安逸，大多数人必须无知、贫穷"（pp.287-288）。可能与凯耶所认为的一样，曼德维尔用残酷、剥削的观点看待穷人。凯耶坚持这个观点，尽管他指出"此处与别处一样"，曼德维尔能够"仅仅通过完全坦率的陈述，就让现有的信念变得令人厌恶"（见凯耶对曼德维尔的介绍，1729，p.lxxi）。然而，这个能力可能意味着，我们可以以一个更加讽刺的方式，来解读曼德维尔攻击慈善学校的行为。他说得相当清楚，穷人之所以能够忍受他们的恶劣条件，仅仅是因为他们无知，从不知道其他任何事情。因此，他似乎将王子和穷人之间的所有差异，归因于他们在劳动分工中的位置不同，而非天生的差异。"人性在任何地方都是一样的，"他（1729，vol.I，p.275）说，"天才、智慧和天生属性，总是通过实践得到磨砺，而且，在最卑鄙的恶棍行为中所得到的提升，与在勤勉劳动和英雄美德的实践中得到的提升一样多"。他嘲讽地说，"一个仆人，只要有足够的理智，能够发现他在为一个傻瓜服务，就不会对他的主人有丝毫的尊敬"（p.289），并且"没有任何生物甘心向与之平等的生物屈膝，如果一匹马所知道的和人一样多，那它就不会想成为他的坐骑"（p.290）。

曼德维尔对慈善学校的攻击，是对神职人员的攻击，而不是对穷人的攻击。曼德维尔坚持皮尔特和利维（2005，p.3）的分析性平等主义。在讲到慈善学校之前，曼德维尔详细阐述了"神职人员不比任何其他行业的人拥有更多内在美德"的主题（1729，vol.I，p.173）。神职人员就像你我一样，也会卑鄙、失德、腐败。他们"放纵自己的欲望"。曼德维尔告诉我们，"我们有理由相信"，神职人员所说的话"充满了虚假与伪善，贪欲并不是他们追逐的唯一欲望；在他们身上，能够看到傲慢的神态、对伤害的敏感、奇特的优雅穿着、精致的品位，这些都是源于傲慢和奢侈"（1729，vol.I，p.173）。

曼德维尔的《写给迪翁的信》（*Letter to Dion*，1732）可能支持这样一种观点，即《寓言》比凯耶所认为的，有更坚实的道德基础。曼德维尔说"《寓言》是一本有关高尚道德的书"（p.24），它针对的是基督教的伪善。因此，他的"反对者们必须掩饰自己愤怒的原因"（p.25），把不道德的思想归咎于曼德维尔。

爱德华兹（Edwards 1964）和哈特（Harth 1969）都认为《寓言》具有讽刺意味。哈特（1969）谴责了凯耶，说他试图"人为地调和"这一寓言，但这只会"将曼德维尔的讽刺变成平淡的文学悖论"（pp.325-326）。他注意到了《寓言》中的一段，在这段话中，曼德维尔通过克莱奥门尼斯（Cleomenes）之口，表示"总的来说，颂词里的真理，不及讽喻中那么多"（Harth 1969，p.322；1729，vol.I，p.59）。爱德华兹将曼德维尔与斯威夫特（Swift）做了比较（1964，pp.198，203，204），强调了"曼德维尔口吻的复杂性"，曼德维尔的文字中有大量的讽刺（p.204）。爱德华兹的解释比较合理，他认为曼德维尔对慈善学校的评价确实很低，但这并不是因为他对穷人的评价很低。曼德维尔问道：

为什么我们对宗教的关注必须永远套上一件外衣，掩盖我们的真实想法和世俗意图？如果双方都同意摘下面具，我们很快就会发现，无论怎么假装，在慈善学校这件事上面，人们的意图都在于加强己方的影响力，那些坚定支持教会的人士，以宗教原则教育儿童，意味着为他们树立对英国国教神职人员无上的崇敬，让他们强烈而永久地厌恶、仇恨所有持不同意见的人。

（1729，vol.I，p.309）

不过，我这里使用曼德维尔的作品，并不需要去理清他对穷人的态度这一理解上的重要问题。我所关注的，只是他对我们理解社会知识分工的重要性。

曼德维尔使用了"习惯性"一词，暗示他认识到了隐性知识的存在。他解释说，"知道"一词有"两重含义"（1729, vol.II, p.171），"你看到小提琴时，知道它是什么以及知道如何演奏它，二者之间有很大的区别"（1729，vol.II，p.171）。这就是"不同知识的区别，一种知识象征着接收到的诸多印象（Treasure of Images），另一种知识，也叫技能，则意味着在需要的时候找到这些印象，并根据目的轻而易举地使用它们"（1729，vol.II，p.171）。有意思的是，这里的隐性知识，包含着熟练调用显性知识的能力。

普伦德加斯特（2014，p.105）说："曼德维尔似乎是第一个基于知识积累提出社会进化理论的学者，此处的知识，产生于经济活动过程之中，并在实践、程序、商品和技术中得到体现。"

曼德维尔还认识到了所谓的社会中的"意见划分"（division of

opinion)。谈到"画作评判者",他说:"鉴赏家之中有各种各样的派系,他们对于时代和国家的看法大多并不一致,最好的画也不总是价格最高。"(1729,vol.I,p.326)这些评判者当然是专家。这里有必要提一句,曼德维尔对这些人持怀疑态度。

我们看到,曼德维尔解释了知识的代际传递是如何改进"礼仪"的。对于曼德维尔来说,"礼仪准则"(Precepts of good Manners)无非是让他人能够接受我们的各种方法,用来使他人对我们的偏见尽可能少(1729,vol.II,p.147)。为了与他"善恶不分的理论"(licentious system,Smith 1759,VII.II.104)的整体精神保持一致,曼德维尔为这个看似快乐的想法,投下了黑暗的阴影。"礼仪和教养,"他挖苦地说,"通过训诫和榜样养成,这是种时髦的习惯,要我们奉承他人的骄傲和自私,并合宜巧妙地隐藏自己的骄傲和自私。"(1729,vol.II,p.69)

礼仪是相处的艺术。曼德维尔认为,这样的举止是不容易形成的。要"两到三个世纪"的经验积累,才能使礼仪达到"完美"(1729,vol.II,p.146)。商业塑造了谨慎、宜人的社交行为,然后缓慢演变,形成礼仪。因此,曼德维尔阐述了赫希曼(Hirschman 1977,pp.56-63)所讨论的温和的商业(doux commerce)这一理论。赫希曼解释说,这个术语"意味着礼貌、优雅的举止,对社会有益的行为"(p.62)。近年来,亨利希等人(Henrich et al. 2005)和平克(Pinker 2011)在实证上支撑了这一观点。温和的商业这一命题,包含一个知识的维度,至少曼德维尔给出的形式有这个维度。以亲社会的方式行事的知识,是在几代人的经验积累中慢慢形成的。我想补充一句,它主要以习惯的积累这种隐性形式存在。

7
曼德维尔之后的知识分工思想

从维科到马克思

我们已经看到,哈耶克将进化和自发秩序这对"孪生思想"归功于曼德维尔。詹巴蒂斯塔·维科(Giambattista Vico)与曼德维尔差不多生活在同一时代,他对自发秩序已有先见之明,也有人因此引用了他的思想。赫希曼(1977,p.17)指出,可以说维科的工作"包含"了"亚当·斯密'看不见的手'"。"但是",赫希曼警告说,关于它如何运作,维科"没有详述,我们仍面对一片黑暗"。此外,在《新科学》中,维科阐述了国家兴衰史的阶段论(1744,pp.509-535),同时将自然法归于天意(1744,pp.313-317),认为正是天意主宰了"共和国"和"人民的自然法"。因此,要进一步理解SELECT知识(即共生态、进化性、体外性、构件性、隐性的知识),维科似乎对我们没有帮助。

在《国富论》第一卷第一章中,亚当·斯密为知识分工给出了两种截然不同的解释。一方面，分工与"科学"有关：

> 在社会的进步过程中，哲学或思辨，与其他任何职业一样，成为特定阶层公民主要或唯一能选择的行业与职业。与其他职业一样，哲学也被细分为许多不同的分支，每一个分支都养活了一群人或一派哲学家；哲学和其他行业、职业细分，提高了熟练度，节省了时间。每个人在自己的特殊分支上都变得更加专业，于是总的来说，更多工作得以完成，同时，科学的门类也大大增加了。
>
> （I.1.9）

这段话似乎表明，思辨性知识是构件性知识的一个分支。皮尔特和利维（Peart and Levy 2005，p.4，n.1）说："在亚当·斯密的描述中，哲学是一种从普遍经验出发的**社会性**事业。"

关于以更不足道的形式存在的知识，斯密说："看看一个文明、发达的国家中最普通的一个技工或日工的各类用物，你会发现，这些人工作的一部分（尽管只是一小部分），就是生产各类用物。这样的人有多少，我们无法计算。"他详细介绍了为了生产这种"用物"，所需的许许多多身处各地的人，以及在不同地方进行的任务。他让我们考虑生产"羊毛外套"或玻璃窗"必备的各种知识和技术"。"如果我们仔细想，"他说，"考虑到每件事所需的各种劳动，我们应该明白，如果没有成千上万的人互相帮助、协作，文明国家中最贫贱的人，即使按我们的假想，也不可能得到日常最简单的用物。"（I.1.11）

斯密似乎认为，知识分工源于劳动分工。他指出，"所有那些极大地简化了劳动的机器，其发明似乎最初都源于劳动分工"（I.1.8）。通常来说，这些机器"最开始是普通工人的发明，这些工人每个人都负责一些非常简单的操作，于是他们自然而然地会去寻找更简单、更容易实现这些操作的方法"（I.1.8）。

斯密对劳动分工的讨论，从两个方面体现出他对知识分工有一定的理解。第一，他明确地表述出了"思辨"之中的认知分工。第二，他至少一定程度上理解了有关时间和环境的知识分散（例如商人和工匠就有这样的知识）。他说，复杂的劳动分工"我们无法计算"。

在斯密和曼德维尔的论述中，劳动分工的缓慢进化，逐渐塑造出了构件性知识。习惯、实践和经验，都在实用中检验了可行性，确保了构件性知识的可靠与有用。对曼德维尔来说，思辨在很大程度上是不可信的，尽管《寓言》本身就是一部思辨性的作品。斯密并未怀疑思辨，但他确实似乎视之为构件性知识的衍生物，依赖构件性知识而存在。

许多18世纪的思想家认识到，理性容易出错，意见常有分歧。和曼德维尔一样，他们也认识到了社会上的意见分歧。对社会中意见分歧的理解，似乎符合休谟在其《英国史》（*History of England*）（1778，vol.vi，p.541）中所表达的反笛卡儿主义。他将笛卡儿"机械论哲学"的成功归因于"人类天然的虚荣和好奇心"，而非机械论哲学任何可能的内在优点。

麦迪逊（Madison）在《联邦党人文集》第10篇中写道："只要人的理性依旧易出错，并且人可以自由地运用理性，那么一定会形成不同的观点。只要他的理性和自爱之间存在联系，他的观点和激情就会相互影响；前者将成为后者所依附的对象。"在《联邦党人文集》第 65 篇中，为了将参议院裁决弹劾案的职能与最高法院的刑事审判职能分开，汉密尔顿（Hamilton）提出了一个有趣的说法。他说，如果不分开，"难道就没有充分的理由认为，第一个审判中的错误是第二个审判中错误的根源吗？若有一个可能改变另一决定的新观点，难道前一个决定带来的强烈偏见，不会很容易消除新观点影响吗？"在这篇文章中，汉密尔顿说："完美的标准何在？谁能将整个社会中不一致的意见统一起来，使所有人都以这个标准来判断事情呢？谁能说服一个自命不凡的人放弃他那**绝对正确的**标准，转而接受**另一个更为自命不凡之人的绝对正确的标准**呢？"在《联邦党人文集》第 50 篇中，麦迪逊说："当人们冷静而自由地运用他们的理性，去回答各种不同的问题时，他们就不可避免地会就其中一些问题产生不同的观点。当他们被共同的激情支配时，他们的观点（如果可以这样叫）就会是相同的。"也就是说，我们发现，《联邦党人文集》的一些文章明确阐述了社会上的意见分歧，这些文章将分歧至少部分归因于人类理性的易错性和局限性。当然，这一观点会发展出对专家的怀疑态度。

欧文（Owen 1841）似乎抱怨起了知识分工，他说："迄今为止，对人的能力的教育限制了他们的自然能力（天赋），使他们面对一个最随机、最混乱，而且在每次变化后总是最复杂的系统时，最多只能对其某个小部分形成一些不协调的理解。"（p.36）他希望用一个有计划的系统来取代这种混乱。当前的社会"是在没有长远安排的情况下出现的"（p.40）。相比之下，他提议的系统，"将基于明确的、永恒的真理原则，每个部分将符合这些原则；整个体系的每一部分都精心设计，为人类带来利益，而不是邪恶"（p.40）。这种有计划的体系显然将消除知识分工。"创造出的新头脑"会"对所有人类官能可以理解的主题都有清晰和独特的想法"（p.39）。这种"新头脑"产生的想法将"彼此完全一致……且与所有确定的事实一致"（p.39），那么，想必欧文的系统也会将所有的意见分歧消除。

欧文对社会中知识分工和观点分歧的模糊看法，可能不仅与他对可能规划和实施一个新的、合理的、有益的系统的乐观想法有关，也与他假设所有有用的知识都是科学有关。他出版于 1841 年的书的副标题包含"当前的社会系统""源于我们祖先缺乏经验和持有粗糙的观念"这种说法。观念先出现，社会制度随后从这些观念中"进化出来"。知识进步，就是用科学取代"我们祖先的无知和早期的错误"（p.17），"真正知识的进步，取决于个人能否成功地发现足够数量的事实，为科学奠定真正的基础"（p.18）。欧文说："可能我们的祖先在一门科学定下来之前，就已经生活了很长一段时间；在这段时间里，所有人都仅受到他们想象力的直觉的引导和支配。"（p.18）

欧文并没有将思辨性知识视为构件性知识的衍生，而是认为所有"真正的知识"不仅是思辨的，而且是科学的。实际上，欧文无法想象一个累积的传统（an accumulated tradition）比社会上任何一个人都聪明。在科学出现之前，我们的祖先仅凭"他们想象力的直觉"生活，而这些"最初的想法……似乎在几乎所有事情上都是错误的"（p.18）。

在认为社会可以而且应该被理性规划的人之中，欧文是一位引人注目的代表。在休谟、斯密和哈耶克的传统中，累积的传统比我们个人更明智，不是因为我们不知何故变得比我们的祖先更愚蠢，而是因为我们现有的习惯和制度所包含的事实与经验太多了，多到不是任何理性规划过程能够驾驭的。所有的智慧都在系统之中，而不在建立系统之人的手中。然而，对欧文来说，所有的智慧都在建立系统之人的手中。

可以推测，罗伯特·穆迪（Robert Mudie 1840）之所以嘲笑知识分工是一种邪恶，是因为他拥有欧文那样的工程思维。穆迪不是一位重要的思想家。《牛津国家人物传记大辞典》说，他的"职业生涯不尽如人意，最终惨淡收场"。不过他生动地表达了一个常见的观点，即知识应该以某种方式统一起来：

> 诚然，就手工操作而言，技艺无论高低，都必须有劳动分工；但分工是一回事，是好事；而知识和思想的分工则是另一回事，是坏事；对所有职业来说，适当了解所有情况（甚至包括普遍被认为过于遥远而无须考虑的情况），都不会导致多么严重的错误、邪恶和损失。

（Mudie 1840，p.3）

我们不清楚马克思的观点与欧文和穆迪的观点有多相似。罗伊·巴斯卡（Roy Bhaskar 1991）说："马克思主义思想中的紧张感，例如实证主义和黑格尔主义、社会科学和历史哲学、马克思主义科学和批判（或人文主义、历史决定论）、唯物主义和辩证法等之间的紧张感，都源于马克思自己著作中的矛盾和矛盾倾向，这不言自明。"这些"矛盾倾向"，使得任何对于马克思关于知识分工想法的简单概述，都无法满足所有熟悉马克思的读者。然而，可以合理地说，马克思的历史唯物主义学说使得他比斯密更接近欧文的观点。

马克思关于历史唯物主义的"真正的意思"依旧有争议。他用"生产的经济条件的物质变换"对比了"法律、政治、宗教、美学或哲学——简言之，各种意识形态的形式。在这些意识形态中，人们意识到这种冲突，并进行斗争"（1859，p.13）。这种区别是下层结构（或底座）与上层建筑之间的区别。对于因果是由物质基础走向文化上层建筑，还是反其道行之，马克思主义学者没有达成一致意见。然而，马克思在1859年的总结性陈述，似乎表明因果大部分或全部是由基础指向上层建筑的：

> 在人类进行的社会生产中，人们进入了不可分割的、独立于他们意志的确定关系；这些生产关系与其物质生产力的一定发展阶段相对应。这些生产关系的总和构成了社会的经济结构，即真正的基础，在此之上出现了法律和政治上层建筑，这个基础与社会意识的具体形式相对应。物质生活的生产方式决定了生活的社会、政治和精神过程的一般特征。人的存在并非由他们的意识决定，相反，他们的社会存在决定了他们的意识。
>
> （p.12-13）

虽然这一观点与斯密或曼德维尔的观点相去甚远，但它仍然采用一种与他们早期著作相关的经济学视角。在曼德维尔、斯密和马克思的著作中，"生产关系"产生了思想。在曼德维尔和斯密的著作中，与其说劳动分工产生思想，不如说它是促进思想形成。（关于产生和促进形成之间的区别，参见 Koppl et al. 2015a，特别是第 12、13 页。）在马克思的理论中，这种生产关系是一种严格的因果关系。在曼德维尔、斯密和马克思的思想中，"生产关系"不断进化。在曼德维尔和斯密看来，进化过程是人类行为的非预期结果，它没有预定的终点。然而，在马克思看来，"物质"力量推动着进化过程，而且不可避免地会推动它走向一个必然的终点——现代无阶级社会。曼德维尔和斯密认为，人类对一个时代的认识，反映在这些进化的"生产关系"中。他们认为，由劳动分工产生或促成的思想，主要代表构件性知识，而非思辨性知识。马克思似乎认为，物质生产关系所产生的知识，是一种副产品（epiphenomenal）。而这种副产品知识是思辨性的，而非构件性的。在曼德维尔和斯密的理论中，劳动分工与支撑劳动分工的构件性知识之间，存在着复杂且不断进化的反馈回路。相反，在马克思看来，因果关系大多（如果不是全部）是从基础到上层建筑。

亚当·斯密说分工"无法计算"，他其实并不是在抱怨。相反，他将这个评论应用到任何"文明和繁荣的国家"中。这种无法计算的劳动分工在斯密看来是件好事，"正是由于劳动分工，所有应用各种技术的产品大量增加，在一个治理良好的社会中，这种普遍富裕往往延伸到最低阶层的人民"（I.1.10）。对于我们对劳动分工细节的无知，马克思似乎感到不太自在。

马克思（1867）抨击了"商品的神秘性"（p.82）。资本主义使人际关系看起来就像事物之间的关系（p.83）。这样的虚伪面目，可以归咎于商品化，"实用物品成为商品，只因为它们是个人或个人独立工作的团体的劳动产物"（pp.83-84）。"商品的神秘性"，即它们的"魔法和巫术"（p.87），只有在劳动分工得到计划、受到控制时，才会消失。"以物质生产过程为基础的社会生活过程，直到被自由联系的人视为生产，并由他们根据既定计划有意识地加以调节，其神秘面纱才会被揭开"（p.92）。但是，亚当·斯密说劳动分工"无法计算"，如果这句话是对的，那么劳动分工无比难懂。马克思所抨击的"抽象"市场关系，则是先进的劳动分工的必然特征。在这种情况下，必然存在专业知识和知识分工。

从门格尔到哈耶克

亚当·斯密主张劳动分工是"在一个治理良好的社会"中"普遍富裕往往延伸到最低阶层的人民"的主要原因，卡尔·门格尔对此进行了批判（1871，p.72）。劳动分工"应仅被视为极大地影响人类，使之从野蛮和苦难走向文明和财富的其中一个因素"（p.73）。门格尔声称，斯密完全忽略了真正重要的事情——"人类知识的进步"（p.74）。这种进步在于"对事物之间因果关系的认识不断增进"。门格尔认为，"人们越来越了解各种事物与人类福利之间的因果关系，越来越能控制影响人类福利的那些更加间接的条件，于是，人类从野蛮和最深重的苦难，走向文明和幸福的现阶段"（p.74）。

门格尔（1871）批评斯密忽视了"人类知识的进步"。然而，我们看到斯密说："所有那些极大地简化了劳动的机器，其发明似乎最初都源于劳动分工。"（1776，I.1.8）在斯密看来，知识的增长是劳动分工生产率提高的三个原因之一。因此，门格尔对斯密的解读是有误的。门格尔所推崇的知识，是关于"因果关系"的思辨性知识。这种知识具有客观性、一般性和明确性。门格尔式知识的客观性，反映在门格尔对"虚构商品"（imaginary goods）的否定上，即"它们的商品特征，仅来源于人们想象中它们会拥有的性质"，而不是它们真正拥有的性质，"或仅仅来源于人们想象中的需要"，而不是真实的人类需要（p.53）。

门格尔式的知识，与曼德维尔强调的习惯性知识，和哈耶克强调的"关于特定时间和地点的情形的知识"，都形成了鲜明对比。门格尔所推崇的知识，来源于"人们……研究事物在因果过程中相互组合的方式"（p.74）。在门格尔看来，这种知识改变了劳动分工，是劳动分工变化的原因。对于劳动分工可能会反过来导致这种知识发生变化的可能性，他则只字未提。就像欧文的观点一样，因果关系是单向的，从思辨性知识指向劳动分工。

博姆-巴沃克（Böhm-Bawerk 1888，p.15）所持观点，与门格尔几乎没有什么不同，可以推测，他的观点来源于门格尔。"人类思维"帮助我们大大提高了产量。"在研究事物的因果关系时，我们逐渐知道了形成所需商品的自然条件。"生产的构件性知识是一种思辨性知识，它并非源于积累至今的习惯，而是源于"对事物因果关系的研究"。

阿尔比恩·斯莫尔（Albion Small）是博姆-巴沃克作品的译者，斯莫尔似乎认为科学知识分工必然是一种罪恶。斯莫尔（1908）没有区分构件性知识和思辨性知识。他似乎认为，社会进步完全或几乎完全有赖于思辨性知识，或者说科学知识。随着"社会复杂性的上升"，实现"对人类各种关系的全面理解"变得"更加迫切"。他说:"越来越明显的是,如果科学只为当下而奋斗,如果它分解为几个部分,那么它不可能发展到极致。我们越来越清楚地看到,这样的趋势只能是智力发展中的一种辅助现象,因为所有创造性工作最终都不在于分解,而在于结合。"(p.437)

请注意,斯莫尔所呼吁的,并不是进行交流,然后再进行专业化。相反,他是在呼吁"综合"。他说:"劳动分工现在仅仅是一种技术手段,将来也永远只是一种技术手段。艺术和科学的所有完整性,都根植于统一。"(p.438)这种话似乎是为了消除对他这个观点的怀疑才说的。因此,对于斯莫尔,对于欧文和穆迪,知识分工是一种邪恶,需要克服。

我们不知怎样才能实现斯莫尔所说的"统一"。前面我们看到,亚当·斯密说分工"无法计算"。1776年就已经如此,到了1908年,计算能力和社会复杂性之间的差距一定更大。知识分布在整个社会分工之中,无法让所有人共享,没有人能够获取并处理如此多的知识、如此多的事实。

亨利·乔治(Henry George 1898)可能是现代经济学家中,首位将知识分工提升为政治经济学中一个明确独立的主题的学者。乔治解释说,当一个现代造船者"接到命令"时,"他不会派人进入森林,让一些人去砍伐橡树,一些人去砍伐黄松",等等(p. 389),他没有足够的知识,不能指导造船所需的无数行动步骤。"到目前为止,任何人用尽一生、绞尽脑汁,都无法完全掌握制造和装备现代帆船所需的各种知识,而且现在帆船已经被更为复杂的轮船淘汰。我怀疑,就算是在这件事情上见识最多的人,花够12个月的时间去学习,连说明白所需各种劳动分工的名称都费劲。"(p.390)这一知识上的洞见,意味着早在乔治的论著中,奥地利学派的那种观点(即在社会主义条件下,理性的经济规划是不可能实现的)就已经初见端倪(pp.391-401)。耶格尔(Yeager 1984)使我们开始关注乔治的论著中这些主题。

继乔治之后,路德维希·冯·米塞斯似乎是第一位将知识分工提升为政治经济学中心主题的现代经济学家。在1920年的论文《社会主义国家的经济计算》("Economic Calculation in the Socialist Commonwealth")中,米塞斯解释了为何即便所有工人始终为伟大事业而奋斗,社会主义经济的产出也无法与资本主义经济相比。他说,如果没有一个计算单位(即金钱),就不可能计算相对价值。你无法计算出多少只毛绒拖鞋值一个高炉的钱,除非你把它们都化为某个价值单位。换句话说,你需要钱。此外,要想反映毛绒拖鞋和高炉的相对稀缺性,它们各自的价值必须产生于分散的自愿交换。换句话说,你需要市场价格。米塞斯特别指出,你需要资本品的市场价格,粗略地说就是:有股票市场吗?(参见 Lachmann 1969, p.161。)这一观点引发了20世纪30年代和40年代的社会主义计算争论(the socialist calculation debate)。在阐述论点时,米塞斯明确认识到,推动劳动分工的知识是分散的,无法集中收集、集中计算。

米塞斯(1920,p.102)说:

> 单个人的思想,无论多么精明,总归太弱了,无法明白无数高阶商品(如高炉等资本品)中每种商品的重要性。没有一个人

能够掌握生产的所有可能性，这些数也数不清，没有人能够在没有某种计算系统的帮助下，直接对价值做出判断。一个社群中，人们参与生产经济产品的劳动，同时在经济上对这些产品感兴趣。对这些经济产品的管控，分散在这个社群中的不同人手中，这就牵涉一种脑力劳动分工（intellectual division of labor），而要是没有某种计算生产的系统，没有经济，这种分工根本不可能存在。

米塞斯对"脑力劳动分工"的洞察，为哈耶克的论述奠定了基础，后者在1937年的论文《经济学与知识》中发展了这一思想。哈耶克（1937，p.50）说："很明显，此处有一个知识分工的问题，这个问题与劳动分工问题非常相似，而且至少与劳动分工问题同等重要。虽然从我们这门科学发端以来，劳动分工问题一直是主要研究课题之一，但知识分工完全被忽视了。在我看来，知识分工问题才是经济学作为一门社会科学真正核心的问题。"在"知识分工"一词的一个脚注中，哈耶克引用了米塞斯的话（引用的是德语原文）（Mises 1932, p.101），写道："在以劳动分工为基础的社会中，产权的分配带来了一种精神劳动分工，没有这种精神劳动分工，经济和系统生产都不可能存在。"在1945年发表的《知识在社会中的使用》一文中，哈耶克澄清说，知识分工不仅适用于科学知识，也适用于"关于特定时间和地点的情形的知识"，在这方面，"实际上每个人比起其他人都有一些优势"（p.80），因为每个人都在劳动分工中有着独特地位。

因此，知识分工与劳动分工必然相关。这不仅仅是因为每个人都有自己专门的任务，还因为每个人都有自己的专门知识。如果劳动分工的每一个参与者都是这样，那么分散在各人手中的知识大多具有实用性、应用性和特殊性。只有一小部分知识是理论性的、精深的、崇高的。哈耶克强调，我们需要调用的知识都是局部的、特定的知识，而不是科学的、哲学的知识。

哈耶克之后

在阿尔弗雷德·舒茨 1932 年的著作《社会世界的现象学》(The Phenomenology of the Social World)中，知识分工思想并未明确出现。但是细想起来，这一思想似乎隐含在他对"知识的社会存量"的描述之中。不过，一直到哈耶克阐述了这一观点之后，舒茨才将它升格为一个独立的主题。也就是说，舒茨可能从米塞斯那里学到了知识分工的思想，但将其升格为独立主题，则是从哈耶克那里学到的。

随着时间的推移，舒茨对这一思想的理解可能日渐加深。舒茨的文章（1996）是对哈耶克的文章（1937）的评论。哈耶克这篇文章的观点出现于 1936 年，那时他刚刚在维也纳科学研究院的一次会议上提出他的观点（Wagner et al. 1996，p.93）。舒茨的评论，集中在假定的方法论问题上，即把未知知识归于模型的理想类型中。让舒茨感到困惑的似乎是，一个理论家可能会将知识归于他们自己都不能完全掌握的理想类型中。为此，舒茨似乎将一个理想类型从经济理论的世界取出，放到了"日常经济生活"中（Schutz 1996，p.104）。舒茨将这个假定的问题与蚁丘问题联系起来。"我们不应感到惊讶的是，这种理想类型在想象中参与到社会关系之中，现在以惊人的和谐掌握着这种知识",以确保实现"经济平衡。事实上,这种美妙的和谐是预先建立起来的——由贤明的经济学家设计,他以莱布尼茨想象造物主上帝创造世界的方式,设计了整个机器及其部件"(1996,p.103)。理论家"是知道整场表演的唯一一人"(1996,p.103)。这个时候,舒茨似乎还没有意识到知识分工对社会科学的重要性。然而,他后来的陈述,表明他已经更好地意识到了知识分工的重要性。

在 1953 年发表的论文《人类行为的常识和科学解释》中,他说:

> 知识的社会分布问题并未引起社会科学家应有的注意,只有一些经济学家(如哈耶克)关注了它。这个问题开辟了一个理论和实证研究的新领域,这个领域才是名副其实的知识社会学。现在占用知识社会学这个名头的,是一个定义不清的学科,它只把知识的社会分布视作理所当然,将其作为学科的基础。
>
> (1953,p.15,n.29a)

舒茨谈到"知识的社会分布",还说知识是"分布在社会中的"。他指出,知识社会学考虑了这个话题,但"其角度仅仅是形成真理的意识形态基础……或者是教育的社会意义,又或是知识人的社会角色。研究了这个问题许多其他理论方面的,是经济学家和哲学家,而不是社会学家"(Schutz 1959,p.149,转引自 Berger and Luckmann 1966,p.16)。伯格和卢克曼的理论基础,是舒茨"知识的社会分布"这一概念,而这一概念又似乎来自哈耶克。

我认为,哈耶克真正洞察到的,是知识分工的重要性,而不是不同人知道不同事这个琐碎而明显的事实。然而，我们可以找到一些说法，否认知识分工的必要性，甚至在某些情况下否认知识的存在。白瑞华（Roswell Sessoms Britton）就提供了一个例子。1930年开始，他就在纽约大学任中文和数学助理教授，一直到他1951年去世（Shavit 1990）。白瑞华的中国报纸史（Britton 1933）研究成果被称为"先锋作品"（Walravens 2006, p.159）。白瑞华（1934）说，1830年"中国有劳动分工，但没有知识分工。科学方法和所有技术的进步，使得西方的知识被分割开来，使得我们的教育和新闻被部门化。现在中国也如此"（p.188）。白瑞华指的是思辨性知识，他似乎对构件性知识和思辨性知识之间的区别不太敏感。

从我们的观点来看，白瑞华说中国那时没有知识分工，似乎十分荒谬。然而，这一说法反映出白瑞华未能区分构件性知识和思辨性知识。因此，在我们的观点中，关于知识是什么、什么算"知识"的最基本的想法，很容易让哈耶克式的知识分工模糊不清。哲学中将"知识"定义为"正当的真实信仰"，使得人们很难将技能、习惯和错误视为"知识"。因此，人们也就很难承认哈耶克式知识分工的存在。

福克斯（Fox 1978）在就任东方社会学学会主席的演讲中，表达了对比利时知识分工的悲观看法，认为这阻碍了比利时社会的信息流动。"特殊主义和地方主义，伴随它们而来的既得利益和谨慎多疑，以及许多比利时组织那种精细的知识和劳动分工，都趋向于控制、限制或阻碍系统中信息的存在、流通和获取。"（pp.217-218）福克斯认为，信息流动不畅和信息共享不足的问题，是"社会的普遍特征，基于此，才需要中介机构作为侦探、诊断师、信息传递者来提供其关键服务"（p.218）。福克斯似乎将信息和知识等同了起来，这似乎表明，他对隐性知识和积累起来的习惯并不敏感。赫伯特·西蒙（Herbert Simon 1962）强调了一种信息过载，这种信息过载的产生原因是试图在组织或系统内共享信息，试图保持合作单位之间的沟通。福克斯似乎没有意识到组织内部需要有组织的知识分工，而且似乎认为"知识分工"是一件坏事。我们还要注意，因为"信息"可以通过交流来传达，所以它是一种明确的知识形式。因此，福克斯似乎忽视了隐性知识在维持组织以及社会分工中的重要性。

安德森（Anderson 1973）的观点属于结构主义马克思主义，他批评了知识分工，因为知识分工将学术研究划分为不同学科，"知识分工对于统治者来说是一种有用的控制机制"（p.3）。马克思主义社会科学家必须突破"表象"、揭示"本质"。他说："在社会科学中，资本主义的拜物教要求，如果要看到本质，就必须摧毁表象。"（p.2）安德森忽略了构件性知识，重点关注"意识形态"，因为后者"在劳动分工中具有历史基础"（p.2）。邓肯和莱伊（Duncan and Ley 1982）批评性地评论了这段话，他们解释说，这一评论并不意味着"统治者"正在"试图操纵知识，从而控制人们"（p.40）。这是一个结构性的结果。"再有，"邓肯和莱伊谴责道，"显然，系统才是主体，它通过无意识的代理人，来实现自身的功能目标。"（p.40）

当然，社会中的知识分工意味着"信息不对称"。专家的经济理论，可能受益于信息不对称模型。公平地说，信息不对称通常被认为是不好的。人们通常认为这是一种市场缺陷，必须加以克服，也许需要一个仁慈的政府来帮忙。举一个突出的例子，阿克洛夫（1970）

说,当一个市场中有"不同等级的商品",且需求方无法轻易区分这些商品的等级时,"可能就会存在反常"(p.490)。他确实写了一小段关于"抵消制度"(counteracting institutions)的内容,比如产品保修(pp.499-500)。然而,这篇文章的大部分内容都是关于不对称信息造成的"反常"。但知识分工和劳动分工必然联系在一起。因此,它是好的,不是坏的。它会不好,是因为被拿去跟一个想象的世界比较。在这个想象的世界中,所有实用知识,都可以用语言和数学符号表达,能够迅速传播给每个人,而且每个参与合作的人,都有超人的心智能力,能够吸收和处理所有这些信息。但这样一个想象的世界,是一个太虚幻境。我们生活在不完美的经验世界里,而那个想象的世界离人类的经验太远了,远到对我们可能做出的任何决定来说,都无关紧要。

盖特伍德(Gatewood 1983)意识到了"知识的社会分工"(p.384),并将其与劳动分工联系起来(p.385)。但是,他忽视了隐性知识,以及贸易在部署分散的知识中的作用。盖特伍德说,有两种方式可以将信息"储存在生物体自身的外部":信息可以存储在"人工制品"中,如"书籍、磁带和光盘",也可以"通过知识的社会分工"得以存储,"而知识的社会分工又取决于能否获取储存在其他生物体中的信息"(p.384)。在这种观点中,语言和劳动分工通过知识的社会分工,使得储存体外信息成为可能(p.385)。然而,盖特伍德认为,只有通过从一方到另一方的语言信息交流,体外信息存储才有用。因此,他将习惯和隐性知识排除在知识的社会分工之外。

盖特伍德似乎没有意识到价格信号传递信息的潜力。他认为,有效部署分散的知识的途径,似乎只有谈话。但贸易也能部署分散的知识。当然，价格传递的信息是相对稀缺性，不过这种信息传递并不完美。虽然语言和价格之间有相似之处，但我们应该将"货币交换视为一种语言外的社会交流过程"（Horwitz 1992）。

鲁本、斯特拉德勒和瓦瑟拉姆（Luban, Strudler, and Wasseram 1992）指出"劳动分工同样是一种知识分工"，他们将"现代官僚机构和其他大型组织中的知识碎片化"视为一个道德问题。他们明确阐述了"调查义务"（p.2355）。例如，大公司的员工有义务"发现……其他员工正在用他们的工作成果做什么"（p.2383）。他们必须"尽最大努力获取他们所缺乏的知识"（p.2384）。他们有义务不伤害他人，这个义务似乎意味着，他们也有义务了解造成这种伤害的方式。然而，正如鲁本等人可能认识到的那样，这项义务是模糊的，因为我们无法获得所有相关知识，我们没有明确的客观标准，来衡量多少"调查"才算足够。至少在一些段落中，鲁本等人似乎认为，调查义务给人施加了很重的责任。他们说："由于企业或官僚组织中的分工和知识碎片化可能会带来巨大的伤害，员工不仅要不做坏事，可能还要承担更高的义务。他们必须观察和倾听坏事，并试图在发现坏事时加以阻止。"（p.2383）但是，由于西蒙（1962）所探讨的种种原因，如果将调查义务上升到他们希望达到的高度，劳动分工就可能变得运转不灵。因此，在这里，我们再次看到，知识分工在很大程度上是一个负面说法，很少有人认识到它在社会中的有益作用，也很少有人认识到，我们不可能通过教育、交流或其他手段消除知识分工。

本章所涉是知识的社会分工。我强调过，知识是共生态的、进化的、体外的、构件性的、隐性的。我认为，我的文献调研支持这样一种说法：知识分散这种哈耶克式观点并不普遍，至少没有普遍到大家都习以为常。我没有试图调查更关注个人知识和认知的相关著作，也没有试图调查关于人类知识本质的哲学讨论。

20世纪和21世纪的一些作者对人类知识表达了类似的观点。维特根斯坦的语言游戏这一概念可能是最突出的例子。我认为，合理地说，大多数关于语言游戏的论述，包括维特根斯坦自己的论述，都不考虑语言游戏的起源和进化。哈钦斯（Hutchins 1991，1995）提出了"分布式认知"（distributed cognition）的观点，这是另一个例子。哲学中的自然主义认识论有可能会提出知识的共生态维度。达戈斯蒂诺（D'Agostino 2009）可能是这一趋势的最佳代表。戈德曼（2010）也很有启发性。哲学和认知神经科学中关于"外部性"的文献都探讨了知识的体外性维度。克拉克和查默斯（Clark and Chalmers，1998）在哈钦斯和最近认知科学成果的基础上，提出思维超越了"皮肤和头骨"。总的来说，不止一类大型文献与我忽略的那部分SELECT知识有关。不过，我这一章和上一章（第6章）的写作目的，是综述关于知识的社会分布的观点，而不是综述认知科学或哲学观点。

我调研的结果是，SELECT知识这一想法，并未对人的科学和社会科学产生很大的影响，包括经济学在内。哈耶克的文章（1945）经常被引用，但是一般情况下，引用都局限在不同人知道不同事这一平庸观点上。但是，认真看待SELECT知识，能促使我们走向更彻底的知识经济学，对专家的经济理论有所启发，也对相应的各种应用问题都有启发，比如中央计划的有效性、刑事司法系统中的误判以及经济停滞的原因。

第三部分

信息选择理论

8
专家意见的供求

研究专家的经济学视角

经济学理论能够得出不同的市场结构可能导致什么结果，这些结果可能出乎我们的意料。例如，租金管制作为压低房价的手段常常备受吹捧。但出乎意料的是，一般的经济学理论表明，租金管制会使房价变得**更难为人所接受**。（经验证据似乎支持经济学理论得出的结论，相关理论和证据可见 Coyne and Coyne 2015。）新闻记者之流在谈及这种意外结果时，经常提到"非预期后果法则"（the law of unintended consequences）这个说法。专家经济学理论中也有这样的意外结果。

许多人认为专家可靠且诚实。专家失灵时，有人会呼吁对其进行监督或"管制"。然而，我们很少关注如何利用专家意见市场结构来解决问题。事实上我们需要这么做。我们常常从阶级的角度看待专家，然而实际上应该从交易的角度看待他们。不同的市场结构会导致不同的结果。主流或主线经济学通常认为竞争带来的结果更好，垄断则不好。专家意见市场也是如此。但细节很重要。"竞争"和"垄断"是两个很空洞的词，我们不能简单地套用这两个词，然后评判孰好孰坏。但是专家意见市场跟其他市场一样，竞争通常比其他情况下的结果更好。

在一个竞争性的专家意见市场中，专家的专业知识带来的回报，会趋近于调整后的正常回报率，用来调整回报率的因素包括风险，也包括获得或使用知识的代价或满足感。进入限制（entry restriction）会提高专家的专业知识回报率，并提高专家的垄断力量（以需求弹性来衡量）。在第11章中我会提到，像美国医学会（American Medical Association）之类的专业组织可能会限制外人进入该行业，这会减少此类专业人员的供给，并提高其专业意见的价格。

经济学家经常通过效率来判断市场好坏。高效很好，浪费不好，但肯定也有例外情况，比如刺客市场有效率可能不是件好事。当效率是唯一重要的东西时，结果也不会好。公平很重要，现如今经济学家不会忽视公平。（参见 Smith 2003；Henrich et al. 2005；Smith 2009；Henrich et al. 2010。）效率是一个规范性标准，它非常重要，经常被经济学家用到。不过，专家经济学理论却几乎完全不考虑**效率**，转而关注**真实性**（veracity）。真实是件好事，虚伪则不然。尽管规范性标准变了，但对于专家意见市场，前文回顾的竞争这个经济学概念同样适用。

识别商品并定义专家

对于一个专家经济学理论，必须先指明交易的商品是什么。我们已经知道，过去的思想家根据专业知识定义专家——除了那些研究法庭上专家证人的学者。然而，专业知识不是商品，专家的人力资本才是，这是专家意见的来源。专家的专业知识不能用来出售。因此，在专家经济学理论中，商品指的是专家的**意见**。

专家经济学理论是专家意见的供求理论。专家意见这种商品有其特质，正是这些特质使专家意见与其他商品区分开来。但是这个市场的**参与者**并不特殊。专家也是人，在提供意见的时候，专家作为人的特质并不会改变。

与其他人类行为领域中的人相比，面对同样的激励时，专家的反应与他们并无不同。利维和皮尔特将这种原则称为"分析平等主义"，并在分析"政策制定者和对政策产生影响的专家"时应用了这种原则（2017，p.7）。他们说："我们用'分析平等主义'一词来描述如下假定：人们都是大致相同的复杂的利益结合体。"（2017，p.7）

专家不太可能是留着卷曲胡子的恶魔，但也不太可能是人民公仆，不太可能为公共利益无私服务。举个例子，专家可能会因为同情客户而产生偏向性，这样的偏向性可能来自我们推崇的人类品质，但却会导致专家意见与公共利益相背离。有一个老生常谈的观点：专家只是普通人；他们是人，不是来自其他世界的生物。严格遵循这一观点，有助于我们得出关于专家的结论，无论所得的结论是否出乎意料、违背直觉。

信息选择理论

专家经济学理论背后的逻辑是公共选择理论。1962年出版的《同意的计算》初步阐释了公共选择理论。在书中，布坎南和塔洛克假设，"参与市场活动和政治活动时，普通的个体在所有价值尺度上都是相同的"（1962，p.19）。也就是说，在经济和政治交易中，所有人都一样。专家经济学沿用了这一基本理念，假设专家和普通人有着相同的动机。我们尤其应该抛弃专家不为名利，一心探索真理的观念（Peart and Levy 2005，pp.87-88）。对于专家经济学，布坎南在公共选择方面的观点同样适用。他指出："公共选择并非源于什么深刻的新见解。"它"与詹姆斯·麦迪逊（James Madison）的思想相比，对于人性的假设几乎没有什么不同"，甚至跟"18世纪的重要科学智慧"（到20世纪中叶基本已经"消失"了）差不多（Buchanan 2003，pp.11-12）。用布坎南的话说，专家经济学与公共选择理论一样，包含了对18世纪智慧的重新发现。它所做的，不过是在对专家的分析和评估中，囊括了对这种智慧及其影响的重新发现而已。

专家经济学与公共选择理论很相似，所以我们称之为**信息选择理论**（information choice theory）。专家要选择向其他人提供什么**信息**。公共选择理论涵盖了政府失灵的理论，信息选择理论也同样涵盖了**专家失灵**的理论。换句话讲，信息选择理论帮助我们理解这么一件事：我们依赖专家，但可能无法得到我们想要或者期望的结果。这个理论也有助于我们判断专家（根据第2章的定义）是否"可靠"，普通人是否"有能力"。

信息选择理论表明，相比竞争，专业知识垄断造成知识系统表现更差。它同时也指出，除了专家数量，还有许多变量影响知识系统的表现，包括冗余、"共生态冗余"（定义见第9章）、专家错误之间的关联结构，以及专家进入和退出的条件。有些模型天真地假设专家"客观"，信息选择理论不使用这样的模型，而是使用供需模型。在供需模型中，可以利用竞争专家之间相反的利益，得到更好的知识成果。我将在第10章和第11章建构专家失灵理论。

"信息选择"一词意味着，学者应认识到专家是在经过选择之后，才将信息传达出去。这一点在很多模型中都有提到，例如信息不对称模型、委托代理模型、信号博弈和信息传递模型。然而，经济学家等学者并非总是遵循这个观点。利维在独立发表的文章（2001）以及与皮尔特合作发表的文章（2005）中指出，经济学家通常会做出这样的假设：其他经济学家的目的纯粹是探索真理。在之前的章节中，我们了解到专家有时会被过誉，被描绘成一个不受一般激励影响的人。

在信息选择理论中，任何一个人，只要是通过提出意见来获取报酬，都算是"专家"。经济学家、法庭科学家和统计学家都是专家，但赛车手就不是。我对专家的定义说明，追求利益的企业中的企业家并不是专家。虽然企业家的成果也得益于他/她的意见，但是企业家的功能与专家的作用不一样，他们并非对方的另一面，也并非对方的一个子集。企业家因产出而获得报酬。举例来说，年轻的乔布斯获得报酬，是因为他生产的计算机，而不是他关于数字技术未来的看法。虽然说，如果乔布斯在数字技术方面没有先见之明，他就不会联合创立苹果公司，但他获得的报酬确实是来自他生产的计算机。专家就不一样，他们是根据自己的意见获得报酬的。

诚实的错误和故意欺诈

利用经济学来理解专家，对经济学家是有帮助的，这能使他们更好地理解自己关注较少的领域。例如，许多法庭科学文献认为，法庭科学家要么在纯粹地追求真相，要么就是在故意欺诈。在法庭科学领域中，有一篇研究观察者效应的重要文章，文中赖辛格等（Risinger et al. 2002）区分了故意欺诈与无意的偏见："根据其他研究，检察官可能故意改变意见，伪造一致的结果，但我们不考虑这种情况。这种做法是对司法系统的蓄意欺诈，我们有适当的方式来处理这种行为。"（p.38）对于这种鲜明的区分，信息选择理论提出了挑战。

信息选择理论告诉我们，在某种程度上，"'诚实的错误'与故意欺诈之间的界限并不明确"，因为"我们的心理状态在从无私的客观，转变为无意的偏见，再到故意的欺诈时，并没有明显的界限"（Koppl 2005a p.265）。专家有很多种方式将偏见带到工作中。专家可能对自己所用的技术一知半解，甚至完全不了解。当激励导致专家犯下诚实的错误时，犯错的人很可能知道他们受到了什么激励。如果这个人能够意识到自己受到激励，但不知道激励改变了自己的观念，那么他犯的错误可能是"诚实的"。如果这个人低估了激励的影响，从而没能完全消除这种影响，那么这种错误也可能是"诚实的"。

很多认知都会因为受到激励而改变。例如，对于两枚指纹，一枚来源已知，一枚未知，检查人员可能注意不到两者之间的细微差别。

在使用实验数据之前,研究人员必须检查实验方案是否会导致偏差。如果实验结果令人失望,他们会更加细致彻底地检查一遍。在进行检查时,如果科学家没有意识到这种不对称性,就算他们希望结果无偏,结果也不会真的无偏。

如果激励会导致"诚实的"错误,我们就应该意识到,专家会选择他所要分享的信息,也应该意识到,激励会影响他们的选择。

专家经济学填补了一个空缺

所谓信息选择理论,是将熟悉的经济学逻辑应用在专家和专业知识的问题上,这些问题相对简单直接。迄今为止,皮尔特和利维对专家经济学理论的阐述最为完整(Feigenbaum and Levy 1993,1996;Levy 2001;Peart and Levy 2005;Levy and Peart 2007,2008a,2008b,2010;Levy et al. 2010;Levy and Peart 2017)。我和我的共同作者探讨了比较制度分析和机制设计问题,这两者都与信息选择有关(Koppl 2005a,2005b;Koppl,Kurzban,and Kobilinsky 2008;Cowan and Koppl 2011,2010)。米尔格罗姆和罗伯茨(1986)、弗罗布和小林(Froeb and Kobayashi 1996)、费根鲍姆和利维(Feigenbaum and Levy 1996)、惠特曼和克普尔(Whitman and Koppl 2010)都研究了信息选择模型。萨哈和施蒂格利茨(Sah and Stiglitz 1986)的研究不属于信息选择模型,至于为什么,克普尔(2012b,pp.177-178)进行了解释。

对于信息选择理论,米尔格罗姆和罗伯茨(1986)给出了一个经典模型。作者探讨了这样一种情况：存在一个天真的信息接收者，他面对相互竞争的信息提供者。他们（1986，p. 25）写道："要研究的问题是：在什么样的情况下，信息提供者之间的竞争有助于保护不成熟且掌握信息较少的决策者免受信息提供者利己动机的影响。"如果竞争者的利益"完全相反"（例如普通法国家的民事审判），即使一个信息接收者是天真的，他也能够做出完全信息决策。具体而言，如果存在一对备选信息 d 和 d'，信息接收者要在其中进行选择。这两个信息带来的利益完全相反，而两个信息提供者分别偏好其中一个。此时，接收者选择不同的信息，给专家带来的利益是完全相反的。如果信息提供者互相竞争，且利益完全相反，那么任意一方都有额外提供信息的激励。假设在某一刻，透露给接收者的信息无法导向完全信息选择（full-information choice）d*，而是导向了另一种选择 d_0。因为利益完全相反，如果某个信息提供者相比 d* 更加偏好 d_0，那么这个人就有透露更多信息的激励。即使决策者很天真，竞争的存在也确保他能够做出完全信息决策。

米尔格罗姆和罗伯茨的模型说明，专家之间的竞争不会使事情越变越糟（Koppl and Cowan 2010），而且竞争也会影响专家**选择**分享什么**信息**。他们的结论揭示了竞争专家利益相反所带来的知识价值。

费根鲍姆和利维（1996）也研究了一个标准的信息选择模型，他们想象存在一个有偏见的研究者，这个研究者正在估计随机变量的"集中趋势"。他们考虑了两种情况，一种情况是研究者希望得到的数字越大越好，另一种情况与此相反。研究者会使用多种估计量，并报告最符合自己偏见的结果。费根鲍姆和利维（1996）以几个对称分布的数据类型为例，进行了模拟研究。为了计算每种分布的"集中趋势"，他们运用了四种方式，分别是"均值、中列数、中位数和20%截尾均值"（p.269）。（20%截尾均值的估计方法是：截去数据中最大和最小20%的值，再计算剩余数据的平均值。）在估计对称分布的均值时，每种方法都是无偏的。但是，费根鲍姆和利维（1996）详细地说明，如果同时使用所有方法，却只报告符合研究者偏好的结果，那结果肯定是有偏的。

费根鲍姆和利维（1996）的研究表明，有偏见的专家不一定存在欺诈行为。为了支撑自己的偏见，专家会有策略地选择要报告的结果。

惠特曼和克普尔（2010）给出了一个理性选择模型，用来研究垄断专家。在他们的模型中，在犯罪现场的证据模棱两可的情况下，垄断的法庭科学家要做出决定，即是否给出证据与嫌疑人"匹配"的结论。（二元选择的假设是一种简化处理方式。在法庭科学的实践中，相比"个别性"、"联系"和"一致"等词，"匹配"一词用得较少。）因为证据模棱两可，法庭科学家必须做出**选择**，选择是否要断定结果与嫌疑人匹配。也就是说，法庭科学家也需要**选择**传达怎样的**信息**——他/她需要选择报告"匹配"还是"不匹配"。惠特曼和克普尔指出，如果一个人是贝叶斯理性的，就会受到法庭科学鉴定结果的影响，受自己对有罪概率的先验估计的影响，也会受错判无辜者的负效用和将罪犯绳之以法的正效用之间的比值的影响。在某些情况下，先验知识和效用会影响法庭鉴定结果，导致这个结果跟专家表达的意见不同。他们也意识到，制度因素对先验知识和效用的影响很大。例如，如果法庭科学家在警局工作，他对嫌疑人有罪的先验信念会更强，同时，对这种人来说，错判无辜者产生的负效用，往往大于将罪犯绳之以法带来的正效用。即使专家是完全"理性"的贝叶斯决策者，制度结构也会导致偏见。

如果专家通过提出意见来获得报酬，他们就是付款者的代理人，或者说委托人的代理人。因此，对于专家这一主题，经济学文献大多在委托代理模型中进行讨论。然而，我们应该将委托代理模型与信息选择理论区分开来。在罗斯（Ross 1973）的规范模型中，委托人无法观察到代理人的行动，但可以观察到行动的结果，这个结果取决于风险与代理人的行动。对于代理人并非专家的情况，这个模型明显也适用。例如，工人根据劳动成果获取佣金或计件工资，而非通过提出意见获得报酬。可是，罗斯假设行动结果可以观察到，这一点并不一定适用于专家作为代理人的情况。举个例子，假如医生告诉我，如果不吃他的药，我明天就会死，于是我吃了药，活过了这一天。可就算我活了下来，我还是无法就此判断这个医生究竟是骗子还是神医。

对于经济学家提出专业意见的情形，相似的逻辑也同样适用。经济学家一直在争论《2009年美国复苏与再投资法案》是否有效。争论主要集中在凯恩斯乘数的大小上，经济学家对此意见不一。如果乘数太小，刺激计划就起不了作用；如果乘数足够大，刺激计划就能防止产出和就业进一步下滑。但此法案的确切结果根本观察不到。

在上述例子中，委托人的身份和偏好可能有些模糊。然而，在其他情况下，雇用专家很明显是要他们提供正确信息，但他们提供的信息是否正确，要么根本无法证实，要么委托人得付出巨大的代价才能证实。布兰登·梅菲尔德（Brandon Mayfield）的例子说明了这一点。在2004年3月11日马德里火车爆炸案中,布兰登·梅菲尔德是重要证人,却遭到逮捕。FBI对犯罪现场的一枚指纹进行鉴定,"100%识别"出指纹属于梅菲尔德,并逮捕了他(OIG 2006,pp.64和67-68)。梅菲尔德的律师请求获取独立机构的鉴定意见,而法院也同意支付辩方指定的鉴定机构所需的费用(OIG 2006,pp.74)。这个鉴定机构得到的结果与FBI的结果相同,也证明犯罪现场的指纹属于梅菲尔德(OIG 2006,pp.80)。然而,西班牙当局却指出这枚指纹属于另一个人。最终的结果表明,西班牙当局是对的,FBI搞错了。于是,FBI撤回了鉴定结果,声明这枚指纹"无法用于身份识别"(OIG 2006,pp.82-88),释放了梅菲尔德,并发布了道歉声明(OIG 2006,pp.88-89)。在本案中,进行指纹鉴定的第三方机构是辩方的代理人,而辩方无法挑战或质疑代理人提供的信息。要是西班牙当局没有偶然发现犯罪现场的指纹可能属于另一个人,那么鉴定人员的错误或许就无法暴露出来了。

对于标准委托代理模型和信息选择模型,布兰登·梅菲尔德的例子说明了两者的差异。罗斯(1973)指出,代理人的行动和结果是两回事。如果代理人是专家,可观察的专家行动结果是代理人行为的一部分,与代理人的行为无法分割。虽然如此,但如果委托人不具备代理人的专业知识,也就无法监督代理人。因此,委托人很难根据结果评估代理人的行为。正如梅菲尔德一案所示,如果专家之间的错误或不准确相互关联,那么就算其他专家也给出了意见,委托人监督的困难依旧无法得到解决。前面我们讨论过米尔格罗姆和罗伯茨(1986)的模型,他们的模型说明,如果利益相反的专家之间存在竞争,那么第三方会更容易判断专家意见的正误。

相比标准委托代理模型，信息选择理论对专家的易错性更敏感。它做出了一个略带创新性的假设：激励会导致专家犯错，包括"诚实"的错误。信息选择理论还关注标准委托代理模型不曾涉及的四种动机，即认同感（identity）、同情（sympathy）、认可（approbation）以及追求好评（praiseworthiness）。最后还有一点，信息选择理论没有假定委托代理制度的结构拥有独立性。相反，该理论认识到，在更大的制度环境下，专家之间可能会存在竞争，但程度和形式不同。在实证和规范两方面，信息理论明确探讨了所谓的"专业知识生态"。

信息选择模型常常假定信息不对称。但需要指出，信息选择和信息不对称是两件不同的事。信息不对称模型中可能没有专家，但信息选择模型可能存在信息不对称的情况。在阿克洛夫（Akerlof 1970）的二手车市场模型中，二手车车主拥有潜在买家获取不到的信息。但车主不是专家，因为他们并非通过提出意见获得报酬，而是通过卖车来赚钱。潜在买家知道二手车的次品率，但没有信息表明具体某辆二手车是好是坏。也就是说，阿克洛夫的基本模型中不存在专家，因此不属于信息选择理论。体育赛事的裁判不一定拥有不对称的信息，因为可以对赛事进行录制并及时回放，实现近距离判罚，并且这种做法成本不高，所以信息会更加对称。尽管如此，我们还是向裁判支付报酬，让他们就得分还是犯规提出专业意见。对于有争议的事实和解决争议的规则，仲裁员不一定拥有不对称信息，但他们作为专家，提出对双方都具有约束力的意见，并获得报酬。因此，信息选择不意味着一定存在信息不对称。但是，在大多数信息选择模型中，专家都拥有不对称的信息。例如，医生作为专家拥有不对称的知识，而病人购买的是医疗服务和医疗建议的结合体。

专家意见通常是一种"信任品"，达比和卡尔尼（Darby and Karni 1973, p.6）将其定义为"无法在正常使用中评估"质量的商品。然而，裁判的例子表明，专家意见可能会受到"正常使用中的评估"的影响。因此，即便信任品模型能用在信息选择理论中，两个模型类别也不同。研究信任品的文献分析了许多案例。比方说，在修理汽车时，对问题进行诊断和处理的是同一方。此时问题就在于，提供服务的人是否会推荐不必要且昂贵的处理方式。达比和卡尔尼（1973）发现，市场机制（例如标价）可以降低利用信任品进行欺诈的风险，但不能消除这种风险。他们认为"在普遍存在蓄意欺骗的市场中，政府的干预"不一定有效，因为"与私人评估人员相同，政府的评估人员也会面对同样的成本和诱惑"（p.87）。埃蒙斯（Emons 1997, 2001）发现，无论市场是竞争还是垄断，总会存在无欺诈行为的均衡。杜莱克和克施巴默（Dulleck and Kerschbamer 2006）提出了一个模型，得到的结果与之前的文献相同。这些文献表明，无论在垄断还是竞争的情况下，欺骗和过度处理的情况都比我们直觉预期的要少。

专家意见的需求

专家意见的需求有很多来源。如果声誉机制（reputational mechanisms）或口碑不能满足需要，家庭可能就需要专家的意见。通过口碑传播的信息和专家意见相似，但它不是一种明确的回报，更像是礼物交换（gift exchange）。(Mauss 1925 是关于礼物交换的一篇经典研究，其他实验性研究可见 McCabe et al. 2001 和 Henrich et al. 2005。）我把自己对不同屠夫的评价告诉你，你把你对不同面包师的评价告诉我，我们共享各自的意见。一旦这种获取信息的方式不够令人满意，寻求信息的人可能就需要专家的意见。可以推测，群体规模的扩大会加剧这类不满意。传言所提供的信息，或许能满足一个 100~200 人的群体，艾洛和邓巴（Aiello and Dunbar 1992，p.185）认为，这样的群体规模是现代人类语言产生的基础。但在人数相对较少时（比如在城市社区中），这种信息共享模式也能发挥作用。

曾几何时，电影评论家会提出专家意见，向观众推荐他们可能喜欢的电影。但对于观众来说，烂番茄这类信息汇集平台已经部分取代了评论家的作用。一般情况下，信息汇集服务有时可以替代付费的专家意见。

企业也需要专家意见。我在第 2 章中提过，管理者在很多方面都需要专家意见，例如工程、会计和金融。这些专家通常是行业组织的一员，受行业标准和行业道德约束。朗格诺瓦（Langlois 2002，p.19-20）指出，市场经济中劳动分工存在模块化结构。生产的模块化对应知识的模块化，这是会计等行业出现的背景。企业经理通过征求不同专业人士的意见，来利用这种模块化知识。这些专业人士对他们的客户或雇主负责，但也应遵守专业协会颁布的（无论好坏）知识和道德标准。

企业和家庭都面临着不确定的未来。克普尔等（2015a）将"偏好市场"（Earl and Potts 2004）和"新品捆绑"（Potts 2012）的概念拓展为"新品中介",并对此进行讨论。克普尔等人(2015b,p.62)说:"波茨(2012)与厄尔和波茨(2004)的研究认为,某些企业知道最近出现的创新,而零售消费者不知道。企业通过建议消费者购买某些组合,或提供一些展示某些组合的产品,来告知消费者。"相反,克普尔等人(2015a)的分析说明,"中间人知道在公司生产过程中,哪些**投入**组合可能产生新的**发现**"(2015b,p.62),以及这些发现会带来什么创新。

当然最后要提到,政府也可能需要专家意见。就像我提到过的,美国的进步主义运动实际上是想建立专家的统治(Wilson 1887;Leonard 2016)。但即便是更加自由和民主的政权,政府也会依赖法律、军事战略、谍报等方面的专家。

对于无法靠自己了解的事情,家庭、企业和政府可能需要通过专家意见来了解。我讨论过的雅典预言家是一个例子。另外,古代的将军经常占卜,金融市场的交易者想依靠股价走势的"技术性分析"获利,尽管理论、历史和有用的常识都表明这种分析毫无作用。(可见 LeRoy 1989;Arthur et al. 1997;Brock and Hommes 1997。)即使医学专家带来的坏处比好处更多,人们对医学建议的需求也一直很火热;在科学气象学出现之前,对天气预报的需求也一直很旺盛。对不可预测的事物进行预测如同魔法,但这种预测总有很高的需求。在不可能存在正确意见的情况下,不论市场的竞争性是高是低,都会出现专家失灵。竞争在这种情况下确实能起到一点作用,但也仅此而已。

专家意见的供给

专家意见的供给有很多来源。在一些讨论中我们看到，如舒茨（1946，p.465）所说，专家是一种知名人士，他们"基于有根据的论断"提出意见。照这种观点，专家意见的提供者被视为不同寻常的人，于是伪专家就成为拉卡托斯笔下的"怪物"（Lakatos 1976，p.14），拉卡托斯辩称，这种"怪物"之所以出现，是因为存在欺诈、监管缺失和其他一些特殊的外部因素。如果一个理论建立在哈耶克的知识分工思想之上，那么这个理论会认为所有人都可以成为专家。因此，除了研究市场结构之外，我对专家意见的供给**大体上**没有什么可说的。不过，在下一章中，我将讨论信息选择理论关于专家动机的假设。

9
专家及其生态

信息选择理论的动机假设

信息选择理论有三个关键的动机假设：第一，专家追求效用最大化，因此，专家对信息分享的选择并不**必然**是真诚的；第二，认知有限并且可能出错；第三，激励会影响专家错误的分布。我会依次对各点进行讨论。

专家追求效用最大化

与公共选择理论假设政治行为人追求效用最大化一样，信息选择理论也假设专家追求效用最大化。我使用"追求"一词，是为了避免将专家塑造成一个"理性的"人。

效用最大化的假定，不应被冠以狭义的自私含义。追求效用最大化的主体会追求别人的称赞，或者追求好评，就跟追求物质商品一样。真理通常是效用函数中的一个元素，会被拿来与其他元素的价值进行权衡。虽然我认为诚实是一种价值，通常应该与其他价值受到同等对待，但我不想否认，一些专家会想方设法给自己设置限制条件，以得出角点解。豪斯曼和麦克弗森（Hausman and McPherson 1993，p.685，n.21）提到了一个与此相关的故事，故事讲述的是林肯如何面对一名试图贿赂他的男子。（他们表示故事的来源无法追溯。）"林肯一直友善地拒绝他，但行贿的人不断提高价格。当价格涨得很高时，林肯揍了他一顿。行贿的人问他为什么突然变得这么暴躁，林肯回答说：'因为你已经接近我的要价了！'"另一方面，我们也有一些例子，其中专家的效用函数里不包含真理。例如，弗雷德·扎因（Fred Zain）在法庭科学中出现了欺骗行为，在法庭上谎称自己做了检验（Giannelli 1997，pp.442-449）。林肯和弗雷德·扎因的例子提醒我们，不同的专家有不同的效用函数，在某些专家的效用函数中，诚实的边际价值更高。

效用最大化假定给公共选择理论带来了争议。公共选择理论因假设"利己理性"而受到批评（Quiggin 1987）。公共选择理论家假设人们在某种意义上是自私的，这一说法有些道理。例如，丹尼斯·穆勒（Dennis Mueller）表示，"公共选择理论的基本行为假定跟经济学中的假定一样：人利己、理性、追求效用最大化"（Mueller 1989，pp.1-2）。然而，1986年在公共选择学会发表的主席就职演讲中，穆勒已经呼吁公共选择理论家利用"行为主义心理学"解释在囚徒困境中，人们的合作似乎比"理性利己主义"所预测的要多。从那时起，公共选择理论和经济理论总体上转向了对个人行为和动机更细微的研究。在1997年对公共选择理论的"批判性调查"中（p.423），奥查德（Orchard）和斯特雷顿（Stretton）说："完全理性、利己主义和物质获取行为的假设现在被认为是无益的，无法对政治表现给出合适的解释。"虽然在转向对人类行为进行更细微的刻画时，行为主义心理学并未占据突出地位，但经济学家和公共选择理论家们正在借鉴现代心理学的其他部分，包括认知心理学（Frohlich and Oppenheimer 2006）和进化心理学（Congleton 2003）。

抛弃利己主义理性，就是在回归布坎南和塔洛克最初的核心立场。在《同意的计算》中，他们非常明确地说，狭隘的自我追求假定对于他们的分析而言并非必不可少。他们的论点"具有基本的逻辑有效性，不依赖社会选择过程中个体行为狭隘的享乐或自利动机"，它只依赖更温和的"经济学"假设，即"独立的个体就是独立的个体，因此，面对集体行动的结果，他们可能有不同的目标和目的"（Buchanan and Tullock 1962，p.3）。

信息选择理论的情况也是如此。一方面，专家的自我理性假设显然被夸大了。另一方面，就像在公共选择理论中一样，信息选择理论中的利己理性假设，有时是一个有用的粗略近似，能帮助我们关注基本问题和关系，同时也向我们指出，实证中的异常情况只有放松假设才能解决。跟公共选择一样，在信息选择中，我们早先就明确声明过，要拒绝"自私"行为的简陋模型。克普尔和考恩（2010）强调认同感是专家动机之一。皮尔特和利维（2005，2010）强调同情、认可和追求好评是专家的动机。因此，我们应该认识到，信息选择理论的"经济学"视角并不要求我们假设，专家（或任何其他人）在任何实质意义上"自私"。我们应该摒弃专家总是到处寻找真相的天真观点，也应该摒弃诚实对任何专家都没有价值这种愤世嫉俗的观点。

信息选择理论将认同感视为专家的动机之一。阿克洛夫和克兰顿（Akerlof and Kranton 2000，2002）将认同感引入效用函数。阿克洛夫和克兰顿（2005，2008）在另一个标准委托代理模型中，将认同感引入代理人的效用函数。考恩（2012）与克普尔和考恩（2010）将阿克洛夫和克兰顿（2005，2008）的委托代理模型应用在法庭科学领域。

认同感造成了派系（faction）风险。专家认同所属专家群体的标准和实践，一般不会反驳同行的意见，即便反驳是正确的行为或符合客户的利益。例如，为梅菲尔德聘请的指纹鉴定员遗漏了能够帮梅菲尔德脱罪的证据，人们可能想知道，指纹鉴定行业内的互相认同是否会导致这种疏忽。专家作为专业人士的认同感或对同行的同情，可能与对客户的同情互相冲突（见 Levy and Peart 2017，p.197-209 对派系化科学的研究。）

信息选择理论将同情视为专家的动机之一。亚当·斯密将同情定义为"对任何强烈情感的感同身受"，包括"对他人苦难的感同身受"（Smith 1759，p.5）。皮尔特和利维强调了斯密式道德情感的重要激励作用。皮尔特和利维（2005）指出，同情或缺乏同情都可能是重要的动机。他们同时引用了亚当·斯密（1759）和弗农·史密斯（1998）的著作。

信息选择理论将认可视为专家的动机之一。利维（2001，p.243-258）对认可的讨论于我们大有助益。他引用亚当·斯密的话说，"人"有"一种取悦别人的原始欲望，也有一种对冒犯同胞的原始厌恶"（Smith 1759；转引自 Levy 2001，p.244）。皮尔特（2010）强调认可是专家的动机。

信息选择理论将追求好评视为专家的动机之一。皮尔特和利维（2008a）指出追求好评的重要性，将注意力延伸到了斯密式的道德情感。他们指出："追求好评这个动机或许可以用来回答一个问题：斯密倡导自由贸易和废除奴隶制，为何尽管他持悲观态度，但这两大改革最终还能实现。""如果没有特权变成世界上的一种常态，而让世界更接近这种常态的行为值得称赞（好评），那么想要以值得称赞的方式行事，可以改变世界。"（p.475）

我们已经看到，曼德维尔对人类动机的观点相当黑暗、讽刺，但他也肯定了其他人的意见对我们每个人的重要性。他将"恭维的巫术"（Witchcraft of Flattery p.37）描述为"用来描述人类的最有力的观点"（p.29）。我们的荣誉感和羞耻感来自对恭维的敏感性（p.29）。这两种"强烈情感"促使我们表现得好像自己有更好的内在动机。他写道："人是多么愚蠢，会陶醉于虚荣的迷雾中，回想别人的赞美，尽情享受。这些赞美日后将成为记忆，令他欢喜。人如果想到死亡会增添他已得的荣耀，就会轻视当前的生活，追求、觊觎死亡。"（p.237）我认为，这只是粗略地将曼德维尔的"虚荣"（在某些段落中他将"虚荣"写成"骄傲与虚荣"）与亚当·斯密的"公正的旁观者"画上等号。

其他一些学者发现，曼德维尔的骄傲和斯密的公正的旁观者在某种程度上是相同的。关于曼德维尔的《寓言》和斯密的《道德情操论》之间的关系，克霍夫（Kerkhof）说：

核心的问题在于道德是否可以被简单理解为"尊重他人的意见",换句话说,美德是否根本就是一种虚荣。归根结底,事实证明"美德"似乎是从观众(内在化为"公正的旁观者")那里获得掌声的更有效的方式。根据《道德情操论》所说,道德是同情心市场的产物——尽管斯密作为一个有道德的人不愿意接受这一点。斯密用华丽的语言掩盖了他的发现,隐藏了一种更黑暗的曼德维尔式的观点,认为人这种动物活在对他人看法的持续焦虑之中。

(Kerkhof 1995,p.221)

克霍夫(1995,p.219)提醒我们,亚瑟·洛夫乔伊(Arthur Lovejoy)在写给凯耶(《寓言》的编辑)的信中说道,《道德情操论》"更详细"地"贯彻"了曼德维尔的"总体理念",认为"骄傲"或"荣耀"是"道德的起源"。(这封信的一些段落被抄写在凯耶编辑的《寓言》版本的第2卷第452页。)布兰奇(Branchi 2004,n.p.)说,"斯密尝试给出一条清晰的界线,划分对好评的热衷和对追求称赞的热衷",这是"试图在被曼德维尔划分为利己主义的强烈情感的事物中寻找一条分界线。在这条分界线上,荣誉和产生荣誉的强烈情感处于不稳定的平衡中"。

曼德维尔甚至认识到人类的同情心(compassion),这与斯密口中的"同情"非常相似。我们看到斯密将"同情"定义为"感同身受",而曼德维尔将"同情心"定义为"对他人不幸和灾祸的感同身受和哀悼"(1729,vol.I,p.287)。曼德维尔和斯密都认识到并强调了同情心的作用。不过，与斯密不同的是，曼德维尔同样重视恶意，也就是同情心那一贯存在的对立面。"有些人满怀恶意，会嘲笑一个摔断腿的人；其他人则富有同情心，哪怕看到别人衣服上有污渍，也会由衷地感到可惜；但是，没有人野蛮到无法为任何同情心触动，也没有人善良到永远体会不到恶意带来的快乐。"（p.146）我们可以对曼德维尔的言论和斯密的《道德情操论》开头一段进行比较：

> 无论一个人多么自私，他的本性中也一定存在一些原则，使得他对别人的命运感兴趣，此时别人的幸福对他来说是很重要的，尽管他除了因为看到幸福而感受到快乐之外，什么也得不到。这就是怜悯或同情心，我们会因为他人的痛苦而出现这种情感，不论是看到还是想到他人的痛苦都会这样。我们常常因为他人的悲伤而感到悲伤，这是一个显而易见的事实，无须举例证明；这种情操就像人类本性中其他原始的强烈情感一样，绝非善良和高尚的人才有，只不过善良和高尚的人可能对此最为敏感。最臭名昭著的恶棍和社会中最顽固的不法之徒，也并非完全没有这种情操。
>
> （1759，p.61）

似乎只要不抹去或不掩盖其中的黑暗面，斯密就不愿意运用曼德维尔的道德心理学。他抹去了一个令人不快的事实——即使是最"本性善良"的人，在别人痛苦时也会有些微"恶意的快乐"。他用公正的旁观者这件华丽的外衣来掩盖虚荣。在曼德维尔看来，我们既有斯密式的"同情"，也有斯密式的对好评和赞誉的渴望，但我们还有更黑暗的一面。斯密从曼德维尔的观点中删去了不和谐的音符，使我们对人类心理学的看法更加乐观，而曼德维尔更加重视恶意、自欺和普遍存在的虚伪。斯密似乎又让我们相信，从各方面来看，我们都没有那么糟糕。但曼德维尔坚持认为，我们比自己敢承认的更邪恶。然而，这两种理论基本的心理学机制很相似。凯耶在这个问题上态度有些矛盾，但对于斯密的心理学和曼德维尔的心理学之间的差异，他简单地归纳为"主要是术语问题"（Mandeville 1729，p.cxlii，n.3）。

认知有限并且可能出错

"有限理性"的假设在经济学中并不罕见。这个术语没有固定的含义，但一般意味着认知具有局限性，可能会出现错误。如今经济学分析中不常假定有限理性，但对于经济学家来说，专家认知有限并且可能出错，这件事毫无争议。然而，许多经济学家在讨论不同形式的专业知识时，却总是忽略这些局限。霍华德·马戈利斯（Howard Margolis）提供了一个例子。

马戈利斯（2007）评论了费拉罗和泰勒（Ferraro and Taylor 2005）的观点。这两位学者从弗兰克和伯南克（Frank and Bernanke 2001）所写的一本知名入门教科书中摘取了一道选择题，让参与业内重要会议的经济学者从选项中选出正确的机会成本。结果选出了正确答案的人是最少的。费拉罗和泰勒由此推断，必须改进教学（p.11）。然而，马戈利斯（2007）将错误归因为"认知错觉"（cognitive illusions），他认为"经济学家都是人"，因此也"容易受到认知错觉的影响"（p.1035）。马戈利斯（1998）发现，认知错觉也欺骗了第谷·布拉赫，影响了他的理论选择，而这一错觉直到400年后才被发现。也就是说，就算事关重大，就算很多专家对同一主题已经研究了很久，但专家也是人，也可能出错。

专家追求效用最大化的假设可能会造成一种错误印象，让人认为信息选择理论否定"有限理性"。但事实并非如此。如果专家们是"有限理性"的，他们就不可能总是最大化他们的目标函数。

费林等（Felin et al. 2017）解释了为何不应将"有限理性"的概念局限于赫伯特·西蒙或丹尼尔·卡尼曼（Daniel Kahneman）的观点中。他们指出，感知是在环境和生命体的相互作用中产生的，因此是"生命体特有的"（organism-specific）。色觉说明了这一点。学者有时将"颜色"等同于给定的光频。但是，当观察条件变化时，人们对物体"颜色"的感知通常并不会改变。不论在黄昏还是中午，我的衬衫都是绿色的，云挡住太阳时，颜色也不会改变。从物体到我们视网膜的"光谱反射"（Maloney and Wandell 1987）是可变的，但我们对物体颜色的感知是不变的。这种感知的稳定性是人类色觉的特征，而不是**缺陷**。穆萨基奥（Musacchio 2003）用联觉（synesthesia）一词来说明，我们在现象的体验中，外部的物体跟这种体验没有什么特别的关系（p.344）。费林等（2017）则使用了引人遐想的"精神绘画"（mental paint）一词。

如果我们接受这种观点，那么，正如费林和他的同事所说，我们不该认为"生命体（无论是动物还是人类）"能正确地感知外部环境，也不该仅仅因为生命体"不知道，也不去感知或计算环境中的其他事物"，就认为生命体受限于自己的感知。他们觉得，这种对于感知的错误观点，是主流有限理性经济学模型的特征，其中包括赫伯特·西蒙和丹尼尔·卡尼曼的模型。他们批评了有限理性理论中"全知之眼"（all-seeing eye）这一隐含观点。他们说，我们应该认识到，生物的内部感知结构决定生物生活在什么类型的世界。他们欣然引用生物学家雅各布·冯·尤克斯库尔（Jakob von Uexküll）的话，他"认为每种生物都有其独特的'世界'（Umwelt）和环境"，"每种动物身边的东西都不同，狗的身边是跟狗有关的东西，蜻蜓的身边是跟蜻蜓有关的东西"（Uexküll 1934, p.117；转引自 Felin et al. 2017）。

费林等（2017）的观点对我们至关重要，因为不同人也会有类似的感知差异。不同的人生活在不同的"世界"中。

舒茨（1945）也提出了类似的观点，但他的出发点是现象学，而非自然科学。他讨论了我们所处的"多重现实"（multiple realities）。舒茨说，威廉·詹姆斯的《心理学原理》提出了"一个更重要的哲学问题"，即现实的本质（Schutz 1945，p.533）。舒茨告诉我们，詹姆斯是这么解释的：

> 所有现实的起源都是主观的，任何激发我们兴趣的事物都是真实的……存在多种甚至是无限多种不同的现实秩序，每一种都有自己独特而独立的存在方式。詹姆斯称之为"子世界"，并以感官世界或物质世界……科学的世界……和……神话或宗教的各种超自然世界为例进行说明。
>
> （Schutz 1945，p.533）

舒茨（1945）试图在詹姆斯对"现实"和"子世界"的理解中发展出"许多有关的含义"（p.533）。"关联性"（relevance）是其中的中心概念。

每个人在劳动分工中位置不同。因此，每个人都知道不同的事情，对周围的事情也有不同的感受。我们在日常生活中有不同的刻板印象和土方法。每个人"主要的利益体系"决定了他"知识存量"的哪些部分跟他有**关联**（Schutz 1951, p.76；也可见 Schutz 1945, p.549-551）。这种舒茨式的"关联"系统（system of "relevancies"）引导着每个人，并影响到他们能够有什么发现。因此，"理发师比牙医更能注意到一个人发型的细节，而牙医更可能注意到一个人牙齿的细节"（Risinger et al. 2002, p.18-19）。从字面意义上讲，社会中的知识分工为每个人创造了一个不同的世界。

我们的"世界"是重叠的，每个人在系统中都有独特的位置，因此生活在一个独特的"世界"中。知识分工的这一重要含义提醒我们，不应认为"科学"或其他专家观点"就是"正确的观点。当然，在某些情况下，专家的专业知识胜过其他观点。世界不是海龟背上的平面。问题通常只有一个正确答案。就算没有证据表明是谁开的枪，被告是否杀了受害者也不是一个观点问题。琼斯要么射杀了史密斯，要么就没有杀。然而，专家的关联系统与他们的客户以及普通人的关联系统都不同。一般来说，不应该将专家的关联强加于他人。

所有的感知都源于某种观点，然而，在所有情况下，没有哪种观点是唯一正确的观点，或者说没有任何一种观点优于其他观点。很难想象，一个社会上怎么可能既有知识分工，又有唯一一种正确的主要

9 专家及其生态

观点，或者一种最优的关联系统。极权主义试图将一个统一的思想和关联系统强加于人，这必然是徒劳的。合理观点的异质性和多样性，是劳动分工和与劳动分工相关的知识分工的必然结果。但观点的异质性和多样性意味着，任何一个人对于世界都有一个不完整且有限的模型。这种局限性是"有限理性"的一种形式，但它与赫伯特·西蒙和丹尼尔·卡尼曼所说的局限性都截然不同。我们可以称之为"共生态有限理性"。理性的边界是"共生态的"。因为知识是共生态的，所以当存在社会劳动分工的时候，理性必然有这样的边界。

可计算性理论和相关的纯数学分支指出了另外一种认知限制，至少当我们不愿意假设模型中的主体能够计算不可计算的东西时，这种认知限制会存在。如果一个数学函数可以通过图灵机（数学家理想中的数字计算机）编程求解，那么这个数学函数（"图灵"或"在算法上"）可计算。（图灵可计算性通常简称为"可计算性"。）基于刘易斯（Lewis 1992）的研究，辻等（Tsuji et al. 1998）揭示了（算法的）不可计算性普遍存在。他们的研究表明，即便有限博弈也有可能不可判定（undecidable）。当然，如果我们有一个列表，清楚地列出了所有策略和回报，那么这个有限博弈很容易就可判定。我们可以列出每个策略组合及其相应的回报向量，然后只需简单地查询这个有限的列表，看看纳什均衡是否存在。但是，博弈如果是用形式语言描述的，就可能无法用"蛮力"求解。在这种情况下，博弈就可能不可判定。辻等（1998）所作的深刻评论非常重要，他们指出，"所谓形式化的理论，就是用一连串符号来表示我们对具体对象的直觉"（p.555）。我们用概括性的术语描述世界，很少非常详尽地列表或采取类似的行动。也就是说，我们对世界的描述非常不完整，常常受到可计算性和可判定性的限制。

维卢皮莱（Velupillai 2007）认为，如果可以通过模型，将一个经济体建构成一个"具有计算普适性的动态系统"，那么这个经济体中"不可能出现有效的经济政策理论"（pp.273-280）。政策制定者必须计算不可计算的东西，才能知道政策在未来的后果。维卢皮莱将他的重要发现与哈耶克的态度联系起来，即"对出现并形成自发秩序的经济体中政策的范围始终持怀疑态度"（Velupillai 2007，p.288）。

坎宁（Canning 1992）认为，如果不存在"纳什均衡，即自身的最佳应对策略也是所有人的最佳应对策略的情况"，那么纳什博弈可能在算法上不可解（p.877）。他将这种条件称为"严格纳什均衡"。这是一个基本的结果，但他令人费解地说，他的结果只是对当时社会科学和应用博弈论的实践进行了"轻微"调整。很多博弈都不符合"严格"的要求，包括冯·诺依曼和莫根斯坦（von Neumann and Morgenstern 1953）非常关注的两种博弈类型——"猜硬币"和"石头剪刀布"。如此看来，坎宁给出的限制条件是否只是"轻微"的调整，十分值得怀疑。

算法信息理论"研究计算程序所占用的最小内存"（Chaitin，da Costa，and Doria 2012，p.50），这个理论揭示出，对于某些复杂现象，可能并不存在相应的理论来解释它。要预测、解释（甚至仅是识别）一个极端复杂的系统，都可能需要冗长的描述，无法对原有系统进行任何简化。对于一个位于乔姆斯基–沃尔夫拉姆分层（Chomsky-Wolfram hierarchy）顶部的、极端复杂的系统，其行为无法事先预测

（Wolfram 1984；Markose 2005）。我们只能看着它运行，其他什么都做不了。沃尔伯特（Wolpert 2001）表明，对于任何两台计算机来说，即使比图灵机更强大，它们也无法可靠地预测对方的输出。

模拟"超级计算机"理论上可以计算图灵不可计算函数（da Costa and Doria 2009，p.80）。对于超级计算在理论上是否可行，学者们意见相异（Cockshott et al. 2008；da Costa and Doria 2009）。不过无论如何，这都不是当前的现实。此外，沃尔伯特（2001）认为，即使世界上有超级计算机，即它们真的在物理上实现，可计算性问题也会出现。

理论家不应将计算不可计算函数，或压缩不可压缩数据的能力归于模型中的主体。这种方法论的限制强加了一种最小限度的有界理性。然而，正如维卢皮莱（2005）所说，即便这种有限理性是"最小"限度的，标准经济模型也常常违背它。

激励影响专家错误的分布

激励影响专家错误的假设包括两个方面：第一，专家可能会有欺骗行为，或者故意偏离完全诚实的态度，这么做可能是为了服务外部的雇主，也可能是出于内心的偏见；第二，专家可能会**无意识地犯错**，这同样可能是为了服务外部的雇主，或是出于内心的偏见。第一点相对简单，但没有一直被用好。我认为第二点很重要，但经济学界却似乎完全忽视了这一点。

在标准委托代理模型中，专家"错误"是欺骗的产物。在标准模型中，它们只能是欺骗的产物，因为认知不会出错。然而，在信息选择理论中，专家犯错并非完全是故意为之，甚至没有多少故意的成分。从这个意义上讲，他们可能犯的是"诚实"的错误。然而，这些诚实的错误是出于激励的影响。犯某种错误的机会成本越低，这种错误的发生率就越高，与犯错的故意程度无关。换句话说，专家因为偏见而做出反应。专家可能会因为客户雇用了他们或者同情客户，而犯诚实的错误。但专家有可能因为同情其他人而犯错，并伤害自己的客户。在这些情况下，都是激励导致了诚实的错误。

只有假设认知容易出错，才能自然地假设激励会导致诚实的错误。如果经济学家假设行为主体理性程度非常高，那么这个假设就会很不自然，甚至可能无法得到满足。在这种情况下，建模时专家错误就是在对称分布中随机抽样。

我在经济学文献中找不到一个明确的说法，能够表明诚实的错误是由激励造成的。戈登·塔洛克写了《调查组织》(*The Organization of Inquiry*)一书，他可能与书中任何人都很相似。利维和皮尔特（2012，p.165）解释说，塔洛克提出了一个疑问，"如果学科中的研究对象都可以与我们进行交易，提供有价值的东西来改变我们的结果"，那科学会变成什么样？他的回答是："我们会拥有经济学，但它是骗局（racket），而不是科学。""骗局"一词在书中出现了两次。约瑟夫·鲁塞克（Joseph Roucek 1963）首先使用了这个词，用在"社会科学中的一些学术'骗局'"这个脚注中。鲁塞克总结说，一切都意味着，

> 学术界和其他任何行业一样，都在进行不正当的活动……它

9 专家及其生态

试图避免自我评价，或避免对自身不为人知的实践进行经验性描述，因为这样可能会让门外汉认为，毕竟教授也是人……专业人士也必须向自己以及毫无戒心的公众出售物品。

（p.10）

这本书的后文中，"骗局"一词又出现了一次。塔洛克指出，人们总是要求相关专家捍卫关税之类的事物。需求者的存在"使得专家有可能继续发表论文，甚至能发表在备受推崇的期刊上，因为他们确实或可能需要相信关税有用的人，或者制造这个骗局的专家存在。因此，一个多世纪前已经在知识上解决的争端，如今却还继续存在"（Tullock 1966，p.158）。

塔洛克（1966）、利维和皮尔特（2010）、戴蒙德（Diamond 1988）、威布尔（Wible 1998）等学者提出了一个"经济学"假设：激励会改变专家意见。利维和皮尔特（2010）认为，该假设尚未得到充分理解或广泛采用。然而，这些不同版本的观点隐含了一个假设，即科学家等专家**有意地服务于**自身利益。但也有证据表明，在专家不知道自己受激励影响的情况下，同样的事情也可能发生。

经济学文献中已经讨论了一些证据，包括阿莱悖论（Allais paradox）、偏好反转（preference reversal）等人们自相矛盾的案例，但很难将这些现象与形式性较强的经济学理性联系起来。雅各布森等学者在研究成果（Jakobsen et al. 1991）中提到了一名脑损伤患者，该患者能够准确描述小物件，但她无法正确控制手部运动，很难抓住这些小物件。古德尔和米尔纳（Goodale and Milner 1995）利用这个案例，部分论证了大脑有两个基本上独立的视觉系统。他们（Goodale and Milner 1995，p.20）说："视觉感知和视觉控制动作的神经基础可能完全不同。换句话说，用来识别和认知对象的描述集，与让观察者能够将手调整成合适姿势，以捡起物体的描述集，两者是分开计算的。"进化时间的不同分离了"用来对世界进行感知体验的功能模块……以及其中控制行动的模块"（Goodale and Milner 1995，p.20）。许多研究想要说明，单一思维的观点与实践科学的既定结果相违背，这项研究只是其中之一。如果单一思想的假说站不住脚，那么就有可能转而讨论激励会导致诚实的错误的证据。

研究"观察者效应"的文献似乎表明，就算自己没有意识到，我们的观点也可能是从自己的利益出发。罗伯特·罗森塔尔（Robert Rosenthal）应该是观察者效应的重要理论家。他是赖辛格 2002 年发表的论文的共同作者，他们这篇文章对观察者效应文献进行了精辟的回顾和总结。赖辛格等（2002，p.12）解释说："在最广义的层面上，观察者效应指的是观察者的某些特征或状态所导致的理解、记录、回忆、计算或解释错误。"比起不期望看到的东西，我们通常会观察（或错认）到更多自己期望看到的东西，我们观察到希望看到的东西，也比不希望看到的东西更多。如果观察对象模棱两可，这种倾向会变得更严重。因此，观察者效应的三个关键要素是观察者的期望状态和欲望状态，以及观察对象的模糊程度。克兰等（Krane et al. 2008）认为"观察者效应之所以存在，是因为人类普遍倾向于用符合自己预期的方式解释数据。如果基础数据非常模糊，而且科学家接触的信息与所在领域无关，还会勾起情绪或欲望，那么这种倾向更可能歪曲科学实验的结果"（p.1006）。

图 9.1　背景影响感知

图 9.1 说明了观察误差如何朝我们预期的方向偏斜。如果只看垂直方向的元素，那么中间的图形会被看成数字 13；如果只看水平方向的元素，那么它会被看成字母 B。背景创造了影响感知的期望。

期望会产生影响，但不能决定观察结果。赖辛格等（2002，p.13）说："观察者效应背后的认知心理学理论应被理解为，预先存在的图式（schemata）和新信息的吸收之间相互作用。图式属于心理范畴……为感知和推理提供了框架。"他们引用乌尔里希·奈瑟尔（Ulrich Neisser）的话说，"没有预期，就没有感知，但我们不能只看到预期的东西"（Neisser 1976，p.43，转引自 Risinger et al. 2002，p.14）。我之前说过，知识分工给予了每个人不同的感知框架，此处所说的观点，可以跟之前的这个观点结合起来。每个人处于独特的世界，因而产生了不同的预期，也相应地产生了不同的感知和感知可能性。换句话说，共生态的有限理性会带来观察者效应。

理性的共生态边界（synecological bound）让我们洞察到经济学中

所谓"自私"的假设。如上文所述，经济学家有时会做出"利己理性"的假设，但我们不应认为经济学家总会这么假设。例如，我们已经看到，公共选择理论的创立者就没有做出这样的假设，即使是愤世嫉俗的曼德维尔，也认识到人类具有同情心，也存在驱使我们遵守社会道德的心理机制，而不是任由内心的堕落驱使我们反其道而行之。然而，如果理性存在共生态边界，最利他的人也可能无法超越自身的利益和观点。起初被认为自私，可能只是因为你舒茨式的关联顶多只能部分或不完美地进入我的思想。我们称赞那些非常能够理解和回应他人相关信息的人，他们具有很强的同理心，或者很强的直觉。然而，即使是我们当中最具同理心和直觉的人，也无法洞察陌生人之间的关联。你我之间的社会距离越远，我就越不能直接为你的利益服务。每个人的观点在认知上必然都有些偏狭，这让我们看起来都比实际更"自私"。

我说过，共生态有限理性会导致观察者效应。赖辛格等（2002，pp.22-26）指出，观察者效应普遍存在，"欲望和动机"会强化这种效应。赖辛格等（2002，p.16）也简单提到决策阈值的选择可能受到激励的影响。他们指出，"观察者效应在模糊性和主观性的情况下表现得最为强烈"（p.16，n.62）。海纳（Heiner 1983，1986）将信号检测理论引入基础微观经济学。惠特曼和克普尔（2010）提出了第8章讨论的理性选择贝叶斯模型，支持赖辛格等关于模糊性的主张。

特沃斯基和卡尼曼（1974）讨论了代表性偏差（p.1127）、可用性偏差（p.1127）以及调整和锚定偏差（p.1128）。经济学家对这些偏差已经非常熟悉了。依我所见，即使完全接受本章前面讨论的费林等人（2017）的批评，我们也可以接受人类决策中经常出现的这些

9 专家及其生态

"偏差"。

对于信息选择理论中重要的角色效应，经济学家可能不太熟悉。皮歇特和安德森（Pichert and Anderson 1977）让他们的实验对象阅读一个故事，讲的是两个男孩在一所房子里玩耍。这个故事包含了这所房子的信息，比如屋顶漏水，父母规定一扇侧门必须锁着，等等。实验要求各个实验对象分别以窃贼或房地产经纪人的角度来阅读故事。比起别的视角，实验对象能更好地回忆起与其指定角色相关的细节。安德森和皮歇特的研究（1978）以及安德森等人的研究（1983）发现，在第二次回忆任务中，如果要求受试者转换角色，他们对与新角色相关的细节的记忆有所增强，对无关的细节则相反。无论是五分钟、十分钟还是两周后再做第二次记忆任务，都能观察到这种效应（Anderson et al. 1983，pp.274-275）。

角色效应反映出共生态（因而是 SELECT）的知识，因此也反映出了共生态有限理性。要从窃贼的角度看房子，我们必须想象自己身处窃贼的世界。想象生活在这个世界里，我们的注意力就会转移到盗窃的事情上。安德森及其共同作者的实验结果证明，激励会导致诚实的错误的分布出现偏斜。他们之所以诱发了观察者效应，是因为强制实验对象从给定角度进行阅读或回忆，很难有比这更强的激励了。采取什么视角，决定了哪些"错误"（在本例中是记忆缺失）更有可能发生。这些错误更像是无心的，实验对象对诚实或其他美德的关心不会对此产生影响。

赖辛格等（2002，p.19）将从众效应定义为"跟从他人感知、信念和行为的倾向"。这种效应在信息选择理论中很重要，因为专家的地位相对较高。赖辛格等（2002）描述了谢里夫和舍菲尔（Sherif and Shefir 1969）报告的一项实验，该实验要求实验对象说出一个黑暗的房间中光线移动了多远。然而光线实际上没有移动，但在实验设置的光学条件下，它看起来是运动的。实验对象看到光线之后，需要在另一名实验对象在场的情况下给出自己的观点。"每个人对运动范围的感知都会受到其他人已经公开的感知的影响，但感知等级较低的人受感知等级较高的人的影响更大。"（Risinger et al. 2002，p.19）

实验者效应促成了一些实验方案，比如科学中的随机化和双盲程序。孟德尔-费舍尔争论（Mendel-Fisher controversy）说明了采取此类预防性措施的必要性，富兰克林（Franklin 2008）对此的总结很到位。孟德尔（1865）在一项对豌豆的研究中得出了遗传学原理。他精心培育了两种豌豆并进行杂交，从而注意到每种豌豆有五种不同的特性，例如豆荚的颜色以及豌豆表面是有皱褶的还是光滑的。他似乎对一些结果感到惊讶，但其他结果符合他的期望。特别的是，他发现杂交植株的杂合子与纯合子个体的比例接近2∶1。费舍尔（1936）认为这个比例不符合预期。可我们确实期望真实比例的分布集中在2∶1。然而，孟德尔判断和记录杂合子的方法需要一个校正因子，但他忽略了这一点。为了确定杂交植株是纯合子还是杂合子，孟德尔种植了该植株的种子，并观察后代是否表现出隐性性状。杂合子植株的种子表现出隐性性状的概率为1/4。因此，对于每个植株，有必要种植足够的种子，以确保至少有一个后代会表现出隐性性状。只要观察到有一个后代表现出隐性性状，就可以确认杂交亲本植株确实是杂合的。然而，孟德尔只种植了每个杂交植株的10颗种子，这个数量并不够。费舍尔指出,"如果每个后代表现出显性特征的概率为 0.75,且这个概率是独立的,那么 10 个后代全都表现出显性特征的概率是 0.75^{10},也就是 0.0563。因此,5%~6% 的杂合子亲本会被归类成纯合子"(1936,p.125)。孟德尔记录的比例应该在 1.7∶1 左右,而非 2∶1。他的结果太完美了,完美到不可能是真实的。费舍尔无法解释错误是怎么产生的。他(Fisher 1936,p.132)说:"尽管不能指望有令人满意的解释,但孟德尔有可能是被某位助手欺骗了,这位助手对期望发生的结果了如指掌。这种可能性得到了独立证据的支持,即大多数(如果不是全部)实验数据都是伪造的,因此与孟德尔的预期非常一致。"

不难想到,就算大多数人认为孟德尔可能没有故意造假(费舍尔怀疑是一位不知名的助手造假,而非孟德尔本人),孟德尔-费舍尔争论也无法完全解决。如果我们觉得孟德尔没有造假,观察者效应或许可以对此进行解释。更有可能的情况是,孟德尔或他的助手重新核对了不符合预期的数据,导致了偏见的产生。[西维尔·赖特(Sewell Wright)在 1966 年提出了这个观点,显然他是第一个提出的人。]同样,孟德尔或助手知道为了佐证预期,"需要"观察到更多有皱褶的豌豆或更多黄色豆荚,这可能导致他们观察到没有出现的皱褶,或弄错豆荚的颜色。孟德尔的数据好到不可能是真的,这个事实可能有助于说明,激励会导致诚实的错误,从而提高科学领域出现派系的风险。

无论具体的机制如何运作,我们都应该从孟德尔-费舍尔争论中吸取教训。观察者效应在科学中值得重视。还要注意的是,孟德尔的明显错误过了 72 年才被发现。(费舍尔不是第一个发现问题的人,但正是他的文章引起轰动,虽然有延迟。)一旦发现错误,就很难纠正。理查德·费曼(Richard Feynman)在他的著名演讲《草包族科学》(Cargo Cult Science,1974)中给出另一个突出的例子。罗伯特·密立根(Robert Millikan)进行了一项实验,他通过观察雾化器喷出的油滴在带电荷和不带电荷的磁场中的运动,来测量电子的电荷。费曼说,"我们现在知道"他计算出来的数值"有点儿"太小了,"密立根之后的电子电荷测量史很有趣。如果你画出这些电荷的数值对时间的函数,你会发现密立根之后的那个数值比密立根的大一点儿,再下一个更大一点儿,直到最后数值稳定在一个更高的数字"(Feynman 1974,p.12)。

伯格、马修斯和格劳希(Berger, Matthews, and Grosch,2008,p.234-237)给出三个例子,说明"一个研究方法如果不恰当,那么即便受到严格控制",也违背实验中观察者效应预防性措施的要求。在这三个例子中,"预备偏差"(run-in bias)最引人注目,它的产生,源于在随机化之前删除不良事件。"在随机治疗试验中,"他们解释(p.234)道,"通常会在积极治疗前对患者进行预治疗,根据评估结果确定在哪些患者中进行随机选择。随机化前的不良结果(甚至死亡)不纳入分析,审查时也不算在积极治疗的案例之中。"

德罗尔和查尔顿(Dror and Charlton 2006)拿出鉴定人员之前已经下了定论的案件,让经验丰富的指纹鉴定人员重新鉴定其中的证据。这些证据是正常工作过程中真实案件的证据。然而,他们剥离了原先真实的案件信息,不再给出提供支撑的信息,或者给出的信息与先前结果不匹配,却表明最终结果是匹配的(例如告知"嫌疑人供认不讳"），又或者给出的信息与先前结果匹配，最终结果应该是不匹配的（例如告知"犯罪嫌疑人在罪案发生前已经被警方拘留"）。有两位经验丰富的专家证实，每个案件中最初的判定都是正确的。经验丰富的专家以实验员的身份参与进来，他们给出的判断是实验的前提假定均正确，即作为实验对象的那些鉴定人员，对于研究中使用的每对指纹的最初判断都是正确的。德罗尔和查尔顿发现，在 48 次实验中，指纹专家推翻了他们过去对 6 对指纹的判定。这 6 个前后不一致的判定（12%）中，有 2 个是来自 24 个没有任何案件背景影响的对照实验。在有案件背景影响的 24 个实验中，指纹专家改变了他们过去的 4 个判定。因此，在 16.6% 有背景影响的案例中，有偏向性的背景似乎导致了前后不一致的判定。在 8 次实验中，只有 1/3 的参与者（6 个中有 2 个）保持完全一致。

对于激励会导致诚实的错误的分布出现偏态的观点，德罗尔和查尔顿的实验结果（2006，p.610）提供了支撑。在这 6 个错误中，有 4 个（在本例中指的是与先前的观点相反）发生在实验员提供案件背景的情况下。这 4 个案件中出现的错误都与背景信息所表明的方向一致。这些错误似乎不太可能是故意为之。每个实验对象都同意参加实验。他们每个人都知道，自己可能会拿到冒充真实案件文件的实验材料。知道了这些，他们依旧同意参与这项研究。同意这些条件后，不太可能有人会报告自己明知有误的判断。尽管有要避免错误的意识，但激励会导致专家犯错。

信息选择理论假设错误是由激励导致的。激励取决于制度，因此，信息选择理论包含比较制度分析。这种制度上的联系，让我们看到信息选择理论和前面提到的标准委托代理模型之间的区别。信息选择理论研究专业知识的生态。

专业知识的生态

回想一下，信息选择理论并没有假定一个独立的委托代理制度结构。相反，该理论认识到，在更大的制度环境下，专家之间可能会产生不同程度和形式的竞争。信息选择理论从实证和规范两方面，详细讨论了专业知识的生态。

对"知识系统"的一些简单分析（Koppl 2005b）或许能够帮助我们识别专业知识生态的相关特征。知识系统能够帮助或阻碍局部真相（local truth）产生，从这个角度来看，它是基于主体的过程。（这一定义推广了 Koppl 2005b 给出的定义。）在这个背景下，"局部真相"可能指真实的信念、正确的期望、适当的行为或其他取决于这个背景的东西。"局部真相"就是"把事情弄清楚"。

有时将知识系统建构成一个博弈模型非常方便，例如建构成一个发送者-接收者博弈模型，并指定一组发送者 S、一组接收者 R 和一个消息集 M，以及它们互相影响的回报和规则。发送者拥有的消息具有某种概率分布，表示每条消息为真的主观概率。发送者向接收者发送消息，接收者以某种方式从消息集中挑选一条消息，并声明它为"真"。这是接收者的判断。图 9.2 改编自克普尔（2005b），说明了垄断专家的知识系统。

消息集　　　　发送者　　　　接收者　　　　判断

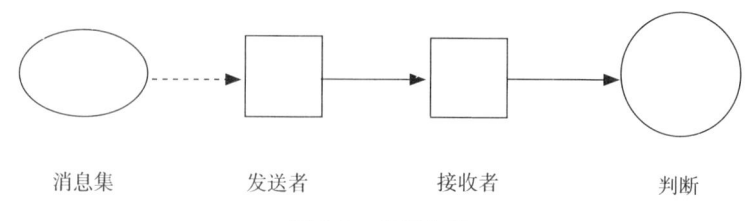

图 9.2　垄断专家

标有"消息集"的椭圆形表示专家可能传递的消息集。例如，法医科学家可能会声明两个样本的鉴定结果是"匹配""不匹配""不确定"。（NAS 2009，p.21 讨论了用来描述"匹配"的各种术语。）虚线箭头表示专家从消息集中进行选择。实线箭头表示发送给接收者，例如审判场景中的法官、陪审团，或者接收者对消息的"提名"（nomination）。标有"判断"的圆圈代表接收者的判断，例如在刑事案件中，陪审团判定从犯罪现场提取的指纹属于被告。

当接收者能够比较多个专家的意见时，情况如图 9.3 所示（同样改编自 Koppl 2005b）。

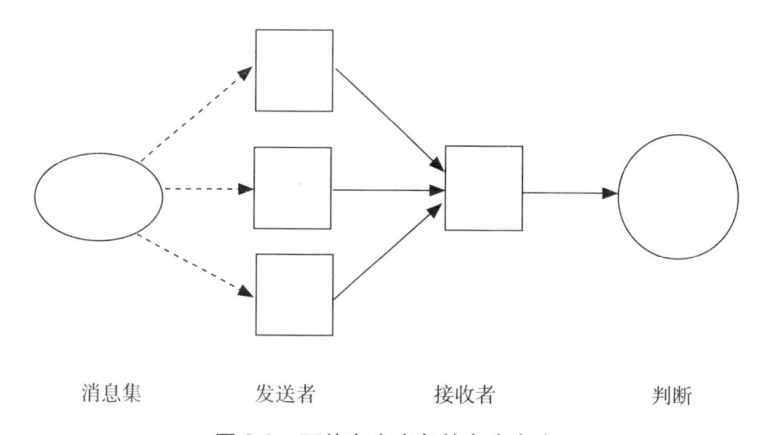

消息集　　　　发送者　　　　接收者　　　　判断

图 9.3　可能存在竞争的多个专家

因为每个接收者都从多个发送者那里获得消息,所以专家们在策略上相互依存,这可能会限制他们对消息的选择。图 9.2 和图 9.3 并未给出与专业知识生态相关的所有维度。例如,竞争的专家是否真正独立?如果是,每个接收者可以接收的信号多样性就像编码冗余(coding redundancy),降低了接收者判断错误的概率。然而,如果他们高度相关,冗余的出现可能会强化接收者的错误想法,这只会降低系统性能。专家的同情或专家对行业标准和实践的认同感可能会降低专家之间的独立性,并导致专家的错误相互关联。在第 3 章中,我注意到行业可以促进成员之间专业意见的一致性。行业"标准"和行业忠诚度可能会降低该行业专家的独立性。

在某些应用场景中,了解发送者的消息是否独立很重要。在刑事审判中,供词、目击者证词和法医证据都会呈现给陪审团。在这样的案件中,陪审团可能会认为有三个独立且可靠的证据来源指向被告有罪似乎是合理的。如果不出现错误,这三种证据中的任何一种都足以定罪。当面对多个渠道的入罪证据时,即使陪审团对每个渠道出错的可能性都高度警惕,也仍然可能会定罪,因为陪审团低估了无罪的可能性。如果三种证据中,每一种都有 50% 的机会错误地指向有罪,那么三种独立的证据都指向错误方向的可能性只有 1/8,即 12.5%。如果每一种证据都只有 10% 的概率错误地指向有罪,那么错误的概率就会下降到 1‰,但在某些情况下,这些看似独立的证据来源可能相互关联,美国刑事司法系统的一些案例正是如此。

卡梅伦·托德·威廉汉姆(Cameron Todd Willingham)一案表明,警方展开调查时,调查人员可能会在无意中影响目击者,使其提供更能满足定罪要求的证词。1991年，威廉汉姆被判纵火谋杀三个年幼的孩子，这在很大程度上是基于现在已不可信的火灾调查技术（Mills and Possley 2004；*Willingham v. State*，897 S.W.2d. 351, 357, Tex.Crim. App. 1995）。威廉汉姆案似乎是一个明确的错误判例。格兰（Grann 2009）写道，一名目击者"在向当局做初次陈述时……将威廉汉姆描述得'歇斯底里'"，而她随后的陈述"暗示说，他本可以回到屋里去救他的孩子"，而且这么做没有太大的风险，不需要多少勇气。另一名目击者一开始将其描述成一位崩溃的父亲，后来转变为表达"直觉"，说威廉汉姆"与纵火有关"。

德里辛和里奥（Drizin and Leo 2004）梳理了125个"被证实"存在虚假供词的案件。他们提供的证据表明，年轻人、智力障碍者和精神病患者提供虚假供词的风险更高。盖瑞特（Garrett 2010）发现，在252份DNA免责声明中，有42份存在虚假供词。他对前40份进行了内容分析。"除两起案件外，"他说，"警方报告称，嫌疑人供认了一系列有关罪案发生的具体细节。通常，这些细节包含了'内部信息'，且这些信息据称只有强奸犯或杀人犯才可能知道。"（Garrett 2010，p.1054）盖瑞特推测，在许多案件中，"警方可能在审讯中透露了这些细节"（2010，p.1054）。正如盖瑞特所说，对于这种明显的信息传递，我们不知道是有意的还是无意的，是恶意的还是无辜的。

最后，有关法医学错误的文献表明，这些错误通常比人们想象的更常见，并且可能是刑侦实验室中存在的某些激励导致的。我估计，每年美国有超过20 000起重罪出现错判，且是法庭科学试验的错误和伪造或误导性的法庭科学证词导致的（Koppl 2010b）。如前面引用的德罗尔的研究所示，在许多此类案件中，证人可能是在了解警方的案件档案之后，才给出错误或不恰当的证词。赖辛格等（2002，p.37）给出一个从实际案件的实验室笔记中得到的例子。"犯罪嫌疑人已知是瘸帮（crip gang）成员，一直从指控中'溜走'（skating），从未服刑。在这起抢劫案中，他头部被酒吧凳子击中，留下血迹。米勒（侦探）想把这个人和现场的 DNA 联系起来。"在另一起案件中，一位鉴定人员写道："死刑案！必须洗清 57 号（个人姓名）的嫌疑。"（Krane 2008）这种背景信息有可能扭曲法庭科学的检验结果，特别是在经常遇到的那种证据不明确的情况下。

至少在美国的一些案件中，如果警方调查人员诱使嫌疑人给出虚假供词，引导目击者做证指控嫌疑人，或向刑侦实验室提供会导致法庭科学错误的案件信息，就可能导致错判。在这种情况下，证据渠道看似独立，但实际上这些错误是相互关联的。这个系统是非遍历的，但证据渠道具有多样性，会导致陪审团对案件中证据的可靠性出现错误认识。

约安尼迪斯（Ioannidis 2005）表明，在科学研究中也可能存在类似的问题。一个领域的检验生态可能会影响特定结果的"阳性预测值"（PPV），导致其低于研究人员统计检验的"显著性水平"。他用 R 表示在"一个领域中检验"得出的真实关系与客观错误关系的比率（p.0696）。因此，R 既取决于该领域的客观现象，也取决于研究人员对该领域的看法。研究人员的看法决定了他们要检验哪些可能存在的关系，也决定了"被检验的东西"之间真假关系的比率。在这种情况下，阳性结果为真的概率（PPV）为 $\frac{(1-\alpha)R}{R-\beta R+\alpha}$，其中 α 为假阳性（或 I 型）错误的概率，β 为假阴性（或 II 型）错误的概率（p.0696）。（约安尼迪斯假设在所有检验中错误概率都相同，以此来简化计算。）PPV 可能小于研究论文中报告的标准值。当研究人员报告的"结果不可能来自'研究发现'，但由于存在偏见，最终还是如此呈现和报告出来"时，报告偏差（reporting bias）就出现了（p.0697）。在 PPV 中加入一个反映报告偏差的参数，会使得 PPV 的值进一步降低。"在针对同一问题进行的多项研究中，至少有一项研究给出统计上显著的研究结论"的概率，会随着此类研究数量的增加而增大，并导致 PPV 数值下降（p.0697）。约安尼迪斯得出了一些结论，比现在普遍存在的怀疑更进了一步。社会科学家应该注意到其中两个，并谦虚地看待它们。第一，"科学领域中对关系进行检验得到的数值越大，研究结果越不可能是正确的"。第二，"一个科学领域的设计、定义、结果和分析模式越灵活，研究结果越不可能是正确的"（p.0698）。"一个科学领域的经济利益、其他利益以及偏见越大，研究结果越不可能是正确的"，这一点不足为奇。出人意料的一点是，"一个科学领域越热门（涉及的科学团队越多），研究结果越不可能是正确的"。热度会导致报告偏差和不良的检验生态（p.0698）。

共生态冗余可以减少相关错误发生的概率。共生态冗余指的是"结构不同的要素执行相同功能或产生相同输出的能力"（Edelman and Gally 2001，p.13763）。埃德尔曼（Edelman）和加里（Gally）称之为"退化"（degeneracy）。我更喜欢"共生态冗余"这个标签，因为它更具描述性。这个词表示一个环境和占据环境的一群相互作用的要素之间的关系，体现了一种共生态理念。这些相互作用的异质性要素通过各种方法，在系统中产生相同或相似的功能。正是因为这些要素互不相同，功能才对各要素的失灵具有稳健性。

我抛弃了"退化"这个术语，转而采用"共生态冗余"。虽然我的标签更为冗长，但它更具描述性（如之前所述），而且没有衰落的含义，也不带贬损之意。"部分冗余"这个术语还在沿用（Whitacre and Bender 2010，p.144）。然而，这个术语可能意味着存在"完全"冗余的概念，或者意味着"部分冗余"比"冗余"低等。瓦格纳（2006）讨论了经济学中的退化。马丁（Martin 2015）在关于"退化的世界主义"的文章中，在政治经济学背景下，极其清晰地讨论了退化、稳健性和可进化性。他将这些术语与塔勒布（Taleb 2012）的特殊词汇联系起来，这很有意义。

埃德尔曼和加里（2001）将共生态冗余与简单冗余（simple redundancy）进行了对比，"当相同的功能由相同的要素执行时，就会出现"冗余。但是，共生态冗余"涉及结构不同的要素"。它"可能产生相同或不同的功能，这取决于所处的背景"。一个多专家系统的共生态冗余程度取决于系统中每个专家之间的差异有多大。例如，对于缓解焦虑，牧师、心理学家、僧侣和酒保会给出截然不同的建议。而当所有专家都相同时，专家错误可能相互关联。

我们早些时候对刑事司法系统的讨论表明，共生态冗余并非产生独立错误的充分条件。目击者证词、供词和法庭证据似乎是结构不同的要素。然而，该系统的共生态冗余程度不高，因为每个证据渠道看似不同，但都来自一个整合的证据建构过程。"没有退化（即生态冗余）意味着垄断，因为这表明一个成功的计划必然需要计划网络中特定节点的参与"（Wagner 2006，p.119）。考恩和克普尔（2010，p.411）指出，检察官、警察和刑侦实验室之间具有"紧密关系"，从而"创造了一个垂直整合的刑事司法垄断供给者"。这种整合导致知识系统缺乏应有的属性，即冗余、共生态冗余、适应性、多样性和弹性。这样的系统纠错能力较低，因为错误很容易由源头倾泻而下，导致系统内多个要素失灵。这些探讨将引领我们进入下一章要讨论的专家失灵理论。

第四部分

专家失灵

10
专家失灵与市场结构

如果专家给出了不好的建议，那么专家就失灵了。从最广义的角度来看，只要结果偏离与专家建议相关的规范性期望，就算是出现了"专家失灵"。

专家失灵的两个维度

专家代替客户选择时，专家失灵的可能性比客户为自己选择时更大。概括地说，我们可以认为，当专家具有知识垄断地位时，专家失灵的可能性比专家必须相互竞争时更大——尽管竞争结构的细节很重要，这一点我们后面还会看到。我在第 5 章中就指出过，"竞争"一词很容易引起误解，这无法避免。我会使用"专业知识生态"一词，部分原因是想要强调专家之间"竞争"的共生态特性，这样的竞争可能有助于降低专家失灵的可能性。专家权力的这两个维度构成了表 10.1，这个表识别了四种问题：专家统治，依赖专家的选择，准专家统治（quasi-rule of experts），以及自治（self-rule）或自主（autonomy）。在其他条件相同的情况下，普通人越能自由地无视专家建议，专家失灵的可能性就越低，而专家市场竞争程度越高，专家失灵的可能性也越低。

表 10.1 专家失灵理论的分类法

	垄断专家	竞争专家
专家为普通人做决定	专家统治 例如政府资助的优生学计划、经济活动的中央计划和中央银行的货币政策等。 专家失灵的可能性最高	准专家统治 例如教育代金券（school vouchers）、蒂布特竞争（Tiebout competition）和代议制民主等
普通人（可能）在专家建议的基础上做决定	依赖专家的选择 例如神权国家中的宗教和国家强制推行的宗教等	自治或自主 例如《消费者报告》（*Consumer Reports*）等杂志、偏好市场和投机资产等。 专家失灵的可能性最低

专家统治

专家统治的危险最大。专家统治下，垄断专家为普通人做决定。政府资助的优生学计划可能是最明显的例子。政府雇用优生学家，让他们决定应该允许哪些人生育。我在第 4 章中已经指出，我们不能将这类事情完全抛诸脑后（Galton 1998；Stern 2005；Ellis 2008；Johnson 2013；Shreffler et al. 2015）。显然，纳粹德国将优生原则推到了一个毁灭性的极端。

还有一些情形，一些看起来更为适度、合理的专家统治，如中央银行的货币政策也是专家统治的例子。史蒂芬·霍维茨（Steven Horwitz 2012）通过深入分析美国联邦储备系统的历史，仔细研究了这样的案例。他指出，在2008年的金融危机中，美联储"为了应对正在蔓延的危机，开始行使自认为'必要'的各种新权力"，尽管其无权这样做。"这些权力在很大程度上是'夺取'（seized）过来的，因为无论国会还是公众，都没有进行真正的辩论，来探讨美联储是否应该获得这些新权力"（p.67）。霍维茨尖锐地指出，"美联储声称（或对或错）金融体系即将崩溃，面对这种情况，对专业知识的主张战胜了民主政治进程"（p.68）。我们已经看到，特纳（2001）和亚桑诺夫（2003）都很厌恶不受民主约束的专业知识。霍维茨（2012）指出在中央银行等环境下，民主控制专家有多困难。他说："如果一项复杂的任务只由一个人或一个组织负责，那不可避免地，这个人或组织会寻求专家来帮助实现目标，并利用自己对专业知识的需要，来排除其他所有人，尤其是关键人员的影响。"（p.62）霍维茨在此描述了所谓的神秘制造（mystery-making），在伯格和卢克曼（1966）对"消解"的批判中，我们看到他们对这种神秘制造的警告。

霍维茨（2012，pp.72,77）认识到，专业知识与垄断之间的联系具有动态的一面。"对专业知识的信赖会导致垄断，而在垄断的制度背景下，垄断会带来对真正的专业知识的需求。"在中央银行的案例中，专家"负责决策过程，专业知识没有其他来源，使用专业知识这种产品的人也不可能'退出'"。然而，我们无法"有力地检查决策的准确性"，并且"专业的政策制定者还能运用只有其他专家才懂的语言，掩饰自己的决策，避免产生反馈。垄断产生对意图明确的政策的需求，因为这样，政策制定者就可以绝口不提其他观点，模糊他们正在做的事情以及这么做的原因"。

怀特（White 2005）给出的证据支持霍维茨的观点，即货币政策专家"保护自己"免受批评。他指出，美国的宏观经济研究人员依赖联邦储备系统。

> 根据 2002 年 12 月出版的 e-JEL 编写的摘要判断，美国经济学家在美国期刊上发表的货币政策文章中，约 74% 或出现在美联储出版的期刊上，或著者中有在美联储任职的经济学家。在过去 5 年中，美国经济学家在《货币经济学杂志》上发表的文章中，略多于 30% 的文章至少有一位来自美联储的合著者。略多于 80% 的人在网上简历中至少列出了一位与美联储有联系的合著者（现任或前任美联储雇员，包括访问学者职位）。《货币信贷与银行业杂志》中相应的百分比分别为 39% 和 75%。在这些期刊的编辑委员会（编辑和助理编辑）中，与美联储有关联的经济学家比重甚至更大（分别为 11 人中有 9 人与 46 人中有 40 人）。
>
> （White 2005，pp.325-326）

怀特（White 2005，p.344）冷淡地总结道："美联储赞助的研究通常坚守高学术水平，但这并不意味着不存在机构偏见或一定的政治审查。"

优生学家和经济学家都提供了专家统治的例子。正如我们在第 3 章中看到的，约翰·梅纳德·凯恩斯在这两个领域以及道德方面都支持专家统治。他想要在经济、人口和道德方面都实施国家政策。我们看到了辛格曼对凯恩斯的解读：任何一个领域的成功规划，都取决于其他两个领域的规划（2016，p.564）。

凯恩斯曾就哈耶克的著作《通往奴役之路》给哈耶克写了一封著名的信，辛格曼对凯恩斯的解读，更新了我们对这封信的认识。凯恩斯告诉哈耶克，他对哈耶克的书"深表赞同"。但他继续为国家经济计划辩护，反对哈耶克的批评："但是，执行计划的社区需要有尽可能多的人（包括领导者和追随者）完全认同你的道德立场。如果执行计划的人，在思想和心灵上都能正确地面对道德问题，适度的计划将是安全的。"凯恩斯告诉哈耶克：

> 我们需要恢复正确的道德思维——在我们的社会哲学中回归正确的道德价值观。如果你能将矛头转向那个方向，你就不会看起来或感觉起来像堂·吉诃德。我所要指责的是，你可能有点儿混淆了道德和物质问题。在一个思考与感觉都正确的社区里，危险行为是可以安全地进行的，但如果这些行为的执行者是那些思考与感觉有误的人，那将会是通向地狱之路。
>
> （Keynes 1944，pp.385-388）

凯恩斯似乎认为，哈耶克的警告中，真正的核心是错误的道德可能会盛行，这是凯恩斯关注的问题。他认为哈耶克忽略了道德错误中很重要的优生学维度，因此才会有错误的反计划立场。凯恩斯认为，哈耶克在呼吁良好道德方面有了一个不错的开端，但却偏离了正轨，因为他忽视了道德的优生学维度，而这个维度需要经济计划。

依赖专家的选择

依赖专家的选择,在宗教中有很多例子。垄断牧师提出建议,告诉信徒什么行为正确,告诉他们如何进入天堂。在许多情况下,牧师的建议没有强制力,因此牧师只能抱怨教区居民的罪行。

在美国,宗教之间自由竞争。专家们就来世和其他宗教问题相互竞争。但在很多时候、很多地方,宗教专家的垄断地位得到了政府支持,罗马帝国在君士坦丁之后,便是如此。在第2章中,我们了解到亚当·斯密认为宗教竞争使宗教领袖学会"坦率与温和"。佛教文本支持了斯密的分析,这些文本描述了佛陀如何在竞争激烈的"专家"市场上吸引追随者,"他没有近乎秘密地向少数人透露神秘的教义,而是向想聆听的广大听众讲话。他讲话的方式让所有人都能理解……他适应了听众的理解能力"(Narasu 1912,p.19)。化普乐·罗睺罗(Walpola Rahula 1974)说:"大多数宗教所理解的信仰,与佛教大不相同。"佛陀教授宗教宽容,并强调学生需要靠自学来找寻真理,而非从权威那里接受真理。罗睺罗说:

> 当你看不见的时候,是否相信的问题就出现了……你一旦能看到,这个问题就消失了。如果我告诉你,我握着一块宝石,是否相信的问题就出现了,因为你没有看到它。但如果我松开拳头,把宝石给你看,你自己看到了,相信与否的问题也就不复存在。因此,古时佛教徒之间流传着一句话:"悟时如睹掌中珍"。
>
> (1959,pp.8-9)

掌中宝石的比喻，有助于说明竞争将巫师变成了老师。

如果斯密对宗教竞争的看法无误，那么垄断牧师往往神秘而极端。事实上，在1427年，也就是"异教徒"约翰·威克里夫死后40多年，罗马教皇下令将他的尸骨挖出来焚烧成灰，扬撒在斯威夫特河之上。这一做法"实现了1415年5月4日宪法委员会对威克里夫及其所作267篇文章的恶意"（Hudson and Kenny 2004）。虽然采取这一做法，是为了回应威克里夫发表的异端观点，但似乎有理由猜测，威克里夫在当时受到了更严重的迫害，因为他激励别人将拉丁语的《圣经》翻译成英语。正如近现代编年史家亨利·奈顿（Henry Knighton）所说，这一翻译确保这本书"对俗人以及能够阅读的女性来说足够通俗、开放，而在过去，《圣经》只供有文化、理解能力强的牧师阅读"（《奈顿的编年史》，转引自 Hudson and Kenny 2004）。《圣经》曾经是"有文化、理解能力强的牧师"独占的神秘领域，他们不想让俗人阅读。

约翰·威克里夫的故事表明，专家们可能会运用强大的势力和暴力，维护他们作为"官方认可的现实定义者"的垄断地位（Berger and Luckmann 1966, p.97）。但如果在他们向俗人提供专家建议之后，没有通过比诅咒更切实的措施来落实，那么俗人就可以选择是否听从他们的建议。在过去，有钱的俗人可以自由犯罪，然后为放纵买账。对于那些富有且不完全相信神父有错的非信徒来说，为放纵买账（购买赎罪券）似乎是一种很好的对冲策略。

我不想让自己看起来像是在为佛教辩护。佛陀关于接受和宽容的教训虽美，却不能改变扭曲的人性。不幸的是，佛教徒也曾煽动并实施对其他宗教信徒的暴力行为（Coclanis 2013；Kaplan 2015；Siddiqui 2015）。当然，这些暴力行为的公开理由是虚假的。当我们的意志十分强大时，再浅薄的理由也足够了。本杰明·富兰克林挖苦说："做一个讲理的人太方便了，因为这样就能够为自己想做的每件事找到或制造理由。"（Franklin，1793，p.27）

宗教和其他市场一样，很难保持垄断。教会对威克里夫的愤怒并没有阻止其他异教徒的出现，也没有阻止他们建立现在被我们称为"新教"的教派。我们在第3章中看到，苏格拉底传统中的哲学挑战了雅典官方宗教的垄断地位。这种情况不是一种宗教反对另一种宗教。更准确地说，苏格拉底哲学挑战雅典宗教的垄断地位，就像咖啡进口商挑战茶叶垄断地位一样。

准专家统治

在准专家统治下，专家虽然为普通人做出选择，但需要相互竞争，以获得普通人的认可。票券程序导致了准专家统治。有了教育代金券，家长可以选择公立学校，也就不用要求控制学校的课程。蒂布特竞争提供了另一个例子。蒂布特（1956）指出，社区会争夺居民。如果从一个司法管辖区转移到另一个司法管辖区的成本足够低，社区将专门提供服务组合，从而吸引对公共服务有类似偏好的公民。在蒂布特竞争的情况下，公共服务势必导致专家将自己的选择强加给当地公民。地方政府的专家选择学校的课程和项目，地方法官解释法律，城市规划者决定如何铺设人行道，以及在何处设置交通信号灯。诚然，此类专家选择通常事先包含了一些公民的参与，但是最终做出决定的还是专家。最后，代议制民主也导致了准专家统治。公民通过投票，选出目前或未来会是公共政策问题专家的人作为代表。然后，这些代表为人民选择走哪条道路。

公共选择理论表明，代议制民主可能会出错，尤其当国家承担的职能极多且种类丰富时，出错的可能性更大。另一方面，足够富有的人能够相对容易地选择退出，蒂布特竞争可能会为他们带来好的结果。在这两种情况下，结果有所不同，这部分取决于反馈回路。通过蒂布特竞争，公民可以相当清楚和迅速地体验到专家选择的后果。而对于专家来讲，公民退出的决定可能会立即造成相当负面的后果。在民族国家等较大的司法管辖区中，代议制民主的反馈回路通常会比较松散。你很难知道专家们的决定让事情总体上变得更好还是更糟，对你个人来说是好是坏，则更难了解。因此，比起专家统治，准专家统治更难导致专家失灵；比起自主，准专家统治则更易导致专家失灵。

自治或自主

最后，专家之间可能会相互竞争，仅向普通人提供建议，让普通人自由选择接受或拒绝该建议。《消费者报告》杂志就是这种"自主"的一个相对纯粹的例子。该杂志请专家检查、测试某类产品，如"微波炉"或"婴儿床"。专家团队对每种产品的性能，包括安全性和可靠性，给出他们的意见。没有人必须订阅这本杂志。订阅该杂志的人可以购买专家推荐的产品，也可以购买专家贬低的产品，因为专家仅仅扮演顾问的角色，无权为消费者做出选择。此外，该杂志还有许多竞争对手。它只是消费品专家意见的一个来源。在这种情况下，专家失灵的可能性很低。而且，实际上，我没看到有任何观点表明，《消费者报告》会是坏的或危险的。然而，尽管不多，但它还是犯过一些错误。例如，2007年该杂志发现，在测试的所有儿童安全座椅中，除了两款，其他座椅在以 38 英里 / 时（1 英里约合 1.6 千米）的速度发生侧面碰撞时，都无法提供足够的保护。事实上，测试中的速度是 70 英里 / 时。该杂志在两周内纠正了错误（见 Claybrook 2007）。要注意，这样的错误不会使儿童面临危险，而是让制造商面临危险。

在之前的章节中，我们讨论了"偏好市场"（Earl and Potts 2004；Potts 2012）和"新品中介"。这些是"自治"或"自主"更进一步的例子。风险资本家（venture capitalists）可以提供新品中介以及资本。在偏好市场和新品中介中，专家失灵的案例似乎相对较少。

我对自治的评论可能表明，我们不必假设每个支持自治的人都能对自己的情况做出最好的判断。亚当·斯密（1759，II.2.11）说："毫无疑问，要推荐一些人来照顾某人，最合适的候选者，天生是此人自己；自己比任何人都更适合照顾自己，所以让自己照顾自己，合适且正确。"霍尔科姆（2006）指出，"经济学家经常认为，每个人都是自身福祉的最佳法官"（p.210）。我们有时会听到，每个人都是自身利益和相对优势的最佳法官。这一说法似乎表明，只有一个人在判断我是否最优地利用时间，那个人就是我自己。但在商业社会中，许多分散化的参与者会判断我应该如何度过时间。我是其中一名参与者，而我的家人、雇主、潜在雇主、宗教领袖、医生、律师、财务顾问和《消费者报告》记者，他们也是。这份名单包括本书所说的专家。雇主和潜在雇主都是这份名单上的重要人物，但在我看来，他们不是专家。企业家的职能之一，是判断如何利用他人的劳动时间。在或多或少不受约束的市场经济中，如果企业家在做出这种判断时具有比较优势，那么他们通常能够一直为工人提供有保障的工资，从而换取指导工人工作的权力。在工作场所之外，关于如何行动，每个人有很多建议来源，这又将我们带回到了对专家的讨论。人们可能向宗教领袖、自助手册、生活教练等寻求建议。美国最伟大的原创自助书是本杰明·富兰克林的自传，书中写了富兰克林"实现道德完美的计划"。个人自主的优势不在于选择自己的道路，因为每个人并不总是自己福祉的最佳判断者。自主的优势在于，相较于专家统治等替代方案，个人在生活的不同方面接受的指导，更可能来自在提供指导方面具有比较优势的人。我们不应该将理想化的自治，与现实的或比现实更糟的专家统治等替代方案相比较。我们也不应该将理想化的专家统治等替代方案，与现实的或比现实更糟的自治做比较。我们应该将实际发生的自治，与实际发生的替代方案做比较。换句话说，我们不应该犯涅槃谬误（也译"完美主义谬误"）（Demsetz 1969）。

认同感、同情、认可和追求好评

在前面的章节中，我们看到了认同感、同情、认可和追求好评这些动机。这些动机如果在某种程度上是错误的，就可能会导致专家失灵。例如，一些法庭科学家对执法部门有着强烈的认同感，这可能会导致无意识偏见，使案件的结果支持警方的理论。专家如果对其他专家的同情超过对自己客户的同情，就可能无法发现同事工作中的错误，但这些错误会对客户造成损害。如果专家寻求其他专家的认可，也可能会出现专家失灵。即使是看起来纯粹为了追求好评，也可能导致出错。如果法庭科学家知道自己正在处理一件谋杀案，他可能会觉得有责任确保案件得到解决。然而，想要破案的愿望可能会导致样本与警方嫌疑人出现假阳性匹配。想变得值得好评的高尚愿望也可能是专家失灵的一个原因。这种可能性，凸显了竞争、冗余、共生态冗余以及市场结构其他方面的重要性。就算专家是天使，糟糕的市场结构也可能导致专家失灵。

观察者效应、偏差与盲法

观察者效应会导致偏差，这是专家失灵的一个重要原因。在目前的文献中，盲法（blinding，也译"设盲"）可能是消除偏差的主要手段。盲法就是隐藏信息，就像在双盲药物研究中一样。在这些研究中，患者不知道他们是在服用药物还是安慰剂。实验者也不知道哪些患者服用药物，哪些患者服用安慰剂。（见 Schulz and Grimes 2002，对于盲法方案，以及有时应用结果较差的情况，文章进行了尖锐而有力的分析。）盲法在许多情况下都是可取的。但在共生态有限理性的条件下，盲法有着固有的限制，这意味着有必要采取辅助预防措施。

波多尔斯基等（Podolsky et al. 2016）将对**受试者**（被试）使用盲法追溯到 16 世纪末的"诡计试验"（trick trials）。关于驱魔的争议"催生了驱魔试验，在实验中使用假圣水和假圣十字遗物，以确定过度兴奋、自我暗示或欺骗——而非魔鬼——是否为受折磨者行为的原因"（p.46）。后来，路易十六委托一个小组，调查弗兰兹·安东·梅斯默（Franz Anton Mesmer）的说法，梅斯默声称，可以使用"动物磁性"（animal magnetism）治疗病人。小组成员包括本杰明·富兰克林、安托万·拉瓦锡和约瑟夫·伊格纳斯·切洛廷（Joseph-Ignace Guillotin）。这个小组从蒙田那里了解到了诡计试验（Podolsky et al.2016，p.46）。富兰克林等人使用蒙住眼睛等方法，不让他们知道"动物磁性"是否或何时发挥作用。他们得出结论，梅斯默的技术没有科学价值（Podolsky et al. 2016）。

波多尔斯基等（2016）将人们对观察者效应的认识仅仅追溯到19世纪，当时"观察者偏差在所有科学学科中都会出现，无论是传统学科还是非传统学科。最引人注意的是，天文学家描述了记录看似客观的数据时'人差'（personal equation）产生的影响"（p.50）。1910年的一项研究似乎以不规则、无计划和随意的方式应用了观察者盲法（Podolsky et al. 2016，p.51）。据波多尔斯基等（2016）说，休利特的研究（Hewlett 1913）是最早让观察者接受相同盲法方案的研究（p. 51）。

休利特（1913）开头写道："有人声称，用天然的油制备的水杨酸钠作为治疗剂，优于通过合成方法制备的水杨酸钠。"他的研究解决了制药商迫切关注的问题。对于天然与合成的水杨酸钠，休利特的研究比较了两者对不同疾病的治疗效果，"尤其"关注其"对风湿热"的治疗效果（Hewlett 1913 p.319）。"天然"版本由一名从业者从桦树油中制备，合成版本由默克（Merck）公司生产。这项研究是由美国医学会的药学和化学委员会（AMA's Council on Pharmacy and Chemistry）发起的，该委员会的成立部分是为了促进医疗专业人员与新兴制药行业之间的合作（Stewart 1928）。该研究得出结论："就药物对患者的治疗作用和毒性而言，无法区分天然与合成水杨酸钠。"（Hewlett 1913，p.321）这个组织成立的目的在于促进医疗专业人员与制药商的关系，而该组织进行了一项研究，表明一家制造商的产品并不次于竞争对手的"天然"产品。因此，休利特的研究是不是随机对照试验的良好开端，读者可以做出判断。

波多尔斯基等（2016）报告称，他们发现从"19世纪第二个十年到第四个十年"，"观察者盲法被零散地运用"（p.52）。第二次世界大战后，这种做法变得更加系统："到1950年，哈利·戈尔德（Harry Gold）和他的同事首次将对患者和医生（或受试者和研究人员）使用盲法的研究正式称为'双盲'测试。"（Podolsky et al. 2016，p.53）罗伯逊（Robertson 2016，p.27）说，"主要是在过去60年里"，"双盲随机安慰剂对照试验已经成为科学研究的黄金标准"。

在各种情景中，盲法是一种有价值的重要工具，可以减轻观察者效应。例如，在法庭科学中，"顺序披露"（sequential unmasking）是一种理想的方案（Krane et al. 2008）。科学家经常采用各种形式的盲法。在第9章中，我们看到孟德尔的结果似乎因为观察者效应而出现偏差，这或许能使用盲法方案进行改善。

我想不出任何理由，能够质疑盲法可以减少偏差这一基本主张。但我认为，我们应该认识到盲法原则有一个重要限制。盲法方案无法消除我所说的"共生态偏差"，也就是共生态有限理性产生的偏差。知识的分工使任何人都无法避免有限和片面的观点，意味着我们的认知和判断中存在狭隘的偏见。只有增加专家的数量，让他们真正处于竞争的位置，才能减轻这种重要的偏差。如果知识的结构是有等级的，且理性是有限的，使得盲法由费林等（2017）描述的"全知之眼"引导，那么盲法就能发挥足够的作用。在这种情况下，所有的偏差都是我们所说的**被诱发的**偏差（induced bias）。与领域无关的信息、不当的激励或影响情感的背景可能会**诱发**偏差。除去这种会产生扭曲的影响，就不会有任何东西，能使理性的平面出现偏斜，从而远离客观真相。如此构思出来的理性不需要共生态冗余，因为在不会被诱导产生偏差的情况下，这种理性会自动与真相保持一致。然而，如果社会上存在哈耶克式的知识分工，情况就会更加复杂。

如果知识是 SELECT 的，那专家的理性就是**共生态**有限的，而盲法方案就只是片面的手段。和我们所有人一样，专家们对事件的观点有限且片面。将这些观点结合起来，更可能建立证据间的恰当联系，也更可能发现如何利用证据更好地进行争辩和解释。但有必要使多种观点有效地**参与**进来。正如奥德林（1860）、米尔格罗姆和罗伯茨（1986）、克普尔和考恩（2010）等人所建议的那样，我们可以通过让专家相互竞争，来创造这样的参与。克普尔和克兰（2016）谈到了"杠杆化"（leveraging）偏差。换言之，专业知识生态应既有竞争，又有共生态冗余。

信息和激励可以诱发偏差。盲法可以消除或至少减轻被诱发的偏差。但共生态偏差不是被诱发的。它不是由任何特殊或特定原因引起的，也不是一种扭曲，而是"知识的社会分工"所固有的。这一观点成了伯格和卢克曼（1966）专家理论的背景和起点。这是知识的社会分工所固有的，没有这种分工，专家问题一开始就不会出现。

11
专家失灵的其他来源

专业知识的常态事故

特纳（2010）指出：

> 查尔斯·佩罗（Charles Perrow 1984）使用术语"常态事故"（normal accidents）来描述复杂紧耦合生产系统遇到某种异常事件时，所导致的灾难性失灵。在这些事件中，失灵系统相互作用，作用方式无法预料，也不容易理解、纠正。专家知识的生产系统正日益紧耦合。
>
> （p.239）

特纳基于"专业知识的常态事故"这一理念，建立了专家失灵理论。其他人将佩罗的理论狭隘地应用于法庭科学问题（Cole 2005；Thompson 2008；Koppl and Cowan 2010）。詹姆斯·瑞森（James Reason 1990）在佩罗的基础上进一步发展了该理论。

继查尔斯·佩罗（1984）之后，瑞森（1990）指出，与简单松耦合系统（loosely coupled system）相比，在复杂紧耦合系统（tightly coupled system）中，潜在错误更可能存在，也更可能造成危害。佩罗借用了机械工程中紧耦合系统和松耦合系统这些词。佩罗解释说，此处，"紧耦合是一个机械术语，意味着两个项目之间没有松弛（slack）或缓冲（buffer）"（1984，pp.89-90）。在社会过程的情境中，紧耦合系统指的是，系统中任何一个组件或过程失灵，都可能破坏其他组件或过程的功能，从而导致整体系统失灵。

佩罗列出了紧耦合系统的四个特征：（1）"紧耦合系统具有更多的时间依赖过程（time-dependent processes）：它们在被处理之前，无法等待或待命"；（2）"紧耦合系统中的序列变化更小"；（3）"在紧耦合系统中，不仅特定的序列不会发生变化，过程也被整体设计为只能通过一种方式达到生产目标"；（4）"紧耦合系统几乎没有松弛"（pp.93-94）。一个系统如果有许多"隐藏的相互作用"，"晃动装置 D 可能不仅影响下一个装置 E，还影响 A 和 H"，那么佩罗（1984，p.79）称之为"复杂"系统。特纳（2010）称生产专家知识的系统为"专家系统"，这些系统可以在不同程度上表现出上述这些性质。

如今的法庭科学，正是复杂紧耦合"专家系统"一个很好的例子。例如，在过去几年中，休斯敦刑侦实验室（Houston Crime Lab）在对证据进行不同的检验时，造成了交叉污染。2002 年的一份审查报告（FBI Director 2002，p.21）说："血清学、痕迹和纵火等调查都需要用到中心筛查区域，但实验室的设计，并没有考虑尽量减少交叉污染。

这些科目需要更好的隔离装置。审查小组获悉,有一次屋顶漏水,导致证据沾到了水。"

法庭科学是一个复杂紧耦合系统,在这个系统中,个人、组织、过程、技术和激励系统,都能调解个人之间的冲突。这样的系统很容易受到瑞森指出的"潜在错误"(latent error)的影响。在受到活跃错误(active error)的触发之前,这些潜在错误通常处于休眠状态。

这一背景既有技术层面,又有组织层面。事实上,在错误产生过程中,这两个层面并不正交。"结构"一词还强调了这样一种观点:可以重新设计复杂紧耦合系统,减少出错的可能性。背景中不适当的结构特征能产生活跃错误。一旦识别出这些结构缺陷,就可以对系统进行重新设计,从而达到更好的效果。错误不会凭空发生。个人会导致一系列社会和经济结构出现错误。经济和社会结构会产生激励,导致专家失灵。

复杂性和反馈

复杂性是佩罗"常态事故"概念的核心。在特纳对佩罗的引用中,相关的复杂性存在于专家的生产过程中,例如在现代刑侦实验室这种复杂紧耦合系统中。但是,领域的复杂性也可能导致专家失败。我们向专家咨询的现象,可能复杂、不确定、难看清、模棱两可。针对这种情况,法庭科学也提供了一个例子。在法庭科学中,证据往往模棱两可。例如,留在犯罪现场的指纹可能残缺不全,也可能沾上污迹,还有可能两枚指纹叠在一起,或者指纹附着的材料不平整,等等。

DNA 证据也可能模棱两可（Thompson 1995，2009）。我们请经济专家预测经济情况，而经济非常复杂、不稳定，很难看清。

再想想股票市场。如果可以预测股息支付率（并确定风险水平），那么每个人都会知道每只股票的价值，价值会等于价格。在这种情况下，所有人都只能买入并持有。这样的话，研究股票也就毫无意义了，也没有人会去研究。可是，如果没有人研究股票，股价就会偏离其基础价值，于是，研究股票便有利可图。布罗克和霍姆斯（1997）展示了这种逻辑如何导致动态不可预测。在预测股价走势时，如果好的预测者酬金更高，那么承担成本的老练交易者就会转向廉价但短视的预测者，于是稳定的均衡就会崩溃。这种情况会导致不稳定性，所以聘请更好的预测者带来的成本是值得承担的，这样，在非周期性循环（aperiodic cycle）恢复之前，系统就会暂时回到稳定的均衡。很难预测系统何时会在稳定和不稳定的动态之间转换（Brock and Hommes 1997）。亚瑟 1994 年的文章和 1997 年与他人合著的文章也阐述了相互作用的主体如何内生地产生复杂动态。

当对象的领域复杂、不确定、难看清或模棱两可时，反馈机制可能会很弱，甚至可能根本没有反馈机制。之前的专家意见是好是坏、是真是假，都很难判断。直到最近，在宏观经济学争论中，这种缺乏反馈的现象还很明显。不同的思想流派坚持认为，其他流派没有通过历史的考验。但很少有宏观经济学家会因为其他流派的经验记录更好，就放弃自己原来的流派，转投另外一派。不过，近年来，宏观经济学家都在使用同一类模型（DSGE 模型），因此上述情况有所改变，尽管不同流派之间，理论和政策上的差异仍然存在。

我在第 8 章中指出过，这种不可预测性不一定总会抑制需求。不过，在这种情况下，专家失灵的可能性确实很大。专家意见的需求者会为不可靠的意见买单。政府对宏观经济预测的需求，似乎与预测的质量或可靠性无关。2008 年金融危机后，伊丽莎白二世女王问经济学家："为什么没有人提前注意到它？"（Pierce 2008）英国科学院给了她一些正式的回答。"大家似乎都称职地干着自己手头的工作，"他们告诉女王，"而且大多数情况下做得不错。但是我们未曾看到，所有这些汇聚起来，导致了一系列相互关联的失衡，没有任何一个部门能够独力管辖这些不平衡。"（Besley and Hennessy 2009）克普尔等（2015a）评论道："这个答案不是在质疑经济环境的动态，而是在质疑经济管理部门的组织。要是我们有更好的组织，这整件事情完全能够避免。"（p.6）

政府并不是魔法般预测的唯一需求者。算命的仍在干着他们的营生。选股人和基金经理仍在寻找机遇。许多先知以预言厄运或救赎为生。我相信，如果竞争能让巫师变成老师，那么就算是在这些市场上，竞争也有助于降低专家失灵的可能性。僧侣间的专家竞争，会使这些僧侣不那么教条，变得更加"坦率而温和"。西方哲学中传统智慧的出现可能也表明，即便在一些市场中，专家意见与后续事件之间的反馈很少，甚至完全没有反馈，竞争也能改善专家意见。

激励一致性

第 10 章中讨论的许多问题或许可被称为"激励一致性"

（incentive alignment）问题。当专家的激励与事实不一致时，专家失灵的可能性更大。有些激励不一致的情况可能很难归入本章或上一章的类别。举个例子，法院会评估费用，向一些刑侦实验室支付部分资金，一次审判支付一次（Koppl and Sacks 2013；Triplett 2013）。美国至少 14 个州的法律规定了这种做法，其他州的一些辖区也采用了这种做法（Koppl and Sacks 2013）。特里普利特（Triplett 2013）则认为有 24 个州存在这种做法。我们必须注意各种案例的制度细节，尽最大可能识别出促进或抑制专家失灵的相关激励。然而，一般来说，"激励一致性"是"市场结构"的问题。我认为，专家意见市场上的"竞争"，能减少专家失灵的发生。在本章中，我将更仔细地讨论专家意见市场的结构，从而进一步发展这一观点。

专业知识的生态

专家之间的竞争并非仅仅是专家数量的问题，也不仅仅是客户是否有能力选择专家的问题。举个例子，正如我们在第 3 章中所看到的，许可证限制和行业协会使得专家们的意见被强制同质化。专业知识的生态系统必须包含竞争、生态冗余和自由进入等要素，才能最小化专家出错的可能性。

专家之间一定有竞争。除非客户完全没有能力选择专家，否则一定会有竞争。如果没有竞争，专家就没有很强的激励，去挑战其他专家、纠正其他专家的错误。

当然，专家的数量也必须很多。但仅仅数量多是不够的。专家之间必须有不同之处。也就是说，我们需要的不是简单的冗余，而是共生态冗余。我们在第3章中看到，行业协会减少了共生态冗余。事实上，行业的意义，就是在专家之间创造同质性。尽管某个从业者可能比另一个从业者更有经验，但他们都认可业内规定好的知识，他们都代表相同的知识库。但是，如果这一知识库并不完美（知识库基本上天生就不会完美），那么专业的同质化趋势将助长专家失灵。在本章题为"行业"的小节中，我将进一步阐述这些关于行业的观点。

最后，如果市场进入受到控制，那么客户就不可能获得所有相关专家的意见。因此，我们也需要实现自由进入。鲍莫尔（Baumol 1982，p.2）指出，"潜在竞争"比在位竞争者的数量更重要。（鲍莫尔引用了 Bain 1956；Baumol et al. 1982 等。）同样的逻辑也适用于专家意见市场。政府支持美国医学会等行业组织设置进入壁垒，助长了专家失灵。再次借用伯杰和卢克曼（1966）的话：局外人必须**被拒于局外**，而局内人必须**被留在局中**。

行业

我说过，像医学、法律和药学这样的行业，可能常常会把局外人拒于局外，把局内人留在局中。它们提供了一个有趣案例，介于完全自主和专家统治之间。这些行业可能是专家失灵的一个来源。一方面，我们可以自由选择医师、律师和药剂师。另一方面，正如我们在第3章中看到的，他们的行业组织创造了一种知识垄断，限制了他们之间的竞争。许可证限制借助政府强制力，维护了行业的垄断地位。如果没有许可证的限制，行业的力量可能微不足道。在第 3 章中我们看到，19 世纪的"科学人"曾经发出哀叹，打着科学旗号的专家证人给出的意见实在多样得令人难以容忍。"科学"没有许可证限制。我们看到，有人曾呼吁要采取措施，消除法庭上科学意见分歧的根源。这段历史支持这样一种猜测：如果没有许可证限制等政府支持的措施，行业将不会催生专家权力，也不会导致专家意见的同质性。

科塞尔（Kessel 1970）解释了许可证限制如何赋予美国医学会权力，以限制医生供给。1970 年的医学教育体系是《弗莱克斯纳报告》（"Flexner report"）的结果，这份报告由卡内基基金会在 1910 年出版。"该报告破坏了许多医学院的声誉，帮助美国医学会确立了仲裁者地位，使其能够决定哪些院校的毕业生可以参加国家执照考试。美国医学会的一个分支机构会给医学院进行评级，获得执照的先决条件，就是从 A 类医学院毕业。"（Kessel 1970，p.268）报告建议美国所有的医学培训，都根据约翰斯·霍普金斯大学医学院的模式进行。这份报告并未试图"评估医学院的产出"，而是将"提高标准的全部负担"，放在了"改变培养医生的方式"（pp.268-269）上。此外，报告的作者是亚伯拉罕·弗莱克斯纳（Abraham Flexner），除了"他在约翰斯·霍普金斯大学观察到的"医学教育模式以外，其他模式都被他"完全排除在外了"（p.269）。科塞尔说："实施弗莱克斯纳的建议之后，医学院就变得跟豆荚里的豌豆似的，个个都很像。"（pp.269）

《弗莱克斯纳报告》的实施减少了医生供给。"医生组织——同样是美国医学会——利用州政府授予的权力，通过取消一些医学院毕业生参加执照考试的资格，减少各院校合格毕业生的数目，从而减少了医生供给"（Kessel 1970，p.267）。这些变化减少了更多黑人医生的供应。"经过美国医学会和弗莱克斯纳的努力，医学院的数量从1906年的162所减少到1944年的69所，而黑人医学院的数量从7所变为2所。此外，存留下来的院校录取的学生数量也减少了。"（p.270）在大萧条期间，"医学院的录取人数减少了，而黑人和犹太人学生减少得相对更多。可能女性学生也是如此"（p.271）。科塞尔过分委婉地说，《弗莱克斯纳报告》"居高临下地"评论了种族（1970，p.270）。

科塞尔描述了由国家许可证限制支持的医学行业化，这种行业化减少了医生的供应，提高了法律认可的医疗实践知识库的同质性和统一性，对公众、妇女和受压迫的少数族裔尤其不利。

在回到专家理论中行业这个主题之前，我们也许值得花些时间讨论一下《弗莱克斯纳报告》中的种族主义。报告里有以下关于"黑人的医学教育"的段落：

> 黑人的医疗永远不会完全交给黑人医生。不过，如果对于同种族人民的身体健康，黑人能够感受到强烈的责任感，那就说明他们在精神和道德上进步。黑人医生行医，将只限于自己的种族。相比贫穷的白人医生，优秀的黑人医生能更好地照顾黑人的身体。但是黑人的身体健康不仅仅事关黑人自己，因为有1000万黑人与6000万白人密切接触。要是黑人患有钩虫病和肺结核，他们还会将这些病传染给他们的白人邻居，正如无知和不幸的白人毒害他们那样。在这件事上，自我保护提供了重要忠告，其重要性不亚于基于人道主义提供的忠告；自利的目的促进了慈善事业。

教育黑人不仅是为了他们，也是为了我们自己。如人们所见，黑人是这个国家一个永久性的要素。作为个人，他们有权利，有应得之物，也有价值；但是，除此之外，还有一个重要方面：他们是潜在的感染源和传染源。

教育这个种族，让他们了解和实践基本卫生原则，这样的先行工作必须主要由黑人医生和黑人护士完成。重要的是，他们都应接受合理有效的培训，并达到足够的水平，以提供重要的服务。黑人也许比白人更容易"上当"（taken in）；黑人从错误中脱身的手段有限，因此通过各种借口滥用他们的无知，就更加残忍了。一个受过良好教育的黑人卫生员将非常有用；如果一个黑人基本上没有受过训练，还拥有医学博士学位，这就会很危险。

（Flexner 1910，p.180）

弗莱克斯纳声称对"黑人的身体健康"感兴趣，但对他来说，所谓白人的"卫生"和"自我保护"问题似乎更为重要。我们读到"自利的目的促进了慈善事业"。我们被告知，黑人受教育，不仅是为了自己，还是为了我们。这些话暗示读者是"白人"，完全将黑人排除在外。报告对白人读者说，应该害怕黑人，因为他们是"潜在的感染源和传染源"。当弗莱克斯纳说"黑人也许比白人更容易'上当'"，并且"从错误中脱身的手段有限"时，我们看到了黑人智力低下这一令人恶心的种族主义言论。不幸的是，当看到一个白人种族主义者，将黑人描述成天生愚蠢且不理性的样子时，没有人会感到惊讶。但请注意其中的含义。允许这些头脑简单的人接受黑人医生的医疗服务，而非接受少数接受过"基本卫生原则"培训的"我们"的服务,是"残忍的"。因此,打压黑人医学院,被包装成道德和智力更高的人对黑人施行的慈善行为。弗莱克斯纳理所当然地认为,白人对黑人拥有永久的统治权。白人应该带着同情行使这一统治权,但也不能忽视"自我保护"。

弗莱克斯纳同情"黑人",但这种同情心似乎受到他"自我保护"概念的限制。我们先把这一事实放在一边,暂且接受这样的假设:弗莱克斯纳对"黑人"具有真诚而丰富的同情心。如果是这样,这份报告就没有任何平等可言。因为黑人是低等的,白人出于同情心,有责任为他们做出重要的选择。因此,在不尊重他人平等的尊严和自主的情况下,同情心变成了压迫的工具。我们会得出这样的结论:比起同情心原则,平等原则对人类福祉更为重要。不过,我们可能难以想象这样一个世界:所有人完全平等,但没有同情心。无论如何,尝试想象这样一个世界,只是纯粹的思辨。然而,我认为我们可以得出结论,不平等的同情心可能导致压迫。亚当·斯密和伯纳德·曼德维尔都清楚地认识到,同情心是一种美德,是一件好事。但是,如果有同情心的人认为自己更优越,有权力或义务为他人做出选择,同情心就可能会变成一件坏事。伦纳德(2016,p.xii)指出,进步主义时代的改革者是"同情心与蔑视的不稳定混合体"。我怀疑这种邪恶的混合体是不稳定的。

弗莱克斯纳的种族主义和美国医学会成功关闭黑人医学院这两件事表明,对于社会中最弱势和最受压迫的成员,许可证限制和行业进入壁垒可能造成会很大的伤害。垄断力量会扩大偏执行为的实行范围。

根据 OpenSecrets.org 的数据，1998—2016 年，美国医学会在游说方面的支出远超 3 亿美元，仅次于两个组织（Open 2016）。游说支出既反映了特殊利益集团为获得特殊利益所做的积极努力，也反映了针对国会等国家行为人的掠夺行为所做的防御性努力。然而，美国医学会的巨额支出可能表明，比起支持公众福利，它仍在以更有效的方式支撑医生的利益。斯沃尼（Svorny 2004）与斯沃尼和赫里克（Svorny and Herrick 2011）的分析支撑了这一观点。

斯沃尼（2004）严厉谴责了医学行业的许可证限制。她说："许多经济学家认为，许可证是有效、低成本医疗保健的一个重要障碍。政府对许可证的安排限制了医生教育和医疗专业人员执业模式的创新。"（p.299）斯沃尼和赫里克（2011）指出，这些许可证限制对穷人的伤害最大。行业的存在，是为了强制执行官方的观点，专业人士往往会接受并延续这种观点。我们已经看到，伯格和卢克曼（1966）讨论了垄断专家如何使用"难以理解的语言"、"恐吓、理性和非理性的宣传……（将其）神秘化"和"操纵象征威望的符号"，确保局外人一定被拒于局外，而局内人一定被留在局中（p.87）。行业有助于提供这种"宣传"和"神秘化"。

在美国，对于专业演讲，"如今联邦、州和地方政府施加了一系列限制"（Sandefur 2015—2016，p.48）。美国法律体系"对持有执照的专业人士与其客户之间的沟通进行监管"（Zick 2015，p.1291）。据推测，这种监管有多种用途和理由。然而，其中一个重要的功能，似乎是在行业内创造意见的异质性。这一问题比美国法律文献的问题更值得关注。豪普特（Haupt）为这些限制辩护，理由是在与客户沟通时，专业人士代表他们的行业及其所谓的"知识体系"。在豪普特看来，生产真理的是行业，而非专业人士。这种方法不仅需要非SELECT的知识观和自上而下的知识观，还需要天真的行业利益观——他们在"生产真理"。但我们在第3章看到了行业的影响。在刑事案件中，对被告确立合理的怀疑，可能需要偏离行业"共识"，而行业"共识"的存在，往往部分受到国家强权的影响。回想一下第3章中化学反应的例子，再来看看弗莱克斯纳的报告，这份报告向人们灌输了错误的"知识"，即黑人是低等的。认为只有一种真正的方式来进行医学教育，可能也是错误的"知识"。

我们在第8章中看到，专家的错误可能相互关联。因此，专家意见的多样性可能使我们对专家生出错误的信心。政府支持的行业组织会产生意见的同质性，从而提高行业内专家错误的相关性。这种共生态冗余的减少，会促使专家错误的产生。类似的情况似乎发生在基思·哈沃德（Keith Harward）奸杀案的审判中，他在1982年被误判有罪，2015年被无罪释放。（也就是说，他没有犯奸杀罪，却在狱中度过了33年。）哈沃德向我解释说，咬痕证据是他这个案件的核心。6名牙科医生都认为他咬了受害者，这种说法在现在看来显然不对。哈沃德推测，这种有悖常理的意见一致性，反映了这些专家忠于行业，也从属于行业。尽管在发表意见之前，每个专家都有权查阅警方的案件档案，错误的相关性可能由此而生，但哈沃德的推测也不无道理。

如果行业协会（如美国医学会）采用许可证限制，那么业内人士与客户沟通时发表的言论可能会受到监管。齐克（Zick 2015）研究了三个案例，包括"询问有关枪支、'修复性'疗法禁令和强制堕胎披露的事情时，医生所受的限制"。他将"权利言论"（rights speech）定义为"关于或涉及宪法权利的认识、范围或行使的沟通"（p.1290），并对专业人士与其客户的"权利言论"存在法律限制表示遗憾：

> 行业权利言论监管是（且通常应该被视为）基于内容的政治表达监管。也就是说，这种监管导致了重要的言论自由问题，需要受到严格的司法审查。虽然发言者是有执照的专业人员，听众是客户或患者，但仍需要防止政府压迫言论自由，尤其但不限于当言论涉及或关乎宪法权利的时候。
>
> （p.1359）

豪普特（2016）认为，为了应对宪法第一修正案带来的挑战，可以限制专业人士在与客户互动时的言论。她的主张基于这样一个观点：面对客户的时候，专业人士代表了一个所谓的"知识体系"。这种对言论限制的辩护有一个前提假设，即行业的"知识体系"在专业人员之间应该是同质的，这与我的观点一致——行业协会通常具有促进专家意见一致性的功能。

对许多客户来讲，医生和律师等专业人士可能是对他们造成压迫的力量的来源。一些客户可能能够判断专业人士何时可以信任，何时不可以。在第2章中，我们看到戈德曼等人（2001）讨论了普通人对专家意见进行判断的策略。一个显而易见的策略是，去获得第二个意见，但并非每个人都能负担得起这个策略，而且专家对行业的依附，往往会降低第二个意见的价值。布兰登·梅菲尔德一案的指纹专家，支持政府根据现场证据认定梅菲尔德为罪犯，就证明了第二个意见的价值是有限的。

正规教育通常有助于对专家进行良好判断。有钱人更可能有朋友或家人从事法律和医学等行业。对于这些人来说，这种社会关系可能通常可以降低风险，使之较少承担专家失灵的不良后果。然而，有钱且受过良好教育的人就这么多。就算是这样的人，有时也很难判断专家意见的质量。普通人有时对专家感到愤怒和怨恨，在很多情况下并非毫无道理。

监管

我已经强调过市场结构，对比了竞争与垄断。市场也受到国家公开监管的影响，国家监管塑造了市场结构和专业知识生态。跟其他市场一样，这种"监管"产生的结果，往往与其倡导者的既定目标相冲突。

许多想要改革法庭科学的人寻求某种形式的监管。其中，美国国家科学院（NAS 2009）呼吁成立一个国家监管机构，名为国家法庭科学研究所（NIFS）。客观地说，绝大多数法庭科学改革者支持这种"监督"和"监管"。

里格（Rehg 2013）似乎赞成对"持异议的专家"进行监管，这些专家在全球变暖等科学问题上持有小众意见。他谴责了一些作者"对异议的松懈态度"。他赞许地指出不同意见的知识价值，"但从事政治宣传的异议者与任何公民一样，在道德上应对其政治判断和宣传负责"（p.101）。指出这种道德责任，似乎只能算是合理。但里格接着说："专家意见被标上了官方认可的安全标签或警告，表明其（不）可靠性，专家们至少应该为这种标签负责。政府间气候变化专门委员会（Intergovernmental Panel on Climate Change，IPCC）等官方任命的专门委员会已经做到了这一点，我不明白为什么异议者可以获得免费通行证。"（p.102）虽然这套说辞有些模糊，但里格似乎是要求国家对专家异议进行监管。

"监管"专家的提案遇到了一个无穷倒退问题，我们可以称之为"海龟问题"（turtles problem）。我们需要监管专家。要做这项工作，我们需要其他专家，这些专家被称为"元专家"（meta-experts）。我们要监管专家，那么基于同样的逻辑，我们也要监管元专家，还有元元专家，以及元元元专家，等等。**守卫者由谁来守卫呢？** 这个无穷倒退问题可能会让读者想起一个故事，讲的是公共科学讲座上的一位老妇人。演讲者说地球是一个在什么都没有的空间里旋转的球，老妇人谴责演讲者，说他十分愚蠢。她坚持认为，地球是一个平板，由海龟的背支撑着。演讲者问："海龟靠什么支撑着呢？"另一只海龟。第二只乌龟靠什么支撑着呢？"没用的，年轻人，"她得意扬扬地回答，"一直往下都是海龟。"对于一些倡导监管的人来说，一直往下都是专家。

监管会面临海龟问题，它同时还带来了监管俘获的风险。监管和监督机构应该约束特殊利益，保护一般利益。监管如果服务于特殊利益，那就是被"俘获"了。行业如果想要俘获监管者，就必须提供一些回报。回报可能包括向监督监管机构的国会议员提供竞选捐款。行业可以采取的形式有无限多种。不幸的是，俘获是常态，很难改善。美国第一家伟大的监管机构是州际商务委员会（Interstate Commerce Commission，ICC），成立于1887年，负责管理铁路公司。《州际商业法》（The Interstate Commerce Act）禁止价格歧视，要求"所有收费……应合理、恰当"。这一措辞似乎限制了铁路公司，但铁路公司都支持该法。波斯纳（Posner 1974，p.337）解释说："第一部《州际商业法》旨在防止铁路公司实行价格歧视，铁路公司支持颁布该法，因为歧视正在损害铁路公司的卡特尔。"

俘获监管者的利益，可能并非受监管行业的利益。"简而言之，黄油生产商希望打压人造黄油，同时鼓励面包生产。"（Stigler 1971，p.6）例如，铁路公司有时利用国家监管机构来打压卡车运输。20世纪30年代，"对于服务两个或多个火车站（因此与铁路竞争）的卡车，得克萨斯州和路易斯安那州规定了7 000磅的有效载荷限制，对于仅服务于一个火车站（因此不与铁路竞争）的卡车，则规定了14 000磅的有效载荷限制"（Stigler 1971，p.8）。

供求理论表明，在竞争性市场中，商品最终将落入那些最看重（以支付意愿衡量）它的人手中。然而，理论并没有告诉我们谁愿意付出最多。类似地，监管俘获理论并没有告诉我们谁将在利益争夺中取胜，得以俘获监管者。这是一场持久战，胜利可能是局部且短暂的。然而，我们可以说，集中的利益有助于胜利。组织良好、利益相对较大且同质的集团在竞争中具有优势。

对专家进行监管的呼声，因存在监管俘获风险而稍弱。以美国国家科学院（2009）创建国家法庭科学研究所的提案为例。执法机构联盟或许是最有可能俘获法庭科学的联邦监管机构。根据劳动统计局的数据，2012 年，美国执法人员的数量超过 130 万（BLS 2015）。这些人属于一个相对较大、集中、组织良好且同质的利益集团。

2013 年的一个事件表明，这样的联盟确实存在，而且它们能够合作行动。2013 年 8 月 30 日，一个执法团体联盟致函美国司法部长，强烈谴责他的新政策，认为他不该尊重科罗拉多州和华盛顿州关于大麻的法律（Stanek et al. 2013）。在评论这一事件时，一名记者认为，"警察组织已经成为越来越强大的政治行为人"（Grim 2013）。是否还有其他像无辜者运动（innocence movement）一样的利益集团，在与执法部门的竞争中处于有利地位？如果有，能持续多久？科尔（2010）认识到法庭科学中监管俘获的风险。他在谈到拟建的国家法庭科学研究所时说："如果它被执法部门'俘获'，那么它会推动改进，还是导致停滞，就很难说了。"（p.436）

在俘获法庭科学监管机构的斗争中，执法部门具有明显的优势。美国国家法庭科学委员会由司法部与商务部的国家标准与技术研究所（National Institute of Standards and Technology，NIST）于 2013 年联合建立。该机构在运行过程中出现了一段插曲，这段插曲说明胜利并非必然。根据章程，委员会的职责之一是"制定法庭科学与法庭交叉领域的指导文件"。然而，当时委员会的报告和证词小组委员会（Subcommittee on Reporting and Testimony）提出一项提案，由法学教授保罗·吉安内利（Paul Giannelli）撰写，旨在增加刑事取证的披露，可是委员会中来自司法部的联席主席裁定，该提案超出了委员会章程所规定的范围。小组委员会联席主席杰德·拉科夫（Jed Rakoff）法官辞职以示抗议，理由是委员会的章程明确为这样一项提案创造了空间。就在第二天，即 2015 年 1 月 30 日，委员会的联席主席推翻了这一决定，并邀请拉科夫法官回到委员会。对委员会的章程进行解释，并否决小组委员会提案的，是委员会的联席主席，而非司法部。这一决策虽然很快被推翻，但这段插曲说明在俘获监管者的斗争中可能发生的事情。委员会章程于 2017 年 4 月到期，此后委员会不再存续。

买方垄断与大玩家

买方垄断是专家失灵的根源。买方垄断是指一个市场中只有一个买方。这使得专家即使在名义上相互竞争，也会依赖买方垄断者，不愿给出可能违背买方垄断者利益或愿望的意见。在美国，警察和检察机关通常是法庭科学服务唯一的重要需求方。

还有一种狭义的买方垄断，有时可能助长专家失灵。客户聘请一位专家向其提供意见。唯一一个要求为该客户提供意见的人是客户自己。这种排他性是狭义的买方垄断。专家可能有其他客户，但其他人不会付钱给专家，让专家给这个特定客户提供意见。如果第三方很容易观察到专家向客户提供的建议，或者该建议很可能被披露，那么专家就有动机给出在其他潜在客户看来合理的意见。如果情况并非如此，那么专家就有动机给出令客户愉快的意见，哪怕是说一些不合理或荒谬的话。谄媚和唯唯诺诺的人会对这种激励做出反应。杜克强奸案的地方检察官是迈克尔·尼丰（Michael Nifong），他雇用了私人 DNA

实验室，诱使实验室扣下无罪证据（Zucchino 2006）。该实验室是私人的，因此名义上是"竞争性的"。可以推断，这个实验室本可以拒绝这一特殊要求，无须因此触及底线。但是它还是选择遵从尼丰的意愿，隐藏了证据。地方检察官的狭义买方垄断行为创造了这样做的动机。只有尼丰有效控制了该案的 DNA 证据。

客户会向多个来源寻求意见，而由于供给方存在共生态冗余，不同的供给者可能会给出不同的专家意见。这种情况下，每一位专家都有动机预测其他专家会给出什么意见，并向客户解释为什么自己的意见是最好的。这样做会提高客户给予专家好评的可能性，也会提高客户成为回头客的可能性。我们再次看到，竞争会让专家不像神秘的巫师，更像提供帮助的老师。

布托斯和麦奎德（Butos and McQuade 2015）认为，联合国政府间气候变化专门委员会是气候变化研究的"大玩家"（Big Player）。耶格尔和我将大玩家定义为"习惯性行使自由裁量权影响市场，且自身完全或基本上不受盈亏约束的人或实体"（Koppl and Yeager 1996, p.368）。克普尔（2002）相对细致地发展了大玩家理论。根据布托斯和麦奎德的说法，IPCC 对气候变化研究资助的影响（或许是间接影响）太过强大，它已经"成为气候科学界的主要声音，对科研情况的总结性声明在科学家中具有重要影响"（p.189）。谨慎地说，对于人类活动是不是导致不利气候变化的重要因素，布托斯和麦奎德（2015）并不假装自己有见解，而是认为"在研究具有重大实际利益的现象的领域中，科学不确定性、政治机会主义和意识形态倾向互相融合，已经被认为促成了此学科的人为繁荣"（p.168）。他们描述了

"IPCC在科学领域引发了羊群效应，与政府资助活动相互作用、相互促进"（p.167）。他们记录了大玩家的影响，这样的影响可能会增加专家失灵的风险。无论对"全球变暖"的担忧总体来讲是太过，是不及，还是恰到好处，布托斯和麦奎德都指出了一个重要的普遍真理——科学等专业领域中的大玩家提高了专家失灵的风险。

评思想市场

我已经赞美过专家意见市场中竞争的好处，至少"竞争性"市场在存在竞争、共生态冗余和自由进入时是有好处的。但即使存在竞争，专家也有可能失灵。在专家意见的市场中，"总真理产出"（Goldman and Cox 1996）可能非常少。专家意见市场是"思想市场"的一部分。也就是说，我的理论会引出对思想市场的悲观态度。

对于秉持曼德维尔、斯密、休谟和哈耶克这一传统的自由主义者而言，就算思想市场无法引导参与者产生真实的信念，他们也不会认为这有问题，不会觉得失望。关于如何做事情的知识是共生态的，而且通常是隐性的，这些知识在一个进化性的塑造过程中向一些目标靠拢，最后与这些目标趋向一致。这些**做法**与我们的需求大抵一致，尽管进化不会产生最优解。不过，任何趋向于真实信念或正确陈述的势头，比起趋向于实用做法的势头都会更弱。正如我们在约安尼迪斯（Ioannidis 2005）、塔洛克（Tullock 1966）等人的著作中看到的那样，错误的信念可能一直存在，甚至在科学中都如此。我们的命题性知识质量相对较差，这一点印证了自由主义普遍性的怀疑态度。

被赫特（W. H. Hutt 1936）称为"消费者主权"的学说认为，消费者是否购买的决策，决定了商品和服务的生产，因为"竞争性机构是人类需求的仆人"（Hutt 1936，p.175）。这种消费者主权学说在思想市场的适用性，不弱于在男鞋市场的实用性。真理只是需求者想从思想中得到的许多东西之一，有时真理完全不是他们想要的。很多时候，思想市场的需求者想要异想（magical thinking）。我所说的"异想"是指某种观点，在形成这个观点的过程中，有一个或多个步骤需要一些不可能的东西才能达成。不幸的是，专家们往往有产生异想的动机。在思想市场的竞争条件下，对异想的需求与供给意愿相匹配。正如亚历克斯·索尔特（Alex Salter 2017，p.1）所说，在思想市场中，竞争发生在"与真相无关的边际上"。戈德曼和考克斯（Goldman and Cox 1996，p.18）说："如果与其他商品或商品维度相比，消费者对真理没有非常强烈的偏好，那么我们就没有理由期望竞争性市场中提供和'交易'的知识商品束，能够具有最大的真理成分。"

科斯（1974）对思想市场持类似的怀疑态度。然而，戈德曼和考克斯（1996，p.11）说："某些经济学家，包括……罗纳德·科斯，只是假设了自由的思想市场所拥有的优点（或者假设其他人承认这些优点），在此之上论证自由的商品市场与思想市场完全平行。"但在他们所引用的文章中，科斯（1974）两次表示，思想市场中"似乎存在大量'市场失灵'"现象。科斯并不认为思想市场在某种程度上很有效或很美妙。他的观点涉及不对称性：支持政府纠正商品市场中的"市场失灵"，但却反对政府在思想市场中这么做，这种观点显然自相矛盾。科斯谨慎地指出，这种不对称性并不取决于思想市场在结构上与商品市场相同的假设,即"不同市场的不同特征,使得相同的因素具有不同的权重,相应的社会安排也应有所不同"。但是,"在决定公共政策时,我们应该对所有市场使用相同的方法"。科斯哀叹道,许多学者和知识分子认为,国家干预在某一领域中熟练而有助益,但在另一个领域则很笨拙且具有破坏性。"我们必须想清楚,政府是否像人们普遍认为的那样在思想市场上无能,如果是这样,我们就要减少政府对商品市场的干预,或者它是否像普遍认为的那样在商品市场上高效,如果是这样,我们就要加强政府对思想市场的监管。"(Coase 1974,p.390)

如果思想市场不完美,并非总是最好由国家监管来处理,那么也许商品市场不完美,也不总是最好由国家监管来处理。反向的推论似乎也成立。如果监管带来的风险,能够阻止我们再以国家干预商品市场,那么也许思想市场的巨大缺陷,也就不再能够引致国家干预。对言论自由进行辩护,并非因为思想市场能以某种方式消除错误,或抹去人类的愚蠢。它是基于一种比较制度来分析,在这种分析中,大多数国家干预使得本就糟糕的局面变得更惨。除了所有其他规则外,言论自由是最糟糕的规则。

知识系统设计

专家经济学理论研究市场结构如何决定专家失灵的风险。跟其他市场一样,在专家意见市场中,竞争的结果往往比垄断更好。因此,从"实证"分析转向"规范"分析似乎很容易。我的处方貌似是"让竞争存在"，然而，"让竞争存在"并不容易。

首先，细节很重要，这点我也试图强调过。我前面之所以谈及"专业生态"，部分原因是"竞争"和"垄断"这两个潜在的类别十分空洞，我希望越过它们，把重点放在市场结构的细节上。"竞争"一词很模糊，可能包括会促进专家失灵或很难防止专家失灵的制度结构。一个良好的专业生态通常会存在竞争、共生态冗余和自由进入。要求一个设计中存在"竞争"，并不能确保其他特点一定存在。其次，设计是很困难的事。德文斯等（2015）认为，设计体制是不可能做得到的。史密斯（2009）指出，设计单个市场并不像设计体制那样费时费力，但也困难重重。实验经济学的方法至少可以帮助我们克服市场设计的一些困难。克普尔等（2008）就给出了一个例子。

克普尔等（2008）在法庭科学的背景下，检验了使用多名专家的后果。克普尔等（2008）给出了实验证据，证明这种改进措施有可能改善系统绩效。他们将证据简化成三种形状（圆形、三角形、正方形）之一，让"发送者"向"接收者"报告这些证据。发送者类似于法庭科学家，接收者类似于事实审理者（法官或陪审员）。当给予某些发送者激励，要求他们给出虚假的报告时，偏差就会因此产生。接收者被要求说出发送者实际展示的形状（圆形、三角形、正方形）。某些情况下接收者会收到一份报告，有时会收到多份报告。由于报告中的"错误"是独立的（发送者不知道其他发送者报告的内容，或其他发送者受到了什么激励），接收者在收到多个报告时，犯错的次数更少。克普尔等的结果表明，如果发送者的数量不低于三个，那么竞争性的知识（我们可称之为冗余）会改善系统绩效，但如果发送者数量为两个，则可能不会改善绩效。此外，发送者数量一旦超过三个，进一步增加数量似乎不能改善系统绩效（Koppl et al. 2008，p.153）。

有趣的是，在一组实验中，多个发送者的存在似乎降低了发送者的平均绩效，而同时又提高了系统的性能。对于民事案件的审理，罗伯逊（Robertson 2010，pp.214-219）给出了类似的提议，提出专业知识的"对抗性盲法"（adversarial blind）。

使用随机、独立、多次的鉴定是盲法的一种形式。鉴定人员不知道其他实验室是否鉴定过同样的证据，就算知道，也无法了解别人的鉴定结果如何。他们看不到这些信息。这种盲法给予鉴定人员更强的激励，使其避免科学上不恰当的推断，从而最小化克普尔等（2015c）所定义的"推翻风险"（reversal risk），即"决策后来被认定有误的风险"。

克普尔等（2008）的实验结果可能令人惊讶。但是，想要提高系统可靠性，不一定要提高系统内单个个体（发送者）的可靠性。链条的强度取决于最薄弱的一环，一张网比它的单个绳结更强，一个网络比它的单个节点更强。就算一张网中的每个绳结平均来看比一条链的各个环节要弱，整张网也可能比链条更强。

克普尔等（2008）的实验构成了"知识系统设计"（epistemic systems design）领域的一部分，将经济系统设计技术应用于真实性问题，而非效率问题。这项研究采用了经济系统设计技术（Smith 2003），帮助探索制度变革，以提高专家市场的真实性，而非提高效率。规范性标准从效率变为真实性，催生了知识系统设计。经济系统设计使用"实验室作为测试平台，检验新提出的制度的绩效，并根据测试结果修改制度的规则和实施特征"（Smith 2003，p.474）。它使研究人员设计经济制度的方式发生了重大变化。知识系统设计可能具有类似潜力，能够改变研究人员设计制度的方式。克普尔等（2008）、考恩和克普尔（2011）以及罗伯逊（2011）的研究都给出了这方面的例子。过去的许多研究在某种程度上是先驱。德罗尔和查尔顿（2006）以及德罗尔等（2006）之类的盲法研究，至少在某种程度上是这样的例子，阿希（Asch 1951）等社会心理学研究也是如此。

知识系统设计或许可行，因为我们是在实验经济学的实验室中**建构**真理。我们站在上帝般的位置，明确说出真理是什么，说出我们的实验对象有多接近真理。（关于我们上帝般的立场，可与 Schutz 1943, pp.144-145 进行比照。）我们建构了真理和偏好，也建构了选择的制度环境。换言之，我们建构了实验对象所在的世界。从这上帝般的视角出发，我们可以比较不同制度安排的知识属性。当我们从建构的世界回到现实世界时，我们失去了了解真理的特权，又将面对所有人都面对的、正常的不确定性。但我们已经知道哪些制度结构有助于发现和消除错误，哪些制度结构助长错误和无知。我们可以将这种知识从实验室构造的世界带到社会生活的自然世界，因为这两个世界都有一个共同的要素，即人类的思维。在实验世界中，人类的思维是一个至关重要的要素，它**不是**被建构出来的。在实验室实验的制度背景下，是人类的思维做出了选择。也正是这一要素，在自然的社会生活世界里的制度结构中做出选择。因此，虽然克普尔等（2008）所描述的实验室实验无法告诉我们，专家的哪些判断是正确的，哪些是错误的，但这个实验能够告诉我们，当今法庭科学的垄断结构产生了不必要的高错误率。

当我们将知识系统设计技术应用于纯科学时，它提供了一种科学研究的实验方法。在过去，学者只能通过历史研究和田野研究，在实证上解决这一领域的争议。现在似乎可以利用知识系统设计的工具，解决其中很大一部分问题。因此，似乎有可能弄清楚纯科学网络结构在产生可靠知识方面的作用。

知识系统设计可以帮助我们理解，哪些社会制度会产生真理，而哪些不会。发现真理和消除错误的相关策略是间接的。与其试图指导人们形成正确的观点，我们还不如改革社会制度，促使人们发现、讲出真理。"比较制度知识论"（comparative institutional epistemics）指的就是比较不同社会制度的知识属性。相比援引诚实的价值观或教导人们应该避免谬误，让人们有兴趣发现真理可能在边际上更有效。如果我们依靠专家告诉我们真理，相比劝人做好事或保持理性，制度改革的边际价值似乎特别高。如果美德和理性是稀缺品，我们就应该精心设计知识制度，从而节约它们。

12
纠缠深层国家中的专家失灵

奥地利经济学派对中央计划进行了知识性批判（Mises 1920；Hayek 1935；Boettke 1998）。专家失灵理论同样也指向对中央计划的知识性批判，因为中央计划是专家统治的一种形式。本书中所讨论的诸多专家失灵的原因，在中央计划模式之下均有体现。

考虑到我在本书中试图发展的理论主要源于"奥地利"学派的观点，这个理论会导向对中央计划的知识性批判，也就不足为奇了。不过可能不太明显的是，这个理论也会指向对我所说的"纠缠深层国家"的知识性批判。

专家失灵与美国的纠缠深层国家

我将论证：美国的"军事-工业综合体"、"国家安全国家"或"深层国家"是真实存在的现象。这是专家统治的一种形式，会导致专家失灵。然而，不同于其他一些关于深层国家的重要讨论，这里我会强调，美国的深层国家中存在着多种相互竞争、互不一致的本位利益。

我对深层国家的批判是**知识性**的。虽然我坚持自由平等的价值观，但专家失灵理论并没有韦布主义意义上的价值倾向。也就是说，专家失灵理论不需要、不假设、不提出也不倡导任何价值观。当然，与任何其他人类产品一样，这个理论的产生也是受价值**驱动**的：对我来说，这本书的写作比其他活动**价值**更大。而且，毫不奇怪，支持我偏好的价值体系更重自由而非专制，更重平等而非等级。尽管如此，我在这里所提出的批评，重点并不在于谴责专制或等级制度，也不在于诋毁那些做出选择，（也许是无意中）给美国带来深层国家的人。最重要的，是要科学地分析美国的深层国家。

> 对于一本细菌学论著来说，如果作者从人类角度出发，将保护人类生命视为最终目的，并基于这一标准，将有效的对抗细菌的方法称为好方法，将无效的方法称为坏方法，那么这本专著并不失客观性。如果是一个细菌来写这样一本书，那肯定会推翻这些判断，但是书中的实质性内容，与人类细菌学家所写的并不会有所不同。
>
> （Mises 1966, p.54）

我无意指责美国的深层国家，只是希望能够论证纠缠深层国家会产生专家失灵。

我所提到的现象至少有三个名字。按出现的时间顺序，它们分别是"军事-工业综合体"、"国家安全国家"和"深层国家"。于我的目的而言，第一个说法可能最不合适，它仅仅明确了一个简单的事实，即美国有一支庞大的军队和庞大的军工业。虽然这种"结合"（用艾森豪威尔的话来说），常常引发忧惧，但却并不一定意味着专家统治，或者说，并不意味着任何邪恶之事。另外两个说法则通常隐含着专家统治，相应地，也隐含着对民主某种意义上的废除。但是，学者们使用这些术语，总是将深层国家视为一个内部和谐的主体，所有人拥有着共同的利益，但深层国家其实更像是一个利益冲突、争斗之所。因此，我创造了另一个术语——"纠缠深层国家"，用以指代我所批评的现象。接下来，我会解释这个术语。

对"深层国家"的警告至少可以追溯到德怀特·艾森豪威尔1961年的卸任告别演讲。在那次演讲中，他发出了两个警告，但只有一个经常被人记住。在那个更著名的警告中，艾森豪威尔（pp.1038-1039）指出美国由"庞大的军事机构和庞大的军工业相结合"。他说，这种"结合"是"美国的新经验"。"政府必须防止军事-工业综合体获得不合理的影响力，无论这样的影响力是否由综合体主动寻求。权力错位灾难性增加的可能性已经存在，并将持续下去。"虽然不如前一个警告出名，但艾森豪威尔还曾警告说，一场"技术革命"已经改变了美国大学的"科研行为"，且"近几十年来的技术革命，还使得我们的工业和军事态势发生了翻天覆地的变化"。他说："一份政府合同实际上已经替代了求知欲，这部分出于科研所需的巨大成本。现在，每一块旧黑板，都换成了数百台新的电子计算机。"在这种情况下，"联邦的雇用、项目的拨款，以及金钱的力量，在未来可能会支配这个国家的学者，这种可能性值得认真对待"。艾森豪威尔意识到"公共政策本身可能会受到科技精英的绑架"。换句话说，深层国家在大学研究中扮演重要角色，能够促进和支撑专家统治。在这不太出名的第二个警告中，艾森豪威尔提到了专家统治，并警告人们要提防专家统治。但这个警告并未在美国人的意识中扎根。

据我所知，最早提到"国家安全国家"的是迈克尔·里根（1965，p.5）。他说："照联邦支出来看，我们更像是一个'国家安全国家'，而非'福利国家'。政府复杂性的提高，不仅是因为国家安全支出有所增加，而且还由于安全概念扩大，许多非军事项目也被包括了进去。"（p.5）（这似乎是 JSTOR 中最早的记录。）根据普莱斯（Price，1998，p.390）的定义，"国家安全国家……是在冷战时期成熟起来的美国的各种政府机构和商业决策者，为保护和扩大美国精英的经济利益，采取的经济和政治战略与行动"。

"深层国家"一词似乎最早是用于描述现代土耳其的。瓦茨（Watts，1999，p.639）随意地提到了"所谓的土耳其深层国家"，传递出大众的怀疑，认为它"以亲库尔德运动分子为暗杀目标"。（这段话是我在 JSTOR 上发现的最早提及"深层国家"的文字。）卡萨巴和博兹多安（Kasaba and Bozdoğan，2000，p.19）定义了这个词："每天（土耳其）媒体都在调查所谓的'深层国家'，试图揭露勾连了行刑队、犯罪集团和政府高层的庞大腐败网络。"显然，新闻业中出现的这个词，是用来指代一种政治制度。在这种制度中，正式民主基本上或完全被犯罪分子和腐败国家行为主体（如军官、政治家、国家官僚和法官）联盟的协调行动取代。伊尔马兹（Yilmaz 2002，p.130，n.73，p.130）在讨论"军国主义的'深层国家'精英"时，将腐败的"商人"和"媒体大亨"也添加到了名单上。戈卡普和恩萨尔（Gökalp and Ünsar 2008，n.18，pp.100-101）将深层国家定义为"情报、安全部队、政党政治和有组织犯罪领导人之间隐匿的非正式网络，旨在压制和消除挑战当前政治制度的反对声音和反对势力"。

据我所知，最早提到**美国深层国家**的是斯科特（Scott 2007）。他在术语表中说，这个词"用来指一个据说比公共国家（public state）更强大的封闭网络。**深层国家**参与假旗暴力，由军事和情报机构组织，与有组织犯罪有所联系"（p.268）。在著作的其他位置，他似乎将"深层国家"等同于所谓的"最高的1%的权力"（p.3）。他提到"最高的那1%直接或间接控制政府的某些特定领域"（p.4）。斯科特说，他的书"超越了开放政治中定义明确的公共实体，将其背后更为无定形、更具流动性的私人控制领域也包括在内。这种私人影响领域——上层世界（overworld），是一种由权力足够大的人所组成的环境，这些人的财富或背景足以对社会和政治产生明显影响"（p.4）。

斯科特对美国深层国家的描述表明，人们普遍将深层国家视为追求共同利益的统一实体。然而，斯科特却将总体的"深层国家"与"深层国家的军事资源"（p.275）区分开来，他称后者为"安全国家"。他解释说："政府之中对这些人的影响做出反应的那些部分，被我称作'深层国家'（若为秘密性的）或'安全国家'（若为军事性的）。"（p.4）他指出，安全国家和深层国家（大概指的是在非军事方面）"对上层世界的不同部分做出反应，因此有时会相互竞争"（p.275）。也就是说，他在某些时刻确实认识到了深层国家内部有两个相互竞争的因素。但他对美国权力斗争的看法止步于此种简单程度。

斯科特似乎将查尔斯·科赫和戴维·科赫纳入了深层国家的范畴（pp.22，97）。据我所知，他这样做是因为他们参与了旨在促进"自由企业制度的生存"的游说活动（p.22）。他似乎将科赫兄弟的个人支出等同于"公司在倡议广告上的支出"。我认为，斯科特之所以这么想，是因为科赫兄弟的个人财富来自公司的收入，因而这些个人支出从某种意义上说也是用于"游说"的（p.97）。我认为，这种想法反映出斯科特有一种不好的倾向：将美国的深层国家等同于他不喜欢的任何政治活动。斯科特似乎认为自己是"左派"，而科赫兄弟是"右派"，所以，科赫兄弟就是深层国家的一部分。

洛夫格伦（Lofgren 2016，p.5）说："我使用的术语（深层国家），是指政府关键要素与金融业和工业中顶级部分的混合联合体，它能够有效地治理美国。至于被治理者通过选举表达的意见，它只需在一定程度上参考即可。"洛夫格伦说得对，"深度状态是我们这个时代的大事件"（p.5）。像斯科特一样，洛夫格伦荒谬地暗示说，科赫兄弟（查尔斯和戴维）从某种意义上说是美国的深层国家的一部分。洛夫格伦指出，查尔斯·科赫在创建和资助自由主义智囊团卡托研究所（Cato Institute）方面发挥了重要作用，他说，卡托这种"表面上的慈善组织"有个"习惯"，那就是"为失业的政治工作者提供收入、大喇叭和体面工作的幌子。这可能是这类组织在确保深层国家人员连续性方面最重要的职能"（p.56）。洛夫格伦似乎认为，如果你是富人，那你的游说就是坏事。不过值得赞扬的是，洛夫格伦在他错误的悲歌中，将乔治·索罗斯与科赫兄弟相提并论，说富人有时会试图说服别人接受他们的政治观点。"许多所谓的教育基金会，不过是为科赫兄弟或

乔治·索罗斯这种金主设立的公开政治宣传组织。"（p.224）

与斯科特一样，洛夫格伦似乎认为"深层国家"在某种意义上是一个"自由市场"实体。他们都有这种想法，尽管从定义上看，美国的深层国家关乎的是权力而不是竞争，是秘密而不是公开，是命令而不是交易。这种观点似乎部分根植于那些对"自由市场"理解有误的说法。举个例子，洛夫格伦指出，米尔顿·弗里德曼"曾经宣称，纯粹的食品和药品法烦琐且不必要"（p.133）。这种观点对洛夫格伦来说简直无法想象。他说："人们想知道弗里德曼是否真的那么天真，还是他在恶意地算计些什么。"（p.133）洛夫格伦完全无法想象"自由市场"可以提供令人满意的食品药品质量监管，因此他只能质疑那些提出这种想法的人，说他们心怀鬼胎。洛夫格伦对弗里德曼破口大骂，但他却没有发现可能促使弗里德曼在"纯粹的食品和药品法"的影响上撒谎的物质利益。我们只能自己琢磨，究竟是什么利益上的"算计"，促使弗里德曼在这个问题上撒谎。

过去对美国的深层国家的批评有两个重要错误。首先，人们会错误地将深层国家等同于"自由市场"之类的东西。其次，他们认为美国的深层国家的成员是一个基本上同质的群体，有着共同的利益。

在第 5 章中，我抨击了对"自由市场""竞争"及其他相关术语的误读。如果正确地解释这些术语，那么"自由市场"在很大程度上不受国家行为体所做裁量性决策的影响。正如我在第 1 章中指出的，"法治"是自由理想的核心。专家统治和法治互不相容。这是因为行政国家雇用专家，就是为了用戴雪（Dicey 1982）所推崇的"广泛的自由裁量权"，来取代戴雪厌恶的"正式法"（regular law）。无论我们对深层国家的精确定义是什么，它都是专家统治。它要求国家的专家（包括了解国家机密的国家安全专家）行使"广泛的自由裁量权"。因此，它与"正式法"相矛盾。于是，它与大卫·休谟和亚当·斯密的"古典"或"自由市场"意义上的自由主义，以及法治，都是直接矛盾的。从这个意义上说，深层国家就像行政国家一样，是无法律的（lawless）。

美国深层国家的参与者并没有统一的利益。他们有各种各样相互竞争的本位利益。因此，洛夫格伦错误地将"富人"描述为"财阀"，他们"统治着这个地方，但不属于这个地方"（pp.124-125）。我不认为洛夫格伦觉得所有美国富人都在试图"统治这个地方"。他的错误在于认为对一个财阀有利的东西也对另一个财阀有利。在前一章中，我引用了斯蒂格勒（1971，p.6）的话："简而言之，黄油生产商希望打压人造黄油，同时鼓励面包生产。"我还举了斯蒂格勒的例子，即铁路公司利用国家来打压卡车运输。即使在"情报界"内部，也存在着各种各样的利益冲突。美国联邦调查局和中央情报局（CIA）之间的冲突已经有点儿老套了（Theoharis 2007），但这也是美国深层国家内部利益冲突最真实突出的例子。至少有一位重要记者，如格伦·格林沃尔德（Glenn Greenwald）认为，FBI内部的一些人"以各种不同方式破坏了希拉里·克林顿的竞选"，而CIA则"非常坚决地支持希拉里·克林顿"（见Chambers 2017）。

虽然纠缠深层国家并非一个"自由市场"现象，但强大的公司是其中的重要参与者。这一重要性最明显的体现，就在于寻求政府合同的大型国防承包商。它们构成了艾森豪威尔所警告的"庞大的军工业"。然而，值得补充的是，在美国和全球范围内，公司权力问题似乎普遍存在。这个问题很可能带来了纠缠深层国家的危险。

（大卫·休谟和亚当·斯密"古典传统"中的）自由主义支持的不是商业，而是竞争。在商品市场中，竞争游戏的规则很重要，这一点在专家咨询市场中也一样。然而，到目前为止，公司权力某种意义上属于"自由市场"或"自由放任"这类错误认识，要想从公众话语中消除，恐怕不可能。因此，当得知哈耶克（1960，p.301）提醒大家警惕公司"权力专横，在政治上十分危险"时，许多知识分子可能感到十分惊讶。甚至许多认为自己是"自由市场"倡导者的知识分子，也可能会觉得哈耶克的警告和分析令人惊讶。哈耶克哀叹"管理与所有权的完全分离、股东实权的缺失、公司发展成任性且不负责任的帝国的趋势、巨大且难以控制的权力的集合体"（p.311）。他认为，可以通过修改公司法这种相对直接的方法来扭转这些危险趋势。他建议股东对其"公司全部利润"中个人股份的对应部分享有"法律上可强制执行的权利"（p.307）。他还建议禁止公司持有其他公司的表决权股（pp.308-311）。当一家公司可能持有另一家公司的表决权股份时，"通过持股金字塔"，一个小团体所拥有的权力可能会过大（p.309）。

一些读者可能会提出反对意见，认为哈耶克在1960年写作这些观点，无法从现在大量的关于"公司控制权市场"的文献中获益，这些文献是从"曼恩（Manne，1965）关于该主题的开创性文章"开始的（Jensen and Ruback，1983，p.7）。然而，维塔利等（Vitali et al.，2011）的实证研究表明，公司控制权市场可能会失灵，其原因与哈耶克所阐述的内容并非迥然不同。在一项关于"跨国公司"的大型研究中，他们发现"很大一部分控制权流向了一个关系紧密的金融机构小核心"。"通过复杂的所有权关系网,世界上对跨国公司经济价值的控制权有近 2/5 由核心的 147 家跨国公司控制,这些跨国公司对自己几乎有完整的控制权。"此外,"这个核心的 3/4 是金融中介机构"。

下面这个简单的数字例子,或许可以说明维塔利及其同事所指问题的性质。A 公司可能持有 B 公司 30% 的股份,同时持有 C 公司 30% 的股份。B 公司可能持有 A 公司 30% 的股份,同时持有 C 公司 30% 的股份。最后,C 公司可能持有 A 公司 30% 的股份以及 B 公司 30% 的股份。在这种假想中,每家公司 60% 的股份由其他公司持有,任何外部方都无法通过市场来约束它们,个人股东也不能投票否决现有管理层的决策,没办法以其他方式影响这些企业的经营。在这个简化的例子中,公司控制权市场已经停滞。这一假想情景并非现实,它仅用于阐明维塔利等(2011)仔细研究的那个问题的本质,同时用来说明许多大型企业在很大程度上甚至完全不受公司控制权市场的影响。

纠缠深层国家是一个不完全隐匿的非正式网络,连接着情报界、军方、政党、包括国防承包商在内的大公司以及其他相关方。虽然纠缠深层国家的参与者之间经常发生利益冲突,但这些成员也有着共同的利益,那就是维持政治制度的现状,使之独立于民主进程之外。因此,纠缠深层国家的成员有时可能有动机采取行动(可能是秘密行动),压制反对的声音,削弱挑战政治现状的力量。

我借用瓦格纳(2010)和史密斯等(2011)使用的术语"纠缠"(entangled),来表示美国深层国家内部存在着各种竞争性、对抗性的利益。回顾第 5 章,瓦格纳描述说:"在不同的制度安排下,形成了企业相互纠缠的网络,这些制度安排产生了不断进化的合作与冲突的混合体。"（2010，p.160）我在这里使用"纠缠"一词，是为了表明"私人"和"公共"实体之间的界限并不明确，美国深层国家的纠缠实体是"不断进化的合作与冲突的混合体"。纠缠深层国家不是一个内部一致的阴谋集团，它自身处于持续不断的斗争之中。尽管纠缠深层国家中存在着利益的异质性，但它依旧是导致自由丧失的原因之一。请参见特利（Turley 2012）和格林沃尔德（Greenwald 2011，2014）等人的作品。

  我不知道深层国家有多少东西秘不可见，有多少东西就藏在眼皮底下，但即便只是因为"国家安全"这一重要因素，秘密对它来说也是至关重要的。值得注意的是，两位美国参议员已经间接警告公众，我们对公开的法律有着秘密的解释（Ackerman 2011；Villagra 2013）。参议员罗恩·怀登（Ron Wyden）曾说过："公众认为法律所说的，与美国政府秘密地认为法律所说的存在差距。"（Ackerman 2011）今天，民选代表们不认为自己是"政府"。纽约州代表杰罗尔德·纳德勒（Jerrold Nadler）和FBI局长罗伯特·穆勒（Robert Mueller）2013年有过一次交流，这次交流给我们提供了一些信息。麦卡拉（McCullagh 2013）报道称：

> 穆勒最初试图淡化对国家安全局监控的担忧，声称如果想要监听电话，政府需要"外国情报监听法庭针对特定个人的特定电话发出特殊命令"。有关该程序的信息"是保密的吗"？纳德勒问道。"我不这么认为。"穆勒回答道。纳德勒说："那么我可以说一下。前几天的简报会上，我们听到了完全相反的消息。我们

确切地听到,你可以从电话中获得具体信息,仅仅因为一位分析师觉得有必要……换句话说,你刚才所说的情况有误。你的说法有矛盾。"

民选代表纳德勒不能随意披露明显的权力滥用,直到一位在任官员向他保证所涉政策并非"保密的",他才开口。显然,纳德勒并不认为民选代表是"政府"。相反,对众议员纳德勒来说,"政府"是一个定义不清、不民主的实体,政府中包括了FBI和其他情报机构。

纽约州参议员查克·舒默(Chuck Schumer)曾批评过特朗普总统,说他在就职前似乎就要挑战情报界的自主性。在一次全国直播采访中,一名记者告诉舒默,特朗普在当天早些时候声称,一份具有潜在破坏性的CIA报告已推迟发布,以便有更多时间"立案调查"。针对这则消息,舒默感叹道:"让我告诉你:如果你跟情报界对着干——从周日开始,他们会有六种方式报复你。就算是一个务实、精明的商人,做这件事也非常愚蠢。"(Chaitin 2017 报道了这一事件。)舒默这番看似自然而然的言论,表明以美国情报界的形式存在的"政府",用某种方式控制了国会的参议员和众议员,以维护其自主权,使自身免受民选代表的影响。

至于是否如斯科特(2007,p.267)所说,纠缠深层国家与有组织犯罪勾结在一起,还有它是否"参与假旗暴力",这些实证问题,我还是留给其他人来回答。无论这些是否成立,我对纠缠深层国家的知识性批判都是稳健的,因为它对于纠缠深层国家运作保密性的精确程度是稳健的。我这个批判也不要求我认为深层国家服务于任何政党或意识形态的利益。事实上，在这方面，我一直试图强调，相互竞争的本位利益多种多样。当然，当今美国政治中得到表达的大多数意识形态观念，都至少在名义上是亲民主的，因此也就是反对深层国家权力的。但欺骗、自我欺骗与伪善，在每个政党中都是家常便饭，正如曼德维尔所说，在大多数人的心中也一样。因此，几乎没有理由认为，例如，一名自由主义参议员的腐败程度，会比一名民主党或共和党参议员的低。纠缠深层国家中不存在大阴谋（Grand Conspiracy），但存在胁迫、秘密和干涉。

从我在本书中给出的专家经济学理论的角度来看，我对纠缠深层国家的知识性批判可能看起来很简单，甚至理所当然。纠缠深层国家的"国家安全"机构为"情报界"创造了知识垄断。深层国家在购买"安全"问题的专家建议上拥有垄断权。

纠缠深层国家中更重要的政治参与者是大玩家，系统中的其他人必须根据这些大玩家的动向来调整自己的行动。一则新闻称关于ISIS（伊斯兰国）的情报"被篡改"，这则报道揭示了大玩家的作用：

> 中央司令部的两名高级分析师签署了一份书面投诉，于7月份送交国防部监察长，这份投诉指控一些报告（其中部分已向奥巴马总统做了简报），说它们在描述恐怖组织时，描述出来的样子比分析师所认为的弱。分析师们称，中央司令部高层修改了这些报告，以使内容贴近政府的公开说辞，即美国正在打赢与ISIS和基地组织叙利亚分支的战斗。

（Harris 2015）

这则报道的基本内容似乎得到了后续新闻报道的支持，提供支持的包括《纽约时报》（Cooper 2016）中的至少一篇报道。

纠缠深层国家的内部专家咨询市场并非竞争性的，它无法自由进入，竞争非常有限，也没有足够的共生态冗余。事实上，从"9·11"恐怖袭击开始，内部专家咨询市场中的专家意见，就有一致性变强的趋势，这样只会减少共生态冗余。

纠缠深层国家产生了专家统治。专家必须经常为人民做出选择，因为选择所依据的知识是秘密的，而所做的选择本身，也可能是一个秘密，比如可能涉及"国家安全"。关于国家安全的专家意见的生产，是一个复杂紧耦合系统，美国收集伊拉克大规模杀伤性武器情报的历史就是一个例子。情报专家所报告的现象复杂、不确定、难看清。全球形势与根据（可能是秘密的）专家意见做出的选择之间的反馈也很差。"情报界"的激励，与公众利益不一致，与民主进程也不一致，所以我们说存在激励一致性的问题。在这方面，专家声称伊拉克拥有所谓大规模杀伤性武器的情报是一个很好的例子。

纠缠深层国家中，私人利益纠缠不清。我们看到，德怀特·艾森豪威尔发出了警告，提醒我们不要受到这种影响。爱德华·斯诺登受雇于名义上私人的军事承包商博兹·艾伦（Booz Allen）。无论我们从全球角度还是从更狭隘的民族主义角度来定义一般利益，纠缠深层国家中的大型武器制造商，以及其他名义上的私营企业，其利益都与一般利益不一致。这种纠缠是监管俘获的一个例子。正如我所指出的，监管俘获理论无法预测单个的赢家是否会出现，是否会永远保有其卓越地位，不受他人挑战。我说，胜利可能是局部的、短暂的。因此，该理论使用"俘获"一词,来描述这场持续存在的斗争,可能不太恰当。"纠缠"一词可能可以更好地描述各方持续不断的斗争。

一个军事化的深层国家的存在带来了这样一种风险,即其中许多人可能会同情与他们的共同利益不一致的国家或民族利益。对于这些人,与开放社会价值相悖的行为,可能反而值得赞誉。有一篇关于"军民差异"(civil-military gap)的文献,似乎表明美国军方和美国公众在价值观和取向上存在差异。弗罗纳(Wrona 2006)警告说,要警惕二者"危险的分离"。

弗罗纳(2006,p.26)说,"在许多情况下","自由民主国家和军事组织"的"意识形态基础""基本上是不一致的"。他总结了过去各种研究人员的发现,说"66% 接受调查的美国军人认为军队比美国平民有更高的道德价值观","绝大多数军官认为自己在意识形态上是保守的","许多军官都认为他们的角色已经从政策顾问转变为政策倡导者"。弗罗纳(2006,p.30)引用了费维尔和科恩(2001,p.460)的话:"军官们对平民社会的道德健康表现出极大的悲观情绪,并坚信军队可以帮助社会变得更加道德,认为如果平民社会更多地采纳军队的价值观和行为,他们的境况会更好。"金里奇(Goldrich 2011,pp.68-69)说:"在日益敏感、和蔼可亲、情感狭隘的平民世界和冷酷无情、注重结果、情感极端的军事世界之间,似乎存在着差异——如果不能说是鸿沟的话。这个差异对于职业和非职业人员来说都存在。"这样的"鸿沟"很危险,因为美国军队"可能会……转而攻击它应该保护的人,因为厌恶他们未能直接挺身而出做出贡献或提供道义支持。"

《国家安全法杂志》（*National Security Law Journal*）刊载过一篇备受抨击的文章（Bradford 2015），这篇文章阐述了价值观、同情和赞誉方面的军民差异。即使是在深层国家最秘密的密室中，作者似乎也并没有多深远的影响力。现有证据似乎支持这样一种观点，即他只不过是一个伪造身份的怪人（Ackerman 2015；Ford 2015）。我甚至不确定他的文章是不是一个类似于索卡尔事件（Sokal 1996）的恶作剧。然而，它却发表在一份致力于国家安全的法律杂志上。杂志的编辑在他的领英（LinkedIn）页面（www.linkedIn.com/in/ayesnik）上夸耀自己"在司法部和国土安全部工作期间在国土和国家安全方面的丰富经历"，似乎认为布拉德福德（Bradford）这样的人会持有这种观点合情合理。作者是"情报界"的成员，曾在西点军校任教过一段时间。因此，就算这篇文章最终被揭露出来是一场恶作剧，他表面上的同情也表明，国家安全专家的社会世界所产生的同情和认可结构，与当前民主制度的道德情感可能会不一致。布拉德福德曾短暂成为特朗普政府成员，担任美国能源部印度能源办公室主任。

布拉德福德引用了《罗兰之歌》（*Song of Roland*），这部史诗讲述了778年法国在龙塞沃通道战役中获胜的故事。英雄罗兰耗尽了最后的生命力，吹响了警告的号角，提醒查理大帝警惕迫近的危险，最后法国人战胜了他们的敌人。布拉德福德利用这个故事阐明他的主旨，就此目的而言，查理大帝军队中一些基督徒的背叛行为至关重要：

> 这部中世纪史诗虽然将法国军队差点儿落败归罪于倒戈的基

督教贵族——这些人利用自己所处的位置，向摩尔人传递军事机密——但它也颂扬罗兰的牺牲——这位后卫部队指挥官在绝望中背水一战，及时吹响示警号角，将查理大帝从伏击中解救出来。他是欧洲人勇敢抗击摩尔人的典范。

（pp.280-281）

我们受到告诫，要将某些美国法学教授视为与"倒戈的基督教贵族"一样的人。这些教授"将美国法学界变成了一个反叛团体，在出版物、法庭之友简报和媒体见面会中，公开指责美国非法动用武力，谴责美国反伊斯兰战争中后续行为的非法性。这是一种超级武器，通过发动一场反对美国政治意愿的心理战，支持伊斯兰军事行动"（p.300）。这些学者中公认最极端的40人形成了"第五纵队"，必须果断采取行动对付他们（p.302）。布拉德福德为我们列出了可以采取的诸多"反击"措施，一条比一条厉害（pp.443-450）。这张列表中最极端的做法，并非以叛国罪起诉他们（pp.448-449），而是将他们当作"非法战斗人员"。这样，他们就能够"在任何时间和地点被抓捕和拘留，直到战争结束"（p.450）。这些人将"受到强制审讯、审判和监禁"。此外，"基于传播的内容与煽动罪行之间的因果关系"，那些"创建和传播"他们"政治宣传"的基础设施——"法学院的设施、学者的家庭办公室、提供采访机会的媒体"，也都是合法的反击目标。布拉德福德荒谬地提出了对美国法学院和电视台演播室发动无人机袭击，可以推测（若这篇文章并非恶作剧），提出这些建议，只是为了让他那些不那么极端的提议，如恢复忠诚宣誓（pp.445-446），看起来像是合理的政治妥协。

然而，就我的观点而言，重要的并非布拉德福德这个法律论点的内容，也不在于他提出这一论点是否真诚。相反，我想指出以布拉德福德为代表的一类人所同情和赞誉的非民主结构。他在最后一段指出：

> 战争的号角响起，警告已发出，神圣和世俗的援助都被召唤。西方会再次响应号召，迅速向伊斯兰侵略者进军，并迅速、坚定地将从内部贬低进军行动的不忠朝臣们绳之以法吗？还是说，西方已经对被包围的骑士那哀怨、渐弱的示警充耳不闻？那骑士很久以前曾召唤过自己的士兵，现在他将再次召唤他们。西方究竟将会怎样做，这将决定《罗兰之歌》是否还会是其人民后代的遗产。如果西方现在不响应罗兰和他的号角，那么它、它的人民和人民所崇敬的法律，都将无法幸存，会毁灭在穆斯林挥舞的剑下。到那凄惨的亵渎之日，穆斯林将使这首歌、它所代表的一切、所能教导的一切，统统从历史中除名。
>
> （p.461）

布拉德福德表面上的同情对象不包括穆斯林。他同情的不是美国人或基督徒，而是被认定**忠诚**的美国人。赞誉主要被授予那些捍卫美国的人，他们有着军事勇气，有着毫不犹疑的忠诚。无论布拉德福德的真实想法是什么，《国家安全法杂志》的编辑以及美国和英国的记者，都真诚地接受了上面这些观点（Ackerman 2015；Ford 2015）。

他们表明，国家安全专家工作的世界相对孤立，可能会导致同情和赞誉结构与多元民主不相一致。民主价值观对于深层国家的参与者来说简直不可想象。

在第 11 章中，我讨论了如何设计专家意见市场的逐步改进。可惜的是，我的渐进制度改革方案（借用自弗农·史密斯处）无法简单地应用于纠缠深层国家。若我对深层国家的诊断完全正确，那么我们确实迫切需要进行改革。不过，我要坦率地承认，我对于怎样才能扭转深层国家没有具体的想法。在第 1 章中，我曾提醒过要当心骤然变革招致的危险。我们可以高呼改革之紧迫，最好有一个现实的改革方案。但遗憾的是，我没有。

结语

在这本书中，我试图表明，存在一类关于专家的一般性文献，横跨许多领域，至少可以上溯到苏格拉底。我试图为这类体量庞大的文献提供一个简短的总体性导引。我希望我在专家经济学理论和专家失灵方面也取得了一些进展。我的理论所基于的知识模型，从根本上说是一个平等主义的模型。在这个反等级的模型中，知识是"SELECT"的，也就是共生态、进化性、体外性、构件性、隐性的。SELECT 知识的想法是我在本书中所做努力的关键。这种关于知识在社会中生产、分布的观点，带来的对专家的看法，与当今这一领域中许多学者的观点大不相同。事实上，我的观点在大方向上似乎不同于哲学、经济学、科技研究、法律和法庭科学的主流观点，也不同于那些启发了我的思想家，比如利维和皮尔特（2017）、特纳（2001）和戈德曼（1999），这些思想家的观点没有我这么具有怀疑色彩，且比我更具等级观。

如果我的认识无误，那么专家问题应该划归为知识灌输的问题。我们是否应该将统一的知识体系灌输给全社会？由上而下灌输知识会导致专家失灵。维持着社会劳动分工的知识具有内在的共生态性。因此，支配社会关系的，究竟是一个单一的知识体系，还是不同人在各自的知识指导下进行的无规定方向的努力，这恐怕不是一个自由选择的问题了。若试图将系统化的知识体系灌输给该体系，最终必将失败，相应地，社会合作也会因此阻滞。如果希望维持大量陌生人之间的社会合作，那么社会交往就不可以由强行灌输的知识体系来指导，无论在我们的想象中这种知识如何"科学"，都不可以。

企图将知识灌输给社会的做法，至少可以追溯到哲学中的苏格拉底传统。我们应该驳斥他们对于关于常识和"纯粹"观点的知识的推崇。英国和美国法院的专家证人，都表现出对**灌输**有一种苏格拉底式的热情。如果一个专家团体要将其知识灌输给社会，它必须展现出其成员在道德上高于其他人。那些寻求权力的人不会也不可能将自己展现为邪恶的化身（Havel 1978）。我们已经看到，阿卡德米学园的苏格拉底哲学家，以及19世纪的"科学人"，都强调自己所谓的知识和道德优越性。

美国进步主义人士也试图通过专家统治将知识灌输给社会。这种做法催生了行政国家和纠缠深层国家这两个孪生罪恶。这两个孪生罪恶的捍卫者遵循苏格拉底的模式，不仅强调专家的**知识**优越性，也强调他们的**道德**优越性。我们还看到,威尔逊保证,他所倡议的公务员队伍很有能力,"足够有文化,无须依赖他人,就能够以充满活力的方式行事,也能通过选举和持续的公众咨询,与大众思想紧密相连,因此完全不可能专断,也不会有阶级精神"(1887,p.217)。我们已经看到弗莱克斯纳(1910,p.180)强调白人专家应该承担的责任,即培养"黑人种族"在"精神和道德上进步"。我们也看到,弗罗纳(2006)报告说"66%接受调查的美国军人认为军队比美国平民有更高的道德价值观",并且"军官们……坚信军队可以帮助社会变得更加道德,认为如果平民社会更多地采纳军队的价值观和行为,他们的境况会更好"(Wrona 2006,p.30)。一位自称专家的人曾十分认真地说:"专家们需要证明自己是善良、诚实的人,心中存着公众的最大利益。"(Shaw 2016)

强行灌输的知识不能像共生态知识那样自由快速地增长和变化。换句话说,它不能像从相互作用、分散、自主的知识主体构成的生态中产生的知识那样,自由快速地增长或变化。灌输的知识很容易成为教条,因此极为"不科学",至少,在"科学"意味着开放的探究时如此。因此,用怒斥"科学"的方式为行政国家辩护的观点是错误的。我们已经看到,专业组织通常试图对其成员所表达的意见灌输统一性。这种统一性是将知识灌输给社会的必然结果。它往往会拖慢任何一个知识领域变革的步伐。

蚁丘问题说明了为什么理论家等专家可能走向知识灌输。他们想象自己在蚁丘上俯视,很容易就忘记了自己也是蚁丘上的蚂蚁。他们的分析模式成为唯一的模式。正如我们所看到的,舒茨(1943,

p.145）指出："重要的是**科学家**设想社会世界的视角。"其他蚂蚁的知识，也就是其他人的知识，大部分都不在人们的视野之内，变得完全无关紧要。

我已经说过，专家问题主要在于他们将知识灌输给社会。然而，我不想否认专家有其真正的复杂性。这个问题涉及人类社会生活的各个方面，包括我们对科学最基本的理解。因此，它有很多机会能够变得复杂。例如，自反性问题与蚁丘问题有着密切的关系，它是一个很重要的问题，但至今几乎无法解决。我的观点不是想强调这一切有多简单。它并没那么简单。我的观点是，我们只要认真对待知识分散，就会发现知识灌输在社会生活中的重要性。

我的理论是**科学的**。我试图以这样一种方式建构理论：使理论包含一些实证内容，可通过实验数据进行检验，如克普尔等（2008）及考恩和克普尔（Cowan and Koppl 2011）所做的那样，或是能用历史证据进行检验，如克普尔（2005a，2010b）所做的那样。可检验性（testability）（包括波普尔的可证伪性）的问题众所周知，不过我还是应该再多说几句。

如果我们是完美的逻辑学家，那我们可以说自己的理论是"真实的"，因为我们推理得特别小心。只有在应用时，我们的理论才可能会出现。如果我们不断发现，一个理论不适用于我们一开始认为能适用的地方，那我们可能最终会对这个理论失去兴趣。这种兴趣的丧失，并不是波普尔式的"被证伪"。不过，它有点儿像一种"实证检验"，尽管以后可能会因为有新的历史证据或其他东西，重新激发起我们对这个理论的兴趣（Lakatos 1970）。**如果我们是完美的逻辑学家，**

纯理论似乎是"先验的",只有**应用**是"实证的",但我们不是完美的逻辑学家。我们无法完全清楚自己所做的所有隐含假设,也不总是清楚自己推理的步骤(Lakatos 1976)。因为人类理性容易出错,所以我们需要用历史来检验理论。(历史证据可能以数字、文本、图像或其他形式存在。历史证据的统计分析是否有用,甚至是否能做,都取决于具体情况。)但观察也可能出错(Wolpert 2001)。因为观察容易出错,所以我们需要用理论来检验历史。在这种令人失望的情况下,我们没办法仅靠少数相对罕见的情况进行证伪,或者进行什么可靠的测试(Quine 1951)。我们只能在理论和历史之间进行对话,但也并不能保证我们将永远都在朝着真理越走越近。

在这种或许有些令人失望的情况下,可检验性带来了价值。在经验面前,精心设计的可检验理论更容易被修正。相应地,我们也就不太可能延续扭曲、错误和遗漏。因此,尽管检验无法避免地具有模糊性,但可检验性在科学上仍然具有价值。我试图提出的理论,其可检验性不亚于自然科学和社会科学中的大多数理论,也许还比很多理论更加具有可检验性。

我的理论所基于的人类知识理论,从根本上说是一个平等主义的理论,有助于形成如下观点:专家不可靠,普通人**可能**有能力,不过只在竞争比较激烈的专家市场中才能获得有效的意见。只有当专业知识生态中存在竞争、共生态冗余、能够自由进入,竞争性才可能是有益的。识别出这些特征比较容易,但想要引入它们,就比较困难了。不过,知识系统设计借鉴了经济系统设计这一实验方法,使得我们能够检验自己的想法,提高渐进式制度改革的可能性,从而提高优化专家市场知识表现的可能性。这项逐步改革制度的计划，可能又会成为专家们向他人灌输知识的一次机会。这种结果真是让我心烦意乱。我对这本书最大的希望是，它能引导读者重视专业知识，但警惕专家的权力。

致谢

伦纳德·里德告诉我们,没有一个人知道如何独立制作铅笔。同样,一本书的面市凝结着许多人的心血。我的名字出现在扉页上,但这本书真正的作者,是我有幸参与的几个学术团体中的众位学者,还有许多记者、改革家、法医科学家、公设辩护人、知识分子,还有我的家人、朋友、熟人,甚至还有素不相识的路人。我在此对其中一些人表示感谢,但我知道,还有其他同样值得致谢的人,忽略这些人非我所愿。我感谢所有为本书做出贡献的人。不过,本书若有任何错误,责任均不在他们。

我的妻子玛丽亚·米尼蒂一直给予我爱、支持和尖锐的批评。彼得·博特克鼓励我,并提出不少有益的评论。我与戴维·利维和桑德拉·皮尔特不断地交流关于专家的问题,这使我获益匪浅。斯蒂芬·特纳帮助我勾勒出有关专家文献的轮廓。罗纳德·波兰斯基教我如何更好地理解苏格拉底和《申辩篇》。西蒙·科尔与我的交流、提供机会和慷慨的帮助,于我助益良多。社会认识论方面,阿尔文·戈德曼教了我不少。但是，我的观点中有更多共生态的成分，这一点并非由他而起。我发表的第一篇法庭科学论文错漏不少，劳伦斯·科比林斯基竭力帮我修正，由此引发了我对一般性的专家问题的研究。我们之间的交流很有启发性，对我帮助很大。迈克尔·赖辛格的评论以及和我的交流，都激发了我的思考，他还向我提供各种支持和鼓励。菲利普·马格纳斯先生和戴维·辛格曼二人帮助我理解了凯恩斯关于优生学和优生政策的观点。菲利普还指导我找到了这个主题的原始资料。弗朗西斯科·多里亚提供了《格德尔之后》的手稿副本，这本书后来以《格德尔之路》为名出版。奇科还帮助我学习可计算性理论。圣地亚哥·甘戈塔纳提出了"一直往下都是专家"这个说法。

许多人曾给予我帮助，包括：特雷·卡森、吉姆·考恩、亚历山大·韦德·克雷格、戴维·克罗森、詹姆斯·德拉·贝拉、威廉·布托斯、戴维·科兰德、克里斯托弗·科恩、阿比盖尔·德弗劳、伊蒂尔·德罗尔、泰波·费林、克里斯蒂娜·芬克、保罗·吉安内利、内森·古德曼、科林·哈里斯、基思·哈沃德、史蒂夫·霍维茨、基思·英曼、斯图尔特·考夫曼、丹·克兰、罗伯特·库兹班、莫伦·莱韦斯克、戴维·卢卡斯、托马斯·麦奎德、巴克利·罗瑟、诺拉·鲁丁、梅根·萨克斯、约翰·希曼、弗农·史密斯、已故的伊恩·斯特潘、威廉·汤普森、理查德·瓦格纳、劳伦斯·尤特。

2010年10月15—16日，两年一度的沃思研究所奥地利经济学派会议在温哥华举行了第三届会议，这次会议的名称是"专家和知识垄断的奥地利视角"，我在会议上学到了很多东西。与会者包括戴维·克罗森、亚瑟·戴蒙德、劳伦特·多布津斯基、罗伯·加内特、史蒂夫·霍维茨、莱斯利·马什、桑德拉·皮尔特、艾米莉·斯卡贝克、戴安娜·托马斯和阿尔弗雷德·沃思。我感谢阿尔弗雷德·沃思和沃思研究所对本次会议和其他奥地利经济学派会议的支持。

我作为 F. A. 哈耶克杰出客座教授，访问了乔治·梅森大学的莫卡特斯中心。访问期间，工作氛围十分活跃，很多交流助益不小。这次访问对于本书的写作很有帮助。

第 2 章对伯格和卢克曼的讨论，借鉴了罗杰·克普尔的《专业知识的社会建构》[*Society*，47 (2010)，220–226]。第 3 章的部分内容与罗杰·克普尔《震惊的怀疑》[F. A. Doria (ed.), *The Limits of Mathematical Modeling in the Social Sciences*, 2017] 中的部分内容相近。第 8 章和第 9 章的部分内容改编自罗杰·克普尔《信息选择理论》[*Advances in Austrian Economics*，17 (2012)，171–202]。第 9 章中关于可计算性的讨论，与罗杰·克普尔《可计算性约束下的规则与自由裁量权》[*Review of Behavioral Economics*，4(1) (2017)，1–31] 中的一些段落相近。专家生态学的讨论借鉴了罗杰·克普尔的《知识系统》[*Episteme: Journal of Social Epistemology*, 2(2): 91–106]。第 10 章借鉴了罗杰·克普尔的《专家规则》[Peter Boettke and Christopher Coyne (eds.), *Oxford Handbook of Austrian Economics*, Oxford: Oxford University Press, 2015]。

我非常感谢雪城大学惠特曼管理学院的资金支持。

参考文献

Ackerman, Spencer. (2011). There's a Secret Patriot Act, Senator Says. *Wired*, May 25, 2011. Downloaded January 13, 2017 from www.wired.com/2011/05/secret-patriot-act/.
  (2015). West Point Law Professor Who Called for Attack on "Islamic Holy Sites" Resigns. *The Guardian*, August 31, 2015. Downloaded January 26, 2017 from www.theguardian.com/us-news/2015/aug/31/west-point-law-professor-william-bradford-resigns.
Adewunmi, Bim. (2017). Flint Isn't Ready to Trust Anyone Yet. *BuzzFeed News*, May 24, 2017. Downloaded May 30, 2017 from www.buzzfeed.com/bimadewunmi/flint-isnt-ready-to-trust-anyone-yet?utm_term=.iaoddoZ4L0#.uj5PPv9yW3.
Aiello, Leslie C. and Dunbar, R. I. M. (1992). Neocortex Size, Group Size, and the Evolution of Language. *Current Anthropology*, 34(2), 184–93.
Aitkenhead, Decca. (2016). Prof Brian Cox: "Being anti-expert – that's the way back to the cave." *The Guardian*, July 2, 2016. Downloaded December 27, 2016 from www.theguardian.com/tv-and-radio/2016/jul/02/professor-brian-cox-interview-forces-of-nature.
Akerlof, George A. (1970). The Market for "Lemons": Quality Uncertainty and the Market Mechanism. *Quarterly Journal of Economics*, 84(3), 488–500.
Akerlof, George A. and Kranton, Rachel E. (2000). Identity and Economics. *The Quarterly Journal of Economics*, 115(3), 715–53.
  (2002). Identity and Schooling: Some Lessons for the Economics of Education. *Journal of Economic Literature*, 40(4), 1167–201.
  (2005). Identity and the Economics of Organizations. *Journal of Economic Perspectives*, 19(1), 9–32.
  (2008). Identity, Supervision, and Work Groups. *American Economic Review*, 98(2), 212–17.
Anderson, James. (1973). Ideology in Geography: An Introduction. *Antipode*, 5(3), 1–6.
Anderson, Richard C. and Pichert, James W. (1978). Recall of Previously Unrecallable Information Following a Shift in Perspective. *Journal of Verbal Learning and Verbal Behavior*, 17, 1–12.
Anderson, Richard C., Pichert, James W., and Shirey, Larry L. (1983). Effects of Reader's Schema at Different Points in Time. *Journal of Educational Psychology*, 75(2), 271–9.

Arnush, Michael. (2005). Pilgrimage to the Oracle of Apollo at Delphi: Patterns of Public and Private Consultation. In Jas Elsner and Ian Rutherford, eds., *Pilgrimage in Graeco-Roman and Early Christian Antiquity: Seeing the Gods*. Oxford: Oxford University Press, pp. 97–110.

Arthur, W. Brian. (1994). Inductive Behaviour and Bounded Rationality. *American Economic Review*, 84, 406–11.

Arthur, W. Brian, Durlauf, Steven N., and Lane, David A. (1997). Introduction. In W. B. Arthur, S. Durlauf, and D. Lane, eds., *The Economy as an Evolving Complex System II*. Boston: Pearson Education, pp. 1–14.

Arthur, W. B., Holland, J., Le Baron, B., Palmer, R., and Taylor, P. (1997). Asset Pricing under Endogenous Expectations in an Artificial Stock Market. In W. B. Arthur, S. Durlauf, and D. Lane, eds., *The Economy as an Evolving Complex System II*. Boston: Pearson Education, pp. 15–44.

Asch, S. E. (1951). Effects of Group Pressure upon the Modification and Distortion of Judgement. In H. Guetzkow, ed., *Groups, Leadership and Men*. Pittsburgh: Carnegie Press, pp. 177–90.

Bain, Joe S. (1956). *Barriers to New Competition*. Cambridge: Harvard University Press.

Barber, Michael D. (2004). *The Participating Citizen: A Biography of Alfred Schutz*. Albany: State University of New York Press.

Barry, Andrew and Slater, Don. (2002). Technology, Politics and the Market: An Interview with Michel Callon. *Economy and Society*, 31(2), 285–306.

Bartley, W. W. III. (1987). Alienation Alienated: The Economics of Knowledge versus the Psychology and Sociology of Knowledge. In G. Radnitzsky and W. W. Bartley III, eds., *Evolutionary Epistemology, Rationality, and the Sociology of Knowledge*. La Salle: Open Court, pp. 423–51.

Bastiat, Frederic. (1845) [1851/1854–1864/1964]. *Economic Sophisms*. Translated by Arthur Goddard. Irvington-on-Hudson: The Foundation for Economic Education, Inc.

Bator, Francis M. (1958). The Anatomy of Market Failure. *Quarterly Journal of Economics*, 72, 351–79.

Baumol, William J. (1982). Contestable Markets: An Uprising in the Theory of Industrial Structure. *American Economic Review*, 72(1), 1–15.

Baumol, William J., Panzar, John C., and Willig, Robert D. (1982). *Contestable Markets and the Theory of Industry Structure*. San Diego: Harcourt Brace Jovanovich.

Berger, Peter. (2016). In the Vortex of the Migration Crisis. *The American Interest*, May 18, 2016. Downloaded June 28, 2016 from www.the-american-interest.com/2016/05/18/in-the-vortex-of-the-migration-crisis/.

Berger, Peter and Luckmann, Thomas. (1966). *The Social Construction of Reality*. New York: Anchor Books.

Berger, Vance, Rosser Matthews, J., and Grosch, Eric N. (2008). On Improving Research Methodology in Clinical Trials. *Statistical Methods in Medical Research*, 17(3), 231–42.

Besley, T. and Hennessy, P. (2009). Letter to Queen Elizabeth. July 22, 2009. Downloaded January 11, 2016 from www.feed-charity.org/user/image/besley-hennessy2009a.pdf.

Bhaskar, Roy. (1991). Knowledge, Theory of. In Tom Bottomore, Lawrence Harris, V. G. Kiernan, and Ralph Miliband, eds., *A Dictionary of Marxist Thought*, 2nd edn. Oxford and Malden, MA: Blackwell, pp. 285–94.

Bickerton, Christopher and Accetti, Carlo Invernizzi. (2015). Populism and Technocracy: Opposites or Complements? *Critical Review of International Social and Political Philosophy*, 20(2), 186–206.
Biscoe, Peter. (2007). Expert Witnesses: Recent Developments in NSW. *Australian Construction Law Newsletter*, #114, 38–41.
Bloor, David. (1976). *Knowledge and Social Imagery*. London: Routledge & Kegan Paul.
Blount, Zachary D., Borland, Christina Z., and Lenski, Richard E. (2008). Historical Contingency and the Evolution of a Key Innovation in an Experimental Population of *Escherichia coli*. *Proceedings of the National Academy of Sciences*, 105(23), 7899–906.
BLS, Bureau of Labor Statistics. (2015). *Occupational Outlook Handbook 2014–15 Edition*, www.bls.gov/ooh/a-z-index.htm.
Boettke, Peter. (1998). Economic Calculation: The Austrian Contribution to Political Economy. *Advances in Austrian Economics*, 5, 131–58.
  (2001). *Calculation and Coordination: Essays on Socialism and Transitional Political Economy*. London and New York: Routledge.
  (2012). *Living Economics: Yesterday, Today, and Tomorrow*. Oakland: The Independent Institute.
Böhm-Bawerk, Eugen v. (1888) [1891/1930]. *The Positive Theory of Capital*. Translated by William Smart. New York: G. E. Stechert & Co.
Bonar, James. (1894). *A Catalogue of the Library of Adam Smith*. London and New York: Macmillan and Co.
Boulding, Kenneth. (1964). *The Meaning of the Twentieth Century*. London: George Allen and Unwin, Ltd.
Boyte, Harry C. (2012). Populism – Bringing Culture Back In. *The Good Society*, 21(2), 300–19.
Bradford, William C. (2015). *Trahison des Professeurs*: The Critical Law of Armed Conflict Academy as an Islamist Fifth Column. *National Security Journal*, 3(2), 278–461.
Branchi, Andrea. (2004). *Introduzione a Mandeville*. Rome and Bari: Editori Laterza, ebook.
Britton, Roswell S. (1933). *The Chinese Periodical Press, 1800–1912*. Shanghai: Kelly and Walsh.
  (1934). Chinese News Interests. *Pacific Affairs*, 7(2), 181–93.
Broad, William J. (2006). *The Oracle: Ancient Delphi and the Science behind Its Lost Secrets*. New York: The Penguin Press.
Brock, William A. and Hommes, Cars H. (1997). A Rational Route to Randomness. *Econometrica*, 65(5), 1059–95.
Browne, W. A. F. (1854). Treatment of Medical Witnesses in Courts of Law in America. *Association Medical Journal*, 2(63), 243.
Buchanan, James M. (1959). Positive Economics, Welfare Economics, and Political Economy. *The Journal of Law & Economics*, 2, 124–38.
Buchanan, J. M. (1982). Order Defined in the Process of Its Emergence. *Literature of Liberty 5*. Downloaded June 19, 2010 from http://oll.libertyfund.org/?option=com_content&task=view&id=163&Itemid=282.
Buchanan, James M. (2003). *Public Choice: The Origins and Development of a Research Program*, Fairfax, VA: Center for the Study of Public Choice. Downloaded May 18, 2007 from www.gmu.edu/centers/publicchoice/pdf%20links/Booklet.pdf.

Buchanan, James M. and Tullock, Gordon. (1962) [1999]. *The Calculus of Consent: The Logical Foundations of Constitutional Democracy*, volume 3 of *The Collected Works of James M. Buchanan*. Indianapolis: Liberty Fund.

Buehler, Hannah. (2017). Family Court Judge Denies Homeschool Mom's Custody Request. *WKBW Buffalo*, February 9, 2017. Downloaded February 10, 2017 from www.wkbw.com/news/family-court-judge-denies-homeschool-moms-custody-request.

Burney, Ian A. (1999). A Poisoning of No Substance: The Trials of Medico-Legal Proof in Mid-Victorian England. *Journal of British Studies*, 38(1), 59–92.

Burr, Vivien. (1995). *An Introduction to Social Constructionism*. London and New York: Routledge.

Burrill, Thomas J. (1890). Proceedings of the American Society of Microscopists. Minutes of the Thirteenth Annual Meeting. *Proceedings of the American Society of Microscopists*, 12, 208–52.

Butos, William and Koppl, Roger. (2003). Science as a Spontaneous Order: An Essay in the Economics of Science. In H. S. Jensen, M. Vendeloe, and L. Richter, eds. *The Evolution of Scientific Knowledge*. Cheltenham: Edward Elgar, pp. 164–88.

Butos, William N. and McQuade, Thomas J. (2015). Causes and Consequences of the Climate Science Boom. *The Independent Review*, 20(2), 165–96.

Callon, Michel. (1998). Introduction: The Embeddedness of Economic Markets in Economics. *The Sociological Review*, 46(1), 1–57.

Campbell, Donald. (1987). Evolutionary Epistemology. In Gerard Radnitzky and W. W. Bartley, III., eds., *Evolutionary Epistemology, Rationality, and the Sociology of Knowledge*. Chicago and La Salle, Illinois: Open Court, pp. 47–89.

Canning, D. (1992). Rationality, Computability and Nash Equilibrium. *Econometrica*, 60(4), 877–88.

Chaitin, Daniel. (2017). Schumpeter Warns Trump: Intel Officials "Have Six Ways from Sunday at Getting Back at You," *Washington Examiner*, January 3, 2017. Downloaded February 5, 2017 from www.washingtonexaminer.com/schumer-warns-trump-intel-officials-have-six-ways-from-sunday-at-getting-back-at-you/article/2610823.

Chaitin, G., da Costa, N., and Doria, F. A. (2012). *Gödel's Way: Exploits into an Undecidable World*. Leiden: CRC Press.

Chambers, Francesca. (2017). Is Intelligence Community Plotting Revenge on Trump for Attacking It? High-Profile Critic of Spies Says There's "Open Warfare" between the CIA and President-Elect, *Daily Mail*, January 13, 2017. Downloaded February 5, 2017 from www.dailymail.co.uk/news/article-4117364/Is-intelligence-community-plotting-revenge-Trump-attacking-High-profile-critic-spies-says-s-open-warfare-agents-president-elect.html.

Chen, Stephanie. (2009). Pennsylvania Rocked by "Jailing Kids for Cash" Scandal. *CNN*, February 24, 2009. Downloaded November 30, 2016 from www.cnn.com/2009/CRIME/02/23/pennsylvania.corrupt.judges/.

Cheng, Edward K. (2006). Same Old, Same Old: Scientific Evidence Past and Present. *Michigan Law Review*, 104(6), 1387–402.

Chroust, Anton-Hermann. (1967). Plato's Academy: The First Organized School of Political Science in Antiquity. *The Review of Politics*, 29(1), 25–40.

(1973). *Aristotle: New Light on Some of His Lost Works*. Notre Dame, IN: University of Notre Dame Press. Volume I: *Some Novel Interpretations of the Man and His Life*. Volume II: *Observations on Some of Aristotle's Lost Works*.

Clark, Andy and Chalmers, David. (1998). The Extended Mind. *Analysis*, 58(1), 7–19.

Claybrook, Joan. (2007). Crash Test Dummies. *New York Times*, January 28, 2007. Downloaded July 16, 2016 from www.nytimes.com/2007/01/28/opinion/28claybrook.html?_r=2&n=Top%2fOpinion%2fEditorials%20and%20Op-Ed%2fOp-Ed%2fContributors&oref=s.

Coase, Ronald H. (1974). The Market for Goods and the Market for Ideas. *The American Economic Review*. 64(2), 384–91.

Cockshott, Paul, Mackenzie, Lewis, and Michaelson, Greg. (2008). Physical Constraints on Hypercomputation. *Theoretical Computer Science*, 394, 159–74.

Coclanis, Peter A. (2013). Terror in Burma: Buddhists vs. Muslims. *World Affairs*, 176 (4), 25–33.

Colander, David and Kupers, Roland. (2014). *Complexity and the Art of Public Policy: Solving Society's Problems from the Bottom Up*. Princeton and Oxford: Princeton University Press.

Cole, Simon. (2005). More than Zero: Accounting for Error in Latent Fingerprint Identification. *The Journal of Criminal Law & Criminology*, 95(3), 985–1078.

(2010). Acculturating Forensic Science: What Is "Scientific Culture," and How Can Forensic Science Adopt It? *Fordham Urban Law Journal*, 38(2), 435–72.

Cole, Simon A. (2012). Reply, Defending a Knowledge Hierarchy in Forensic Science. *Fordham Urban Law Journal, City Square*, 39, 97–104.

Cole, Simon A. and Thompson. William C. (2013). Forensic Science and Wrongful Convictions. In C. Ronald Huf and Martin Killias, eds., *Wrongful Convictions & Miscarriages of Justice: Causes and Remedies in North American and European Criminal Justice Systems*. New York and London: Routledge, pp. 111–36.

Coley, Noel G. (1991). Alfred Swaine Taylor, MD, FRS (1806–1880): Forensic Toxicologist. *Medical History*, 35, 409–27.

Collins, H. M. and Evans, Robert. (2002). The Third Wave of Science Studies: Studies of Expertise and Experience. *Social Studies of Science*, 32(2), 235–96.

(2003). King Canute Meets the Beach Boys: Responses to the Third Wave. *Social Studies of Science* 33(3), 435–52.

Congleton, Roger. (2003). The Future of Public Choice. *Public Choice Studies*, 40, 5–23. Downloaded September 2, 2010 from http://rdc1.net/forthcoming/FutofPC3.pdf.

Conrad, Peter. (2007). *The Medicalization of Society: On the Transformation of Human Conditions into Treatable Disorders*. Baltimore: The Johns Hopkins University Press.

Cook, Harold J. (1994). Good Advice and Little Medicine: The Professional Authority of Early Modern English Physicians. *Journal of British Studies*, 33(1), 1–31.

Cooper, Helene. (2016). Military Officials Distorted ISIS Intelligence, Congressional Panel Says. *New York Times*, August 11, 2016. Downloaded March 5, 2017 from www.nytimes.com/2016/08/12/us/politics/isis-centcom-intelligence.html?_r=0.

Cosmides, Leda, Tooby, John, and Barkow, Jerome, eds. (1992). *The Adapted Mind: Evolutionary Psychology and the Generation of Culture*. New York and Oxford: Oxford University Press.

Cowan, E. James. (2012). Using Organizational Economics to Engage Cultural Key Masters in Creating Change in Forensic Science Administration to Minimize Bias and Errors. *Journal of Institutional Economics*, 8(1), 93–117.

Cowan, E. James and Koppl, Roger. (2010). An Economic Perspective on Unanalyzed Evidence in Law-Enforcement Agencies. *Criminology & Public Policy*, 9(2), 409–17.

(2011). An Experimental Study of Blind Proficiency Tests in Forensic Science. *Review of Austrian Economics*, 24(3), 251–71.

Coyne, Christopher. (2008). *After War: The Political Economy of Exporting Democracy*. Stanford: Stanford University Press.

Coyne, Christopher and Coyne, Rachel L. eds. (2015). *Flaws & Ceilings: Price Controls and the Damage They Cause*. London: Institute of Economic Affairs.

D'Agostino, F. (2009). From the Organization to the Division of Cognitive Labor. *Politics, Philosophy & Economics*, 8, 101–29.

da Costa, N. C. A. and Doria, F. A. (2009). How to Build a Hypercomputer. *Applied Mathematics and Computation*, 215, 1361–7.

Daniel, James and Polansky, Ronald. (1979). The Tale of the Delphic Oracle in Plato's *Apology*. *The Ancient World*, 2(3), 83–5.

Darby, Michael R. and Karni, Edi. (1973) Free Competition and the Optimal Amount of Fraud. *Journal of Law & Economics*, 16(1), 67–88.

Davenport-Hines, Richard. (2009). "Palmer, William [the Rugeley Poisoner] (1824–1856). In H. C. G. Matthew and Brian Harrison, eds., *Oxford Dictionary of National Biography*, Oxford: Oxford University Press, 2004; online edn., ed. Lawrence Goldman, May 2009, www.oxforddnb.com.libezproxy2.syr.edu/view/article/21222 (accessed April 5, 2016).

Davies, William. (1856). Presidential Address to the Provincial Medical and Surgical Association (Later the British Medical Association) as reported in "Association Intelligence." *Association Medical Journal*, 4(185), 609–13.

de la Croix, David and Gosseries, Axel. (2009). Population Policy through Tradable Procreation Entitlements. *International Economic Review*, 50(2), 507–42.

de la Torre, Carlos. (2013). Technocratic Populism in Ecuador. *Journal of Democracy*, 24(3), 33–46.

Debreu, Gerard. (1959). *Theory of Value*. New Haven and London: Yale University Press.

Defoe, Daniel. (1722). *A Journal of the Plague Year*. London: E. Nutt. Undated facsimile "reproduced from the copy in the Henry E. Huntington Library."

Demsetz, Harold. (1969). Information and Efficiency: Another Viewpoint. *Journal of Law and Economics*, 12(1), 1–22.

de Roover, Raymond. (1955). New Perspectives on the History of Accounting. *The Accounting Review*, 30(3), 405–20.

Devins, Caryn, Koppl, Roger, Kauffman, Stuart, and Felin, Teppo. (2015). Against Design. *Arizona State Law Journal*, 47(3), 609–81.

(2016). Still against Design: A Response to Steven Calabresi, Sanford Levinson, and Vernon Smith. *Arizona State Law Journal*, 48(1), 241–8.

Diamond, A. M. Jr. (1988). Science as a Rational Enterprise. *Theory and Decision*, 24, 147–67.

Dicey, A. V. (1982). *Introduction to the Study of the Law of the Constitution*, Indianapolis, IN: Liberty Classics. (This volume is a reprint of the 8th edition of 1915.)

Dillon, Millicent and Foucault, Michel. (1980). Conversation with Michel Foucault. *The Threepenny Review*, 1, 4–5.

Drizin, Steen A. and Leo, Richard A. (2004). The Problem of False Confessions in the Post-DNA World. *North Carolina Law Review*, 82, 891–1004.

Dror, Itiel E. and Charlton, David. (2006). Why Experts Make Errors. *Journal of Forensic Identification*, 56(4), 600–16.

Dror, Itiel E., Charlton, David, and Peron, Ailsa. (2006). Contextual Information Renders Experts Vulnerable to Making Erroneous Identifications. *Forensic Science International*, 156, 74–8.

Dulleck, Uwe and Kerschbamer, Rudolf. (2010). On Doctors, Mechanics, and Computer Specialists: The Economics of Credence Goods. *Journal of Economic Literature*, 44, 5–42.

Duncan, James and Ley, David. (1982). Structural Marxism and Human Geography: A Critical Assessment. *Annals of the Association of American Geographers*, 72(1), 30–59.

Durant, Darrin. (2011). Models of Democracy in Social Studies of Science. *Social Studies of Science*, 41(5), 691–714.

Earl, P. E. and Potts, J. (2004). The Market for Preferences. *Cambridge Journal of Economics*, 28, 619–33.

Easterly, William. (2013). *The Tyranny of Experts: Economists, Dictators, and the Forgotten Rights of the Poor*. New York: Basic Books.

 (2016). Democracy Is Dying as Technocrats Watch. *Foreign Affairs*, December 23, 2016. Downloaded December 24, 2016 from https://foreignpolicy.com/2016/12/23/democracy-is-dying-as-technocrats-watch.

Edelman, Gerald M. and Gally, Joseph A. (2001). Degeneracy and Complexity in Biological Systems. *Proceedings of the National Academy of Sciences*, 98(24), 13763–8.

Edmond, Gary. (2009). Merton and the Hot Tub: Scientific Conventions and Expert Evidence in Australian Civil Procedure. *Law and Contemporary Problems*, 72, 159–89.

Edwards, James Don. (1960). Early Bookkeeping and Its Development into Accounting. *The Business History Review*, 34(4), 446–58.

Edwards, Thomas R. (1964). Mandeville's Moral Prose. *ELH*, 31(2), 195–212.

Eisenhower, Dwight D. (1961). Farewell Radio and Television Address to the American People. January 17, 1961. In *Public Papers of the Presidents of the United States, Dwight D. Eisenhower 1960-61*, Washington DC: Office of the Federal Register, National Archives and Records Service, General Services Administration, pp. 1035–40.

Eliasberg, W. (1945). Opposing Expert Testimony. *Journal of Criminal Law and Criminology*, 36(4), 231–42.

Ellis, Lee. (2008). Reducing Crime Evolutionarily. In Joshua D. Duntley and Todd K. Shackelford, eds., *Evolutionary Forensic Psychology: Darwinian Foundations of Crime and Law*. Oxford and New York: Oxford University Press, pp. 249–67.

Emons, Winand. (1997). Credence Goods and Fraudulent Experts. *RAND Journal of Economics*, 28(1), 107–19.

 (2001). Credence Goods Monopolists. *International Journal of Industrial Organization*, 19(3–4), 375–89.

Epstein, Richard. (2008). Why the Modern Administrative State Is Inconsistent with the Rule of Law. *NYU Journal of Law and Liberty*, 3, 491–515.

Fairbanks, Arthur. (1906). Herodotus and the Oracle at Delphi. *The Classical Journal*, 1(2), 37–48.

Fallon Jr., R. H. (1997). "The Rule of Law" as a Concept in Constitutional Discourse. *Columbia Law Review*, 97(1), 1–56.

FBI Director. (2002). *An Audit of Houston Police Department Crime Laboratory-DNA/Serology Section*, December 12–13.

Feaver, Peter D. and Kohn, Richard H. (2001). Conclusion: The Gap and What it Means for American National Security. In Peter D. Feaver and Richard H. Kohn, eds., *Soldiers and Civilians: The Civil-Military Gap and American National Security*. Cambridge: MIT Press, pp. 459–73.

Feigenbaum, Susan and Levy, David M. (1993) The Market for (Ir)reproducible Econometrics. *Social Epistemology*, 7, 215–32.

(1996) The Technical Obsolescence of Scientific Fraud. *Rationality and Society*, 8, 261–76.

Felin, Teppo, Kauffman, Stuart, Koppl, Roger, and Longo, Giuseppe. (2014). Economic Opportunity and Evolution: Beyond Bounded Rationality and Phase Space. *Strategic Entrepreneurship Journal*, 8, 269–82.

Felin, Teppo, Koenderink, Jan, and Krueger, Joachim I. (2017). The All-Seeing Eye, Perception and Rationality. *Psychonomic Bulletin & Review*, 24, 1040–59.

Ferguson, A. (1767). *An Essay on the History of Civil Society*. London: A. Millar & T. Caddel; Edinburg: A. Kincaid & J. Bell.

Ferraro, Paul J. and Taylor, Laura O. (2005). Do Economists Recognize an Opportunity Cost When They See One? A Dismal Performance from the Dismal Science. *Contributions to Economic Analysis & Policy*, 4(1): Article 7. Downloaded September 3, 2010 from www.bepress.com/bejeap/contributions/vol4/iss1/art7.

Feynman, Richard. (1974). Cargo Cult Science. *Engineering and Science*, 37(7), 10–13.

Filonik, Jakub. (2013). Athenian Impiety Trials: A Reappraisal." *Dike. Rivista di storia del diritto greco ed ellenistico*, 16, 11–96.

Fisher, R. A. (1936). Has Mendel's Work been Rediscovered? *Annals of Science*, 1, 115–37.

Flexner, Abraham. (1910). *Medical Education in the United States and Canada*. New York: Carnegie Foundation for the Advancement of Teaching.

Flint Water Advisory Task Force. 2016. *Final Report*. Downloaded April 22, 2017 from www.michigan.gov/documents/snyder/FWATF_FINAL_REPORT_21March2016_517805_7.pdf.

Fogel, Robert William and Engerman, Stanley L. (1974). *Time on the Cross: The Economics of American Negro Slavery*. Boston: Little, Brown and Company.

Fontenrose, Joseph. (1978). *The Delphic Oracle: Its Responses and Operations with a Catalogue of Responses*. Berkeley: University of California Press.

Ford, Matt. (2015). The West Point Professor Who Contemplated a Coup. *The Atlantic*, August 31, 2015. Downloaded January 26, 2017 from www.theatlantic.com/politics/archive/2015/08/west-point-william-bradford/403009/.

Foster, William L. (1897). Expert Testimony, Prevalent Complaints and Proposed Remedies. *Harvard Law Review*, 11(3), 169–86.

Foucault, Michel. (1972). "History, Discourse and Discontinuity. Translated by Anthony M. Nazzaro. *Salmagundi*, 20, 225–48.

(1980). *Power/Knowledge: Selected Interviews and Other Writings, (1972–1977)*. New York: Pantheon.

(1982). The Subject and Power. *Critical Inquiry*, 8(4), 777–95.

Fox, Renée. (1978). Why Belgium? *European Journal of Sociology*, 19(2), 205–28.

Frank, Robert H. and Bernanke, Ben S. (2001). *Principles of Microeconomics*. New York: McGraw-Hill/Irwin.

Franklin, Allan. (2008). The Mendel-Fisher Controversy: An Overview. In Allan Franklin, A. W. F. Edwards, Daniel J. Fairbanks, Daniel L. Hartl, and Teddy Seidenfeld, eds., *Ending the Mendel-Fisher Controversy*. Pittsburgh: University of Pittsburgh Press, pp. 1–77.

Franklin, Benjamin. (1793) [1996]. *The Autobiography of Benjamin Franklin*. Mineola, NY: Dover Publications, Inc.

Frazer, Persifor. (1894). *Bibliotics: Or, The Study of Documents; Determination of the Individual Character of Handwriting and Detection of Fraud and Forgery, New Methods of Research*. 3rd edn. Philadelphia: J. B. Lippincott Company.

(1901). *A Manual of the Study of Documents to Establish the Individual Character of Handwriting and to Detect Fraud and Forgery, including Several New Methods of Research*. 3rd edn. Philadelphia: J. B. Lippincott Company.

(1902). Expert Testimony: Its Abuses and Uses. *The American Law Register*, 50(2), 87–96.

(1907). Scientific Methods in the Study of Handwriting. *Journal of the Franklin Institute*, 163(4), 245–75.

Friedersdorf, Conor. (2014). This Widow's 4 Kids Were Taken after She Left Them Home Alone. *The Atlantic*, July 16, 2014. Downloaded November 29, 2016 from www.theatlantic.com/national/archive/2014/07/this-widows-4-kids-were-taken-because-she-left-them-home-alone/374514/.

Friedman, Milton. (1962). *Capitalism and Freedom*. Chicago: The University of Chicago Press.

Froeb, Luke M. and Kobayashi, Bruce H. (1996). Naive, Biased, yet Bayesian: Can Juries Interpret Selectively Produced Evidence? *Journal of Law, Economics, and Organization*, 12, 257–76.

Frohlich, N. and Oppenheimer, J. A. (2006). Skating on Thin Ice: Cracks in the Public Choice Foundation. *Journal of Theoretical Politics*, 18(3), 235–66.

Front National. (2016). Europe: Une Europe au service des peuples libres. Downloaded December 27, 2016 from www.frontnational.com/le-projet-de-marine-le-pen/politique-etrangere/europe/.

Galton, David J. (1998). Greek Theories on Eugenics. *Journal of Medical Ethics*, 24, 263–7.

Galton, Francis. (1904). Eugenics: Its Definition, Scope, and Aims. *American Journal of Sociology*, 10(1), 1–6.

Garrett, Brandon L. (2010). The Substance of False Convictions. *Stanford Law Review*, 62, 1051–119.

Gatewood, John B. (1983). Loose Talk: Linguistic Competence and Recognition Ability. *American Anthropologist*, 85(2), 378–87.

George, Henry. (1898). *The Science of Political Economy*. New York: Doubleday & McClure Co.

Giannelli, Paul C. (1997). The Abuse of Evidence in Criminal Cases: The Need for Independent Crime Laboratories. *Virginia Journal of Social Policy & the Law*, 4, 439–78.

Gökalp, Deniz and Unsar, Seda. (2008). From the Myth of European Union Accession to Disillusion: Implications for Religious and Ethnic Politicization in Turkey. *Middle East Journal*, 62(1), 93–116.

Golan, Tal. (1999). The History of Scientific Expert Testimony in the English Courtroom. *Science in Context*, 12(1), 7–32.

  (2004). *Laws of Men and Laws of Nature: The History of Scientific Expert Testimony in England and America*. Cambridge, MA: Harvard University Press.

Goldman, A. I. (1999). *Knowledge in a Social World*. Oxford: Oxford University Press.

Goldman, Alvin. (2001). Experts: Which Ones Should You Trust? *Philosophy and Phenomenological Research*, 63(1), 85–110.

Goldman, Alvin. (2009). Social Epistemology. In *The Stanford Encyclopedia of Philosophy* (Fall 2009 edn.), ed. Edward N. Zalta. Downloaded May 31, 2010 from http://plato.stanford.edu/archives/fall2009/entries/epistemology-social/.

  (2010). Systems-Oriented Social Epistemology. In T. Gendler and J. Hawthorne, eds., *Oxford Studies in Epistemology*, vol. 3. Oxford: Oxford University Press, pp. 189–214.

Goldman, Alvin I. and Cox, James C. (1996). Speech, Truth, and the Free Market for Ideas. *Legal Theory*, 2, 1–32.

Goldich, Robert L. (2011). American Military Culture from Colony to Empire. *Daedalus*, 140(3), 58–74.

Goodale, Melvyn A. and Milner, A. David. (1995). Separate Visual Pathways for Perception and Action. *Trends in Neuroscience*, 15, 20–5.

Goodall, Jane. (1964). Tool-Using and Aimed Throwing in a Community of Free-Living Chimpanzees. *Nature*, 201(4926), 1264–6.

Goodwin, William W. (1878). *Plutarch's Morals Translated from the Greek by Several Hands*, vol. V. Boston: Little, Brown, and Company.

Gordon, Scott. (1976). The New Contractarians. *Journal of Political Economy*, 84(3), 573–90.

Grann, D. (2009). Trial by Fire. *The New Yorker*, September 7, 2009. Downloaded September 7, 2009 from www.newyorker.com/reporting/2009/09/07/090907fa_fact_grann?currentPage¼all.

Greenspan, Allan. (2008). "Testimony of Dr. Alan Greenspan." Prepared for Committee of Government Oversight and Reform. October 23. Downloaded November 4, 2009 from www.gpo.gov/fdsys/pkg/CHRG-110hhrg55764/html/CHRG-110hhrg55764.htm.

Greenwald, Glenn. (2011). *With Liberty and Justice for Some: How the Law Is Used to Destroy Equality and Protect the Powerful*. New York: Metropolitan Books.

  (2014). *No Place to Hide: Edward Snowden, the NSA, and the U.S. Surveillance State*. New York: Metropolitan Books.

Grillo, Giuseppe Piero "Beppe." 2013. "Gli 'esperti' e la piattaforma M5S. *Il Blog di Beppe Grillo*, March 1, 2013. Downloaded December 27, 2016 from www.beppegrillo.it/2013/03/gli_esperti_e_l.html.

Grim, R. (2013). "Police Groups Furiously Protest Eric Holder's Marijuana Policy Announcement. *Huffington Post*, August 30, 2013. Downloaded September 2,

2013 from www.huffingtonpost.com/2013/08/30/police-eric-holder-marijuana-_n_3846518.html?utm_hp_ref=mostpopular.

Habermas, Jürgen. [1985] (1987). *The Theory of Communicative Action*, vol. 2. Boston: Beacon.

Hall, Stuart. (1979). The Great Moving Right Show. *Marxism Today*, January, 14–20.

Hand, Learned. (1901). Historical and Practical Considerations regarding Expert Testimony. *Harvard Law Review*, 15(1), 40–58.

Harris, Shane. (2015). Exclusive: 50 Spies Say ISIS Intelligence Was Cooked. *The Daily Beast*, September 15, 2015. Downloaded March 5, 2017 from www.thedailybeast.com/articles/2015/09/09/exclusive-50-spies-say-isis-intelligence-was-cooked.html.

Harth, Phillip. (1969). The Satiric Purpose of the Fable of the Bees. *Eighteenth-Century Studies*, 2(4), 321–40.

Haupt, Claudia E. (2016). Professional Speech. *The Yale Law Journal*, 125(5), 1238–1303.

Hausman, Daniel M. and McPherson, Michael S. (1993). Taking Ethics Seriously: Economics and Contemporary Moral Philosophy. *Journal of Economic Literature*, 31(2), 671–731.

Havel, Vaclav. (1978) [1987]. The Power of the Powerless. In Vladislav, Jan, ed., *Living in Truth: 22 Essays Published on the Occasion of the Award of the Erasmus Prize to Vaclav Havel*. London: Faber & Faber, pp. 36–122.

Hayek, F. A. (ed.). (1935). *Collectivist Economic Planning*, London: George Routledge & Sons, Ltd.

(1937 [1948]. Economics and Knowledge. In F. A. Hayek, ed., *Individualism and Economic Order*. Chicago: The University of Chicago Press, pp. 33–56.

Hayek, Friedrich A. (1944). *The Road to Serfdom*. Chicago: University of Chicago Press.

(1945) [1948]. The Use of Knowledge in Society. In F. A. Hayek, ed., *Individualism and Economic Order*. Chicago: The University of Chicago Press, pp. 77–91.

(1952a). *The Sensory Order*. Chicago: University of Chicago Press.

(1952b). *The Counter Revolution of Science: Studies in the Abuse of Reason*. Chicago: University of Chicago Press.

(1960) [1967]. The Corporation in a Democratic Society: In Whose Interest Ought It to and Will It Be Run? In F. A. Hayek, ed., *Studies in Philosophy, Politics, and Economics*. Chicago: University of Chicago Press, pp. 300–12.

(1967a). The Results of Human Action but Not of Human Design. In F. A. Hayek, ed., *Studies in Philosophy, Politics, and Economics*. Chicago: University of Chicago Press, pp. 96–105.

(1967b). *Studies in Philosophy, Politics and Economics*. London: Routledge & Kegan Paul.

(1973). *Law, Legislation and Liberty, Volume I: Rules and Order*. Chicago: University of Chicago Press.

(1978). "Dr. Bernard Mandeville. In F. A. Hayek, ed., *New Studies in Philosophy, Politics, Economics and the History of Ideas*. Chicago: University of Chicago Press, pp. 249–66.

(1989). The Pretence of Knowledge. *American Economic Review*, 79(6): 3–7.

(1994). *Hayek on Hayek: An Autobiographical Dialogue*. Chicago: The University of Chicago Press.

Heiner, Ronald A. (1983). The Origin of Predictable Behavior. *American Economic Review*, 73, 560–95.
Heiner, Ronald. A. (1986). Uncertainty, Signal-Detection Experiments, and Modeling Behavior. In R. N. Langlois, ed., *Economics as a Process: Essays in the New Institutional Economics*. New York: Cambridge University Press, pp. 59–115.
Henderson, Charles R. (1900). Science in Philanthropy. *Atlantic Monthly*, 85(508), 249–54.
Henrich, Joseph, Boyd, Robert, Bowles, Samuel, Camerer, Colin, Fehr, Ernst, Gintis, Herbert, McElreath, Richard, Alvard, Michael, Barr, Abigail, Ensminger, Jean, Smith Henrich, Natalie, Hill, Kim, Gil-White, Francisco, Gurven, Michael, Marlowe, Frank W., Patton, John Q., and Tracer, David. (2005). "Economic Man" in Cross-Cultural Perspective: Behavioral Experiments in 15 Small-Scale Societies. *Behavior and Brain Sciences*, 28, 795–855.
Henrich, Joseph, Heine, Steven J., and Norenzayan, Ara. (2010). The Weirdest People in the World? *Behavioral and Brain Science*, 33, 61–135.
Hewlett, A. W. (1913). Clinical Effects of "Natural" and "Synthetic" Sodium Salicylate. *Journal of the American Medical Association*, 61(5), 319–21.
Hickey, Colin, Rieder, Travis N., and Earl, Jake. (2016). Population Engineering and the Fight against Climate Change. *Social Theory and Practice*, 42(4), 845–70.
Hirschman, Albert O. (1977). *The Passions and the Interests: Political Arguments for Capitalism before Its Triumph*. Princeton: Princeton University Press.
Holbaiter, Catherine and Byrne, Richard W. (2014). The Meanings of Chimpanzee Gestures. *Current Biology*, 24(14), 1596–600.
Holcombe, Randall. (2006). Leland Yeager's Utilitarianism as a Guide to Public Policy. In Roger Koppl, ed., *Money and Markets: Essays in Honor of Leland B. Yeager*. London and New York: Routledge, pp. 207–20.
Horwitz, Steven. (1992). Monetary Exchange as an Extra-Linguistic Social Communication Process. *Review of Social Economy*, 50(2), 193–6.
  (2012). Expertise and the Conduct of Monetary Policy. In Roger Koppl, Steven Horwitz, and Laurent Dobuzinskis, eds., *Experts and Epistemic Monopolies, Advances in Austrian Economics*, vol. 17. Bingley, UK: JAI Press, pp. 61–80.
Huber, Peter W. (1993). *Galileo's Revenge*. New York: Basic Books.
Hudson, Alexandra. (2017). "Families Sue NYC For Reporting Them To Child Services When They Homeschool." *The Federalist*, February 4, 2017. Downloaded February 26, 2017 from http://thefederalist.com/2017/02/04/families-sue-nyc-reporting-child-services-homeschool/.
Hudson, Anne and Kenny, Anthony. (2004). Wyclif, John (d. 1384). In H. C. G Matthew and Brian Harrison, eds., *Oxford Dictionary of National Biography*, Oxford: Oxford University Press; online edn. September 2010. Downloaded July 15, 2016 from www.oxforddnb.com.libezproxy2.syr.edu/view/article/30122.
Hume, David. (1778) [1983]. *The History of England from the Invasion of Julius Caesar to the Revolution in 1688*. Indianapolis, IN: Liberty Fund.
Hutchins, Edwin. (1990). The Technology of Team Navigation. In J. Galegher, R. Kraut, and C. Egido, eds., *Intellectual Teamwork: Social and Technical Bases of Cooperative Work*. Hillsdale, NJ: Lawrence Erlbaum, pp. 191–220.
Hutchins, Edwin. (1991). Organizing Work by Adaptation. *Organization Science*, 2(1), 14–39.

Hutchins, E. (1995). *Cognition in the Wild*. Cambridge, MA: MIT Press.
Hutt, William H. (1936) [1990]. *Economists and the Public: A Study of Competition and Opinion*. New Brunswick, NJ and London: Transaction Publishers.
Ingold, Tim. (1986). *Evolution and Social Life*. Cambridge: Cambridge University Press.
Ioannidis, J. P. A. (2005). Why Most Published Research Findings Are False. *PLoS Med*, 2(8), e124 (0696–0701). Downloaded September 14, 2007 from www.plosmedicine.org.
Ireland, Jane L. (2012). *Evaluating Expert Witness Psychological Reports: Exploring Quality*. University of Central Lancashire for Family Justice Council. Downloaded December 19, 2016 from http://repository.tavistockandportman.ac.uk/1065/1/Shared_Understandings_PDFA(1).pdf.
Isnardi, Margherita. (1959). "Studi Recenti e Problemi Aperti sulla Structura e la Funzione della Prima Accademia Platonica." *Rivista Storica Italiana*, 71(2), 271–91.
Jaeger, Werner. (1923) [1934]. *Aristotle, Fundamentals of the History of his Development*. Translated by Richard Robinson. Oxford: Clarendon Press.
 (1948). *Aristotle, Fundamentals of the History of his Development*, 2nd edn. Translated by Richard Robinson. Oxford: Clarendon Press.
Jakobsen, L. S., Archibald, Y. M., Carey, D. P., and Goodale, M. A. (1991). A Patient Recovering from Optic Ataxia. *Neuropsychologia*, 29(8), 803–9.
Jasanoff, Sheila. (2003). Breaking the Waves in Science Studies: Comment on H. M. Collins and Robert Evans, "The Third Wave of Science Studies," *Social Studies of Science*, 33(3), 399–400.
Jensen, Michael C. and Ruback, Richard S. (1983). The Market for Corporate Control. *Journal of Financial Economics*, 11, 5–50.
Johnson, Corey G. (2013). Female Inmates Sterilized in California Prisons Without Approval. *Center for Investigative Reporting*, July 7, 2013. Downloaded February 3, 2016 from http://cironline.org/reports/female-inmates-sterilized-california-prisons-without-approval-4917.
Jones. A. H. M. (1953). Inflation under the Roman Empire. *The Economic History Review, New Series*, 5(3), 293–318.
Joung, Eun-Lee. (2016). North Korea's Economic Policy as a Duet with Control and Relaxation: Dynamics Arising from the Development of Public Markets since the North Korean Famines in the 1990s. *Journal of Asian Public Policy*, 9(1), 75–94.
Kaplan, Sarah. (2015). The Serene-Looking Buddhist Monk Accused of Inciting Burma's Sectarian Violence. *The Washington Post*, May 27, 2015. Downloaded July 21, 2016 from www.washingtonpost.com/news/morning-mix/wp/2015/05/27/the-burmese-bin-laden-fueling-the-rohingya-migrant-crisis-in-southeast-asia/.
Kasaba, Reşat and Sibel Bozdoğan. (2000). Turkey at a Crossroad. *Journal of International Affairs*, 54(1), 1–20.
Kaye, David H. and Freedman, David. (2011). Reference Guide on Statistics. In National Research Council of the National Academies, *Reference Manual on Scientific Evidence*, 3rd edn. Washington, DC: The National Academies Press, pp. 211–302.
Keil, Frank C., Stein, Courtney, Webb, Lisa, Billings, Van Dyke, and Rozenblit, Leonid. (2008). Discerning the Division of Cognitive Labor: An Emerging Understanding of How Knowledge Is Clustered in Other Minds. *Cognitive Science*, 32(2), 259–300.

Kelsen, Hans. (1937). The Philosophy of Aristotle and the Hellenic-Macedonian Policy. *International Journal of Ethics*, 48(1), 1–64.

Kenneally, Ivan. (2009). Technocracy and Populism.*The New Atlantis*, 24, 46–60.

Kerkhof, Bert. (1995). A Fatal Attraction? Smith's "Theory of Moral Sentiments" and Mandeville's "Fable." *History of Political Thought*, 16(2), 219–33.

Kessel, Reuben A. (1970). The A.M.A. and the Supply of Physicians. *Law and Contemporary Problems*, 35, 267–83.

Keynes, John Maynard. (1922) [1977]. "Reconstruction in Europe: An Introduction." Transcribed in Elizabeth Johnson, ed., *The Collected Writings of John Maynard Keynes*, vol. XVIII, Activities 1920–1922, Treaty Revision and Reconstruction. London and New York: Macmillan and Cambridge University Press, pp. 426–33.

(1926) [1962]. The End of Laissez-Faire. In John M. Keynes, ed., *Essays in Persuasion*. New York and London: W. W. Norton & Company, pp. 312–22.

(1927). Comments delivered to Malthusian League Dinner, July 26, 1927. Keynes papers, King's College Cambridge, PS/3/109.

(1936). Letter to Margaret Sanger, June 23, 1936. Margaret Sanger Papers at the Library of Congress. Marked "Recvd [?] 6/30/36."

(1944) [1980]. Letter to Hayek, 28 June 1944. Transcribed in Moggridge, Donald (ed.), *The Collected Writings of John Maynard Keynes*, vol. XXVII, *Activities 1940–1946, Shaping the post-war world: Employment and commodities*. London and New York: Macmillan and Cambridge University Press, pp. 385–8.

Kirzner, I. M. (1976). *The Economic Point of View: An Essay in the History of Economic Thought*. Kansas City: Sheed and Ward, Inc.

(1985). *Discovery and the Capitalist Process*. Chicago: University of Chicago Press.

Kitcher, Philip. (1993). *The Advancement of Science*. New York and Oxford: Oxford University Press.

Klein, Daniel B. and Stern, Charlotta. (2006). Economists' Policy Views and Voting. *Public Choice*, 126, 331–42.

Knight, Frank H. (1933). Preface to the Re-Issue. In Frank H. Knight, ed., *Risk, Uncertainty and Profit*. London: London School of Economics and Political Science, pp. xi–xxxvi.

Koppl, Roger. (1995). The Walras Paradox. *Eastern Economic Journal*, 21(1), 43–55.

2002. *Big Players and the Economic Theory of Expectations*. London and New York: Palgrave Macmillan.

(2005a). How to Improve Forensic Science. *European Journal of Law and Economics*, 20(3), 255–86.

(2005b). Epistemic Systems. *Episteme: Journal of Social Epistemology*, 2(2), 91–106.

(2009). Complexity and Austrian Economics. In J. B. Rosser Jr., ed., *Handbook of Research on Complexity*. Cheltenham: Edward Elgar.

(2010a). The Social Construction of Expertise. *Society*, 47, 220–6.

(2010b). Romancing Forensics: Legal Failure in Forensic Science Administration. In Edward Lopez, ed., *The Pursuit of Justice: Law and Economics of Legal Institutions*. New York: Palgrave Macmillan, pp. 51–70.

(2010c). Organization Economics Explains Many Forensic Science Errors. *Journal of Institutional Economics*, 6(1), 71–81.

(2012a). Leveraging Bias in Forensic Science. *Fordham Urban Law Journal, City Square*, 39, 37–56.

(2012b). Information Choice Theory. *Advances in Austrian Economics*, 17, 171–202.

(2014). *From Crisis to Confidence: Macroeconomics after the Crash*. London: The Institute of Economic Affairs.

Koppl, Roger and Cowan, E. James. (2010). A Battle of Forensic Experts Is Not a Race to the Bottom. *Review of Political Economy*, 22(2), 235–62.

Koppl, Roger, Kauffman, Stuart, Felin, Teppo, and Longo, Giuseppe. (2015a). Economics for a Creative World. *Journal of Institutional Economics*, 11(1): 1–31.

(2015b). Economics for a Creative World: A Response to Comments. *Journal of Institutional Economics*, 11(1), 61–8.

Koppl, Roger, Charlton, David, Kornfield III, Irving, Krane, Dan, Risinger, D. Michael, Robertson, Christopher T., Saks, Michael, and Thompson, William. (2015c). Do Observer Effects Matter? A Comment on Langenburg, Bochet, and Ford. *Forensic Science Policy & Management: An International Journal*, 6(1–2), 1–6.

Koppl, Roger and Krane, Dan. (2016). Minimizing and Leveraging Bias in Forensic Science. In Christopher T. Robertson and Aaron S. Kesselheim, eds., *Blinding as a Solution to Bias*. Amsterdam: Elsevier Academic Press, pp. 151–65.

Koppl, Roger, Kurzban, Robert and Kobilinsky, Lawrence. (2008). Epistemics for Forensics. *Epistmeme: Journal of Social Epistemology*, 5(2), 141–59.

Koppl, Roger and Sacks, Meghan. (2013). The Criminal Justice System Creates Incentives for False Convictions. *Criminal Justice Ethics*, 32(2), 126–62.

Koppl, Roger and Yeager, Leland. (1996). Big Players and Herding in Asset Markets: The Case of the Russian Ruble. *Explorations in Economic History*, 33(3), 367–83.

Krane, Dan. (2008). *Evaluating Forensic DNA Evidence*. Downloaded July 20, 2009 from www.bioforensics.com/downloads/KranePhiladelphia.ppt.

Krane, Dan E., Ford, S., Gilder, J. R., Inman, K., Jamieson, A., Koppl, R., Kornfield, I. L., Risinger, D. M., Rudin, N., Taylor, M. S., and Thompson, W. C. (2008). Sequential Unmasking: A Means of Minimizing Observer Effects in Forensic DNA Interpretation. *Journal of Forensic Sciences*, 53(4), 1006–7.

Kuhn, Thomas S. (1970). *The Structure of Scientific Revolutions*, 2nd edn., enlarged, volume 2, number 2 of *International Encyclopedia of Unified Science*. Chicago: University of Chicago Press.

Lachmann, Ludwig. (1969 [1977]. Methodological Individualism and the Market Economy. In Ludwig Lachmann, ed., *Capital, Expectations, and the Market Process*. Kansas City: Sheed Andrews and McMeel, Inc., pp. 149–65.

Lakatos, Imre. (1970). Falsification and the Methodology of Scientific Research Programs. In I. Lakatos and A. Musgrave, eds., *Criticism and the Growth of Knowledge*. Cambridge: Cambridge University Press, pp. 91–196.

(1976). *Proofs and Refutations: The Logic of Mathematical Discovery*. Cambridge: Cambridge University Press.

Langlois, Richard N. (2002). Modularity in Technology and Organization. *Journal of Economic Behavior and Organization*, 49, 19–37.

Langlois, Richard N. and Koppl, Roger. (1991). Fritz Machlup and Marginalism: A Reevaluation. *Methodus*, 3(2), 86–102.

Latour, Bruno. (1987). *Science in Action: How to Follow Scientists and Engineers through Society*. Cambridge, MA: Harvard University Press.

Latour, Bruno and Woolgar, Steve. (1979). *Laboratory Life*. London: Sage.

Law, John. (1705) [1966]. *Money and Trade Considered, with a Proposal for Supplying the Nation with Money*. New York: Augustus M. Kelley Publishers.

Leary, Mike. (1988). If You Have Kent Cigarettes, All Romania Is Your Oyster. *Philadelphia Inquirer*, April 28. Downloaded August 18, 2016 from http://articles.philly.com/1988-04-28/news/26251481_1_kents-romanian-economy-romanian-currency.

Lee, Gary. (1987). In Romania, Kents as Currency. *The Washington Post*, August 29. Downloaded August 18, 2016 from www.washingtonpost.com/archive/lifestyle/1987/08/29/in-romania-kents-as-currency/af55be66-f57c-4aeb-9d13-22bdbaa75947/.

Leonard, Thomas C. (2005). Retrospectives: Eugenics and Economics in the Progressive Era. *Journal of Economic Perspectives*, 19(4), 207–24.

(2016). *Illiberal Reformers: Race, Eugenics & American Economics in the Progressive Era*. Princeton and Oxford: Princeton University Press.

LeRoy, Stephen F. (1989). Efficient Capital Markets and Martingales. *Journal of Economic Literature*, 23(4), 1583–621.

Levy, David M. (2001). *How the Dismal Science Got Its Name: Classical Economics and the Ur-Text of Racial Politics*. Ann Arbor: University of Michigan Press.

Levy, David M., Houser, Daniel, Padgitt, Kail, Peart, Sandra J., and Xiao, Erte. (2011). Leadership, Cheap Talk and Really Cheap Talk. *Journal of Economic Behavior and Organization*, 77(1): 40–52.

Levy, David M. and Peart, Sandra J. (2006) The Fragility of a Discipline when a Model has Monopoly Status. *Review of Austrian Economics*, 19, 125–36.

(2007). Sympathetic Bias. *Statistical Methods in Medical Research*, 17, 265–77.

(2008a). Thinking about Analytical Egalitarianism. *American Journal of Economics and Sociology*, 67(3), 473–9.

(2008b). Inducing Greater Transparency: Towards an Econometric Code of Ethics. *Eastern Economic Journal*, 34, 103–14.

(2012). Tullock on Motivated Inquiry: Expert-Induced Uncertainty Disguised as Risk. *Public Choice*, 15(1–2): 163–80.

Levy, David M. and Peart, Sandra J. (2017). *Escape from Democracy: The Role of Experts and the Public in Economic Policy*. Cambridge: University of Cambridge Press.

Lewis, Alain A. (1992). On Turing Degrees of Walrasian Models and a General Impossibility Result in the Theory of Decision-Making. *Mathematical Social Sciences*, 24, 141–71.

Lewis, Paul. (2010). Peter Berger and His Critics: The Significance of Emergence. *Society*, 47, 207–13.

Lindblom, Charles E. (1959). The Science of "Muddling Through." *Public Administration Review*, 19, 79–88.

Liptak, Adam. (2016). Supreme Court Finds Racial Bias in Jury Selection for Death Penalty Case. *New York Times*, May 23, 2016. Downloaded June 1, 2016 from www.nytimes.com/2016/05/24/us/supreme-court-black-jurors-death-penalty-georgia.html?_r=0.

Lloyd-Jones, Hugh. (1976). The Delphic Oracle. *Greece & Rome*, 23(1), 60–73.

Lofgren, Mike. (2016). *The Deep State: The Fall of the Constitution and the Rise of a Shadow Government*. New York: Penguin Books.

Longo, Giuseppe, Montévil, Maël, and Kauffman, Stuart. (2012). No Entailing Laws, but Enablement in the Evolution of the Biosphere. *Physics ArXiv*, 1201.2069v1, http://arxiv.org/abs/1201.2069.

Lotka, Alfred J. (1945). The Law of Evolution as a Maximal Principle. *Human Biology*, 17(3), 167–94.

Lowe, Josh. (2016). Michael Gove: I'm "Glad" Economic Bodies Don't Back Brexit. *Newsweek*, June 3, 2016. Downloaded December 19, 2016 from http://europe.newsweek.com/michael-gove-sky-news-brexit-economics-imf-466365?rm=eu.

Luban, David, Strudler, Alan, and Wasserman, David. (1992). Moral Responsibility in the Age of Bureaucracy. *Michigan Law Review*, 90(8), 2348–92.

Ludden, Jennifer. (2016). Should We Be Having Kids in the Age of Climate Change? *NPR*, August 18, 2016. Downloaded April 30, 2017 from www.npr.org/2016/08/18/479349760/should-we-be-having-kids-in-the-age-of-climate-change.

Lutz, Donna J. and Keil, Frank C. (2003). Early Understanding of the Division of Cognitive Labor. *Child Development*, 73(4), 1073–84.

Lynch, Micael and Cole, Simon A. (2005). Science and Technology Studies on Trial: Dilemmas and Expertise. *Social Studies of Science*, 35(2), 269–311.

Machlup, Fritz. (1955). The Problem of Verification in Economics. *Southern Economic Journal*, 22, 1–21.

Mackay, Charles. (1852). *Memoirs of Extraordinary Popular Delusions and the Madness of Crowds*. London: Office of the National Illustrated Library. Downloaded February 5, 2004 from www.econlib.org/library/Mackay/macEx15.html.

Maloney, L. T. and Wandell, B. A. (1987). Color Constancy: A Method for Recovering Surface Spectral Reflectance. In M. A. Fischler and O. Firschein, eds., *Readings in Computer Vision: Issues, Problems, Principles, and Paradigms*. San Francisco: Morgan Kaufmann, pp. 293–7.

Mandeville, Bernard. (1729) [1924]. *The Fable of the Bees: Or, Private Vices, Publick Benefits*, with a Commentary Critical, Historical, and Explanatory by F. B. Kaye, in two volumes. Oxford: Clarendon Press.

(1732) [1953]. *A Letter to Dion, Occasion'd by his Book call'd Alciphron or the Minute Philosopher*. London: J. Roberts in Warwick Lane. Facsimile reproduction in *The Augustan Reprint Society publication number 41*. Los Angeles: William Andrews Clark Memorial Library, University of California.

Manne, Henry G. (1965). Mergers and the Market for Corporate Control. *The Journal of Political Economy*, 73(2), 110–20.

Mannheim, Karl. (1936) [1985]. *Ideology and Utopia: An Introduction to the Sociology of Knowledge*. New York: Harcourt, Brace & World, Inc.

(1940). *Man and Society in an Age of Reconstruction: Studies in Modern social structure*. New York: Harcourt, Brace & World.

(1952). The Problem of Generations. In Mannheim, Karl, ed., *Essays in the Sociology of Knowledge*. London: Routledge & Kegan Paul Ltd., pp. 276–322.

Margolis, Howard. (1998). Tycho's Illusion and Human Cognition. *Nature*, 392, 857.

(2007). Are Economists Human? *Applied Economics Letters*, 14, 1035–7.

Markose, S. M. (2005). Computability and Evolutionary Complexity: Markets as Complex Adaptive Systems. *Economic Journal*, 115, F159–92.

Martin, Adam. (2015). Degenerate Cosmopolitanism. *Social Philosophy and Policy*, 32(1), 74–100.

Martin, David. (1968). The Sociology of Knowledge and the Nature of Social Knowledge. *The British Journal of Sociology*, 19(3), 334–42.

Marx, Karl. (1867) [1909]. *Capital: A Critique of Political Economy. Volume I: The Process of Capitalist Production*. Edited by Friedrich Engels and translated from the third German edition (1873) by Samuel Moore and Edward Aveling. Chicago: Charles H. Kerr & Company.

(1859) [1904]. Author's Preface. In *A Contribution to the Critique of Political Economy*, translated from the second German edition (1897) by N. I. Stone. Chicago: Charles H. Kerr & Company, pp. 9–15.

Mauss, Marcel. (1925) [1969]. *The Gift: Forms and Functions of Exchange in Archaic Societies*. London: Cohen and West.

McCabe, Kevin, Houser, Daniel, Ryan, Lee, Smith, Vernon, and Trouard, Theodore. (2001). A Functional Imaging Study of Cooperation in Two-Person Reciprocal Exchange. *Proceedings of the National Academy of Sciences*, 98(20), 11832–5.

McCullagh, Declan. (2013). NSA Spying Flap Extends to Contents of U.S. Phone Calls. CNET, June 15, 2013. Downloaded January 13, 2017 from www.cnet.com/news/nsa-spying-flap-extends-to-contents-of-u-s-phone-calls/.

McKeon, Michael. (2005). *The Secret History of Domesticity: Public, Private, and the Division of Knowledge*. Baltimore: Johns Hopkins University Press.

Mendel, Gregor. (1865) [1996]. Experiments in Plant Hybridization. English translation of German original. Downloaded October 7, 2010 from www.mendelweb.org/Mendel.html.

Menger, Carl. (1871) [1981] *Principles of Economics*. Translated by James Dingwell and Bert F. Hoselitz. New York and London: New York University Press.

Merlan, Philip. (1954). Isocrates, Aristotle and Alexander the Great. *Historia: Zeitschrift für Alte Geschichte*, 3(1), 60–81.

Merton, Robert K. (1937) [1957]. Science and the Social Order. Reproduced in Robert K. Merton, *Social Theory and Social Structure*, rev edn. New York: The Free Press, pp. 537–49.

(1945). "Role of the Intellectual in Public Bureaucracy. *Social Forces*, 23(4): 405–15.

Merton, Robert. (1976). *Sociological Ambivalence and Other Essays*. New York: Free Press.

Merton, Robert and Barber, Elinor. (1976). Sociological Ambivalence. In Robert Merton, ed., *Sociological Ambivalence and Other Essays*. New York: Free Press, pp. 3–31.

Milgrom, P. and Roberts, J. (1986). Relying on Information of Interested Parties. *RAND Journal of Economics*, 17, 18–32.

Mill, J. S. (1869) [1977]. On Liberty. In *Essays on Politics and Society*, vol. 18, *Collected Works of John Stuart Mill*. Edited by J. Robson. Toronto: University of Toronto Press, pp. 213–310.

Miller, James C. III. (1999). *Monopoly Politics*. Stanford: Hoover Press.

(2006). Monopoly Politics and Its Unsurprising Effects. In Roger Koppl, ed., *Money and Markets: Essays in Honor of Leland B. Yeager*. New York: Routledge, 2006, pp. 48–65.

Miller, Jeff. (1998). Aristotle's Paradox of Monarchy and the Biographical Tradition. *History of Political Thought*, 19(4), 501–16.

Mills, Steve, McRoberts, Flynn, and Possley, Maurice. (2004). Man Executed on Disproved Forensics: Fire that Killed His 3 Children Could Have Been Accidental, *Chicago Tribune*, 9 December 2004.

Mises, L. von [1920] (1935). Economic Calculation in the Socialist Commonwealth. In F. A. Hayek, ed., *Collectivist Economic Planning*. George Routledge and Sons, London, pp. 87–130.

Mises, Ludwig von. [1932] (1981). *Socialism*. 3rd rev. edn. Indianapolis: Liberty Classics.

Mises, Ludwig. (1966). *Human Action: A Treatise on Economics*, 3rd rev. edn. Chicago: Henry Regnery Company.

Mnookin, Jennifer L. (2001). Scripting Expertise: The History of Handwriting Identification Evidence and the Judicial Construction of Reliability. *Virginia Law Review*, 87(8), 1723–845.

Mnookin, Jennifer, Cole, Simon A., Dror, Itiel E., Fisher, Barry, A. J., Houck, Max M., Inman, Keith, Kaye, David H., Koehler, Jonathan J., Langenburg, Glenn, Risinger, D. Michael, Rudin, Norah, Siegel, Jay, and Stoney, David A. (2011). The Need for a Research Culture in the Forensic Sciences. *UCLA Law Review*, 58, 725–79.

Mudde, Cas. (2004). The Populist Zeitgeist. *Government and Opposition*, 39(4), 542–63.

Mudie, Robert. (1840). Preliminary Address. *The Surveyor, Engineer, and Architect*, 1 (1), 1–6.

Mueller, Dennis C. (1986). Rational Egoism versus Adaptive Egoism as Fundamental Postulate for a Descriptive Theory of Human Behavior. *Public Choice*, 51, 3–23.

Mueller, D. C. (1989). *Public Choice II*. Cambridge: Cambridge University Press.

Müller, Gerhard. (1951). *Studien zu den platonischen Nomoi*. Munich: C. H. Beck.

Musacchio, J. M. (2003). Dissolving the Explanatory Gap: Neurobiological Differences between Phenomenal and Propositional Knowledge. *Brain and Mind*, 3, 331–65.

Narasu, Lakshmi P. (1912). *The Essence of Buddhism with Illustrations of Buddhist Art*. Madras: Srinivasa Varadachari.

NAS, National Academy of Sciences, Committee on Identifying the Needs of the Forensic Sciences Community. (2009). *Strengthening Forensic Science in the United States: A Path Forward*. Washington, DC: The National Academies Press.

Neisser, Ulrich. (1976). *Cognition and Reality: Principles and Implications of Cognitive Psychology*. San Francisco: W. H. Freeman.

Neumann, John von and Morgenstern, Oskar. (1953). *Theory of Games and Economic Behavior*. Princeton, NJ: Princeton University Press.

Nichols, Ronald G. (2007). Defending the Scientific Foundations of the Firearms and Toolmark Identification Discipline: Responding to Recent Challenges. *Journal of Forensic Science*, 52(3), 586–94.

Nilsson, Martin P. (1940) [1972]. *Greek Folk Religion*. Philadelphia: University of Pennsylvania Press.

NIST. (2011). *Latent Print Examination and Human Factors: Improving the Practice through a Systems Approach. The Report of the Expert Working Group on Human Factors in Latent Print Analysis*. Washington, DC: National Institute of Standards and Technology Forensic Science Program.

Nock, Arthur Darby. (1942). Religious Attitudes of the Ancient Greeks. *Proceedings of the American Philosophical Society*, 85(5), 472–82.

Odling, William. (1860). Science in Courts of Law. *The Journal of the Society of Arts*, 8 (375): 167–8.

Office of the Inspector General. (2006). *A Review of the FBI's Handling of the Brandon Mayfield Case*. Washington, DC: US Department of Justice.

Ojakangas, Mika. (2011). Michel Foucault and the Enigmatic Origins of Bio-Politics and Governmentality. *History of the Human Sciences*, 25(1), 1–14.

O'Neill, Brian C., Dalton, Michael, Fuchs, Regina, Jiang, Leiwen, Pachauri, Shonali, and Zigova, Katarina. (2010). Global Demographic Trends and Future Carbon Emissions. *PNAS*, 107(41), 17521–6.

OpenSecrets.org. 2016. "Top Spenders." Downloaded July 22, 2016 from www.opensecrets.org/lobby/top.php?showYear=a&indexType=s.

Orchard, Lionel and Stretton, Hugh. (1997. Public Choice. *Cambridge Journal of Economics*, 21, 409–30.

Ostrom, Vincent. (1989). *The Intellectual Crisis in American Public Administration*, 2nd edn. Tuscaloosa and London: The University of Alabama Press.

Owen, Robert. (1841). *Lectures on the Rational System of Society*. London: Home Colonization Society.

Pak, Sunyoung. (2004). The Biological Standard of Living in the Two Koreas. *Economics and Human Biology*, 2, 511–21.

Pearson, Karl. (1911). *The Scope and Importance to the State of the Science of National Eugenics*, 3rd edn. London: Dulau Co., Ltd.

Peart, Sandra J. and Levy, David M. (2005) *The "Vanity of the Philosopher": From Equality to Hierarchy in Postclassical Economics*. Ann Arbor, The University of Michigan Press.

  (2010). If Germs Could Sponsor Research: Reflections on Sympathetic Connections amongst Subjects and Researchers. Paper presented at the 3rd biennial Wirth Institute workshop on Austrian Economics, Vancouver, October 14–16, 2010.

Pierce, A. (2008). The Queen Asks Why No One Saw the Credit Crunch Coming. *Telegraph*, November 5, 2008. Downloaded February 26, 2013 from www.telegraph.co.uk/news/uknews/theroyalfamily/3386353/The-Queen-asks-why-no-one-saw-the-credit-crunch-coming.html.

Penrose, Clement B. and Frazer, Persifor. (1902). Expert Testimony. A Discussion. *The American Law Register*, 50(6), 346–50.

Perrow, Charles. (1984) [1999]. *Normal Accidents: Living with High Risk Systems*. Princeton: Princeton University Press.

Pichert, James W. and Richard C. Anderson. (1977). Taking Different Perspectives on a Story. *Journal of Educational Psychology*, 69(4), 309–15.

Pickering, Andrew. (1992). From Science as Knowledge to Science as Practice. In Andrew Pickering, ed., *Science as Practice and Culture*. Chicago: The University of Chicago Press, pp. 1–26.

Pinker, Steven. (2011). *The Better Angels of Our Nature: Why Violence Has Declined*. New York: Viking.

Podolsky, Scott H., Jones, David S., and Kaptchuk, Ted J. (2016). From Trials to Trials: Blinding, Medicine, and Honest Adjudication. In Christopher T. Robertson and Aaron S. Kesselheim, eds., *Blinding as a Solution to Bias*. Amsterdam: Elsevier Academic Press, pp. 45–58.

Polanyi, Michael. (1958). *Personal Knowledge*. Chicago: University of Chicago Press.

  (1962). The Republic of Science: Its Political and Economic Theory. *Minerva*, 1, 54–73.

Popper, K. (1959). *The Logic of Scientific Discovery*. Hutchinson: London.

Popper, Karl. (1979). *Objective Knowledge: An Evolutionary Approach*, rev. edn. Oxford: Oxford University Press.

Posner, Richard A. (1974). Theories of Economic Regulation. *The Bell Journal of Economics and Management Science*, 5(2), 335–58.

Potts, Jason. (2012). Novelty-Bundling Markets. In David E. Andersson, ed., *The Spatial Market Process, Advances in Austrian Economics*, vol. 16. Bradford: Emerald Publishing Group, pp. 291–312.

Prasad, K. (2009). The Rationality/Computability Trade-Off in Finite Games. *Journal of Economic Behavior and Organization*, 69, 17–26.

Prendergast, Renee. (2010). Accumulation of Knowledge and Accumulation of Capital in Early "Theories" of Growth and Development. *Cambridge Journal of Economics*, 34(3), 413–31.

　(2014). Knowledge, Innovation and Emulation in the Evolutionary Thought of Bernard Mandeville. *Cambridge Journal of Economics*, 38(1), 87–107.

Price, David H. (1998). Cold War Anthropology: Collaborators and Victims of the National Security State. *Identities*, 4(3–4), 389–430.

Quiggin, John. (1987). Egoistic Rationality and Public Choice: A Critical Review of Theory and Evidence. *Economic Record*, 63(1), 10–21.

Quine, W. V. (1951). Two Dogmas of Empiricism. *The Philosophical Review*, 60(1), 20–43.

Radford, R. A. (1945). The Economic Organisation of a P.O.W. Camp. *Econometrica*, 48, 189–201.

Radnitzky, Gerard and Bartley, W. W. III. eds. (1987). *Evolutionary Epistemology, Rationality, and the Sociology of Knowledge*. Chicago and La Salle, IL: Open Court.

Rahula, Walpola. (1974). *What the Buddha Taught*, revised and expanded edn. New York: Grove Press.

Read, Leonard E. (1958) [1999]. *I, Pencil: My Family Tree as Told to Leonard. E. Read*. Irvington-on-Hudson, NY: The Foundation for Economic Education, Inc. Currently available at www.econlib.org/library/Essays/rdPncl1.html.

Reagan, Michael D. (1965). Why Government Grows. *Challenge*, 14(1), 4–7.

Reason, James. (1990). *Human Error*. Cambridge: Cambridge University Press.

Reeve, C. D. C. (1990). *Socrates in the Apology*. Indianapolis, IN: Hackett Publishing Company.

Rehg, William. (2013). Selinger and Contested Expertise: The Recognition Problem. In Stephen Turner, William Rehg, Heather Douglas, and Evan Selinger, eds., Book Symposium on Expertise: Philosophical Reflections by Evan Selinger *Philosophy & Technology*, 26(1), 93–109.

Reid, Sue. (2012). "The 'Experts' Who Break Up Families: The Terrifying Story of the Prospective MP Branded an Unfit Mother by Experts Who'd Never Met Her – A Nightmare Shared by Many Other Families. *Daily Mail*, March 28, 2012, updated March 29, 2012. Downloaded December 19, 2016 from www.dailymail.co.uk/news/article-2121886/The-experts-break-families-The-terrifying-story-prospective-MP-branded-unfit-mother-experts-whod-met-nightmare-shared-families.html.

Reynolds, Russell. (1867). On Some of the Relations between Medical and Legal Practice. (Lumleian Lectures, Delivered before the Royal College of Physicians). *The British Medical Journal*, 1(335), 644.

Riley, Ricky. (2017). Buffalo CPS Takes Children, Has Mother Arrested for Choosing to Homeschool Them. *Atlanta Black Star*, February 10, 2017. Downloaded February 10, 2017 from http://atlantablackstar.com/2017/02/10/buffalo-cps-takes-children-mother-arrested-choosing-homeschool/.

Risinger, D. Michael, Denbeaux, Mark P., and Saks, Michael J. (1989). Exorcism of Ignorance as a Proxy for Rational Knowledge: The Lessons of Handwriting Identification "Expertise." *University of Pennsylvania Law Review*, 137(3), 731–92.

Risinger, Michael, Saks, Michael J., Thompson, William C., and Rosenthal, Robert. (2002). The Daubert/Kumho Implications of Observer Effects in Forensic Science: Hidden Problems of Expectation and Suggestion. *California Law Review*, 90, 1–56.

Robertson, C. T. (2010). The Blind Expert: A Litigant-Driven Solution to Bias and Error. *New York University Law Review*, 85, 174–257.

Robertson, Christopher T. (2011). Biased Advice. *Emory Law Journal*, 60(3), 653–703.

(2016). Why Blinding? How Blinding? A Theory of Blinding and Its Application to Institutional Corruption. In Christopher T. Robertson and Aaron S. Kesselheim, eds., *Blinding as a Solution to Bias*. Amsterdam: Elsevier Academic Press, pp. 25–38.

Rosenthal, Robert. (1978). How Often Are Our Numbers Wrong? *American Psychologist*, 33, 1005–8.

Rosenthal, Robert and Fode, Kermit T. (1961). The Problem of Experimenter Outcome-Bias. In Donald P. Ray, ed., *Symposium Studies Series No. 8, Series Research in Social Psychology*. Washington, DC: The National Institute of Social and Behavioral Science, pp. 9–14.

Ross, David. (1952). *The Works of Aristotle, vol. XII: Select Fragments*. Oxford: The Clarendon Press.

Ross, Stephen A. (1973). The Economic Theory of Agency: The Principal's Problem. *The American Economic Review*, 63(2), 134–9.

Roucek, Joseph S. (1963). Some Academic "Rackets" in the Social Sciences. *The American Behavioral Scientist*, 6(5), 9–10.

Rousselle, Christine. (2017). Bill Nye the Eugenics Guy: Maybe We Should Penalize People with "Extra Kids." *Townhall.com*, April 26, 2017. Downloaded May 1, 2017 from https://townhall.com/tipsheet/christinerousselle/2017/04/26/bill-nye-the-eugenics-guy-maybe-we-should-penalize-people-with-extra-kids-n2318527.

Roy, Avik. (2014). ACA Architect: "The Stupidity of The American Voter" Led Us to Hide Obamacare's True Costs from the Public. *Forbes*, November 10, 2014. Downloaded December 20, 2016 from www.forbes.com/sites/theapothecary/2014/11/10/aca-architect-the-stupidity-of-the-american-voter-led-us-to-hide-obamacares-tax-hikes-and-subsidies-from-the-public/#192f610779bc.

Rubel, Alexander. (2014). *Fear and Loathing in Ancient Athens: Religion and Politics during the Peloponnesian War*. Durham, UK and Bristol, CT: Acumen.

Rucker, Philip and Costa, Robert. (2017). Bannon Vows a Daily Fight for "Deconstruction of the Administrative State." *Washington Post*, February 23, 2017. Downloaded March 15, 2017 from www.washingtonpost.com/politics/top-wh-strategist-vows-a-daily-fight-for-deconstruction-of-the-administrative-state/2017/02/23/03f6b8da-f9ea-11e6-bf01-d47f8cf9b643_story.html?utm_term=.53e68b32c0a7.

Ryle, G. (1949). Knowing How and Knowing That. In G. Ryle, ed., *The Concept of Mind*. London: Hutchinson's University Library, pp. 25–61.

Sah, Raaj Kuma and Stiglitz, Joseph E. (1986). The Architecture of Economic Systems: Hierarchies and Polyarchies. *American Economic Review*, 76(4), 716–27.

Salter, Alexander William. (2017). The Constitution of Economic Expertise: Deep History, Extended Present, and the Institutions of Economic Scholarship. February 28, 2017. Downloaded March 4, 2017 from https://ssrn.com/abstract=2925241.

Sandefur, Timothy. (2015–16). Free Speech for You and Me, But Not for Professionals. *Regulation*, 38(4), 48–53.

Sandford, Jeremy A. (2010). Experts and Quacks. *The RAND Journal of Economics*, 41(1), 199–214.

Savage, Deborah A. (1994). The Professions in Theory and History: The Case of Pharmacy. *Business and Economic History*, 23(2), 129–60.

Scheler, Max. (1926) [1960/1980]. *Problems of a Sociology of Knowledge*. London, Boston, and Henley: Routledge & Kegan Paul.

Schiemann, John. (2000). Meeting Halfway between Rochester and Frankfurt: Generative Salience, Focal Points, and Strategic Interaction. *American Journal of Political Science*, 44(1), 1–16.

Schlauch, Margaret. (1940). The Revolt of 1381 in England. *Science & Society*, 4(4), 414–32.

Schulz, Kenneth F. and Grimes, David A. (2002). Blinding in Randomised Trials: Hiding Who Got What. *The Lancet*, 359, 696–700.

Schutz, Alfred. (1932) [1967]. *The Phenomenology of the Social World*. Translated by George Walsh and Frederick Lehnert. Evanston, IL: Northwestern University Press.

(1943). The Problem of Rationality in the Social World. *Economica*, N. S. 10, 130–49.

(1945). On Multiple Realities. *Philosophy and Phenomenological Research*, 5(4), 533–76.

(1946). The Well-Informed Citizen. *Social Research*, 13(4), 463–78.

Schutz, A. (1951) [1962]. Choosing among Projects of Action. In A. Schutz, ed., *Collected Papers I: The Problem of Social Reality*. The Hague: Martinus Nijhoff, pp. 67–96.

(1953) [1962]. Common-Sense and Scientific Interpretation of Human Action. In A. Schutz, ed., *Collected Papers I: The Problem of Social Reality*. The Hague: Martinus Nijhoff, pp. 3–47.

(1959) [1962]. Husserl's Importance for the Social Sciences. In *Collected Papers I: The Problem of Social Reality*. The Hague: Martinus Nijhoff, pp. 140–9.

(1996). Political Economy: Human Conduct in Social Life. In *Collected Papers IV*. The Hague: Martinus Nijhoff, pp. 93–105.

Schwekendiek, Daniel. (2009). Height and Weight Differences between North and South Korea. *Journal of Biosocial Science*, 41(1), 51–5.

Scott, Peter Dale. (2007). *The Road to 9/11: Wealth, Empire, and the Future of America*. Berkeley: University of California Press.

Senn, Peter R. (1951). Cigarettes as Currency. *Journal of Finance*, 6(3), 329–32.

Shavit, David. (1990). *The United States in Asia: A Historical Dictionary*. Westport, CT: Greenwood Press.

Shaw, Julia. (2016). The Real Reason We Don't Trust Experts Anymore. *Independent*, July 8, 2016. Downloaded March 19, 2016 from www.independent.co.uk/voices/the-real-reason-that-we-don-t-trust-experts-a7126536.html.

Shepard, Jon. 2013. *Cengage Advantage: Sociology*, 11th edn. Belmont, CA: Wadsworth, Cengage Learning.

Sherif, Muzafer and Sherif, Carolyn. (1969). *Social Psychology*. New York: Harper & Row.

Shreffler, Karina M., McQuillan, Julia, Greil, Arthur L., and Johnson, David R. (2015). Surgical Sterilization, Regret, and Race: Contemporary Patterns. *Social Science Research*, 50, 31–45.

Siddiqui, Usaid. (2015). Myanmar's Buddhist Terrorism Problem. *Aljazeera America*, February 18, 2015. Downloaded July 21, 2016 from http://america.aljazeera.com/opinions/2015/2/myanmars-buddhist-terrorism-problem.html.

Simon, Herbert A. (1962). The Architecture of Complexity. *Proceedings of the American Philosophical Society*, 106(6), 467–82.

Singerman, David Roth. (2016). Keynesian Eugenics and the Goodness of the World. *Journal of British Studies*, 55, 538–65.

Skenazy, Lenore. (2014). Mom Jailed Because She Let Her 9-Year-Old Daughter Play in the Park Unsupervised. *Reason*, July 14, 2014. Downloaded December 19, 2016 from http://reason.com/blog/2014/07/14/mom-jailed-because-she-let-her-9-year-ol.

Small, Albion. (1908). Ratzenhofer's Sociology. *The American Journal of Sociology*, 13(4), 433–8.

Smith, Adam. (1759) [1761/1767/1774/1781/1790/1976/1984]. *The Theory of Moral Sentiments*, ed. D. D. Raphael and A. L. Mactie. Indianapolis, IN: Liberty Press.

(1776) [1789/1904/2000]. *An Inquiry into the Nature and Causes of the Wealth of Nations*. Library of Economics and Liberty, www.econlib.org/library/Smith/smWNCover.html, last visited January 27, 2012. (This online edition of the book is based on Edwin Cannan's 1904 compilation of the 5th edition, which was published in 1789.)

(1982). *Lectures on Jurisprudence*. Indianapolis, IN: Liberty Fund, Inc.

Smith, Adam C., Wagner, Richard E., and Yandle, Bruce. (2011). A Theory of Entangled Political Economy, with Application to TARP and NRA. *Public Choice*, 148, 45–66.

Smith, R. Angus. (1860). Science in Our Courts of Law. *Journal of the Society of Arts*, 8(374), 135–42.

Smith, Nicholas D. (1989). Diviners and Divination in Aristophanic Comedy. *Classical Antiquity*, 8(1), 140–58.

Smith, Vernon. (1998). The Two Faces of Adam Smith. *Southern Economic Review*, 65(1), 1–19.

(2003). Constructivist and Ecological Rationality in Economics. *American Economic Review*, 93(3), 465–508.

(2009). *Rationality in Economics: Constructivist and Ecological Forms*. Cambridge: Cambridge University Press.

(2014). *F.A. Hayek and the Nobel Prize*, video created by the Mercatus Center at George Mason University. Smith's comments can be found at 37:47. http://mercatus.org/events/40-years-after-nobel-fa-hayek-and-political-economy-progressive-research-program.

Sokal, Alan D. (1996). Transgressing the Boundaries: Toward a Transformative Hermeneutics of Quantum Gravity. *Social Text*, 46(47), 217–52.

Stanek, Richard W., Leidholt, Michael H., McConnell, Robert, Steckler, Craig T., Ramsey, Charles H., and Bushman, Bob. (2013). Letter to US Attorney General Eric H. Holder,

Jr., August 30, 2013. Downloaded September 2, 2013 from www.theiacp.org/portals/0/pdfs/FINALLawEnforcementGroupLetteronDOJMarijuanaPolicy.pdf.

Steckel, Richard H. (1995). Stature and the Standard of Living. *Journal of Economic Literature*, 33(4), 1903–40.

Stern, Alexandra Minna. (2005). Sterilized in the Name of Public Health: Race, Immigration, and Reproductive Control in Modern California. *American Journal of Public Health*, 95(7), 1128–38.

Stewart, Francis E. (1928). Origin of the Council of Pharmacy and Chemistry of the American Medical Association. *Journal of the American Pharmaceutical Association*, 17(12), 1234–9.

Stigler. George J. (1971). The Theory of Economic Regulation. *The Bell Journal of Economics and Management Science*, 2(1), 3–21.

Strauss, Peter L. (1984). The Place of Agencies in Government: Separation of Powers and the Fourth Branch. *Columbia Law Review*, 84(3), 573–669.

Svorny, Shirley. (2004). Licensing Doctors: Do Economists Agree? *Economic Journal Watch*, 1(2), 279–305.

Svorny, Shirley and Herrick, Devon M. (2011). Increasing Access to Health Care. In Roger Koppl, ed., *Enterprise Programs: Freeing Entrepreneurs to Provide Essential Services for the Poor*, A Task Force Report. Dallas: National Center for Policy Analysis, pp. 71–88.

Szasz, Thomas S. (1960). The Myth of Mental Illness. *American Psychologist*, 15(2), 113–18.

Taleb, Nassim. (2012). *Antifragile*. New York: Penguin.

Taylor, Alfred Swaine. (1859). *On Poisons in Relation to Medical Jurisprudence and Medicine*, 2nd US edn. Philadelphia: Blanchard and Lea.

(1880). *A Manual of Medical Jurisprudence*, 8th US edn. Philadelphia: Henry C. Lea's Son & Co.

Taylor, John Pitt. (1848). *A Treatise of the Law of Evidence, as Administered in England and Ireland*. London: A. Maxwell & Son, Law Booksellers and Publishers.

(1887). *A Treatise of the Law of Evidence, as Administered in England and Ireland*, from the 8th English edn. Philadelphia: The Blackstone Publishing Company.

Tetlock, Philip and Gardner, Dan. (2015). *Superforcasting: The Art and Science of Prediction*. New York: Crown Publishers.

Theoharis, Athan. (2007). *The Quest for Absolute Security: The Failed Relations among U.S. Intelligence Agencies*. Chicago: Ivan R. Dee.

Thompson, William C. (1995). Subjective Interpretation, Laboratory Error and the Value of Forensic DNA Evidence: Three Case Studies. *Genetica*, 96, 153–68.

(2008). Beyond Bad Apples: Analyzing the Role of Forensic Science in Wrongful Convictions. *Southwestern University Law Review*, 37, 1027–50.

(2009). Painting the Target around the Matching Profile: The Texas Sharpshooter Fallacy in Forensic DNA Interpretation. *Law, Probability and Risk*, 8(3), 257–76.

Tiebout, C. (1956). A Pure Theory of Local Expenditures. *Journal of Political Economy*, 64, 416–24.

Triplett, Jeremy S. 2013. National Survey on the Use of Court Fees for the Funding of Crime Laboratory Operations. Poster presented at 2013 ASCLD Symposium, Durham, NC, May 4–9, 2013.

Tsuji, M., daCosta, N. C. A., and Doria, F. A. (1998). The Incompleteness of Theories of Games. *Journal of Philosophical Logic*, 27, 553–64.

Tullock, Gordon. (1966) [2005]. *The Organization of Inquiry*. Indianapolis, IN: Liberty Fund.

Turley, Jonathan. (2012). 10 Reasons the U.S. Is No Longer the Land of the Free. *Washington Post*, January 13, 2012. Downloaded March 16, 2017 from www.washingtonpost.com/opinions/is-the-united-states-still-the-land-of-the-free/2012/01/04/gIQAvcD1wP_story.html?utm_term=.66e29c3f7a07.

Turner, Stephen. (1991). Social Construction and Social Theory. *Sociological Theory*, 9 (1), 22–33.

  (2001). What Is the Problem with Experts? *Social Studies of Science*, 31(1), 123–49.

  (2003). *Liberal Democracy 3.0: Civil Society in an Age of Experts*. London: Sage Publications.

  (2010). Normal Accidents of Expertise. *Minerva*, 48, 239–58.

  (2014). *The Politics of Expertise*. New York and London: Routledge.

Tversky, A. and Kahneman, D. (1974). Judgment under Uncertainty: Heuristics and Biases. *Science*, 185(September 27), 1124–31.

Uexküll, J. (1934) [2010]. *A Foray into the World of Animals and Humans: With a Theory of Meaning*. Minneapolis: University of Minnesota Press.

Ullmann-Margalit, E. (1978). Invisible-Hand Explanations. *Synthese*, 39(2), 263–91.

Unattributed. (1844). Review of Mr. Taylor's Medical Jurisprudence. *Provincial Medical Journal and Retrospect of the Medical Sciences*, 7(171), 271–3.

  (1856). The Evidence in Palmer's Case. *The American Law Register*, 5(1), 20–46.

  (1859). "Review" of Taylor, J. S. 1859. *The American Law Register*, 7(9), 573–5.

  (1877a). Expert Testimony. *The British Medical Journal*, 2(881), 704.

  (1877b). The Penge Case: Medical Evidence of the Experts. *The British Medical Journal*, 2(874), 449.

  (1890). Expert Evidence. *The British Medical Journal*, 1(1522), 491–2.

  (2017). Water Lead-Level Falls below Federal Limit in Flint. Associated Press, January 24, 2017. Downloaded May 30, 2017 from www.nbcnews.com/storyline/flint-water-crisis/water-lead-level-falls-below-federal-limit-flint-n711716.

Urbina, Ian. 2009. Despite Red Flags about Judges, a Kickback Scheme Flourished. *New York Times*, March 27, 2009. Downloaded November 30, 2016 from www.nytimes.com/2009/03/28/us/28judges.html.

Vasari, G. (1996) [1568]. *Lives of the Painters, Sculptors and Architects*. London: Everyman's Library.

Velupillai, Vela. 2007. The Impossibility of an Effective Theory of Policy in a Complex Economy. In Massimo Salzano and David Colander, eds., *Complexity Hints for Economic Policy*. Milan: Springer., pp. 273–90.

  ed. (2005). *Computability, Complexity and Constructivity in Economic Analysis*. Oxford: Blackwell.

Vico, Giambattista. (1744) [1959]. *Principi di scienza nuova d'intorno all commune natura dell nazioni*. In Vico, Giambattista Opere, corrected, clarified and expanded ("Corretta, Schiarita, e notabilmente Accresciuta") by Paolo Rossi. Milan: Rizzoli. (At the time of this writing available online at: www.letteraturaitaliana.net/pdf/Volume_7/t204.pdf.)

Villagra, Hector. (2013). Release Secret Interpretation of the Patriot Act. *Albuquerque Journal*, June 14, 2013. Downloaded January 13, 2017 from www.abqjournal.com/210388/release-secret-interpretation-of-the-patriot-act.html.

Vitali, Stefania, Glattfelder, James B., and Battiston, Stefano. (2011). The Network of Global Corporate Control. *PLoS ONE*, 6(10), e25995.

Wagner, Helmut R. (1963). Types of Sociological Theory: Toward a System of Classification. *American Sociological Review*, 28(5), 735–42.

Wagner, Helmut R. and Psathas, George. (1996). "Editors' Introduction." In A. Schutz, *Collected Papers IV*. The Hague: Martinus Nijhoff, p. 93.

Wagner, Richard E. (2006). Retrogressive Regime Drift within a Theory of Emergent Order. *Review of Austrian Economics*, 19, 113–23.

—— (2010). *Mind, Society, and Human Action: Time and Knowledge in a Theory of Social Economy*. London and New York: Routledge.

Walras, Léon. (1874–7) [1954]. *Elements of Pure Economics*, translated from the Edition Définitive of 1926 by William Jaffé. Homewood, IL: Richard D. Irwin, Inc.

Walravens, Hartmut. (2006). The Early East Asian Press in the Eyes of the West. Some Bibliographical Notes. In Walravens, Hartmut, ed., *Newspapers of the World Online: U.S. and International Perspectives. Proceedings of Conferences in Salt Lake City and Seoul, 2006*. München: K. G. Saur, pp. 159–72.

Washburn, Emory. (1876). Expert Testimony and the Public Service of Experts. *Public Health Papers and Reports*, 3, 32–41.

Watts, Nicole F. (1999). Allies and Enemies: Pro-Kurdish Parties in Turkish Politics, 1990–94. *International Journal of Middle East Studies*, 31(4), 631–56.

Wassink, Alfred. (1991). Inflation and Financial Policy under the Roman Empire to the Price Edict of 301 A.D. *Historia: Zeitschrift für Alte Geschichte*, 40(4), 465–93.

Webb, Sidney. (1912). The Economic Theory of a Legal Minimum Wage. *Journal of Political Economy*, 20(10), pp. 973–98.

Webb, Sidney and Webb, Beatrice. (1897) [1920]. *Industrial Democracy*. London: Longmans Green.

Weber, Max. (1927) [1981]. *General Economic History*. New Brunswick and London: Transaction Books.

—— (1956) [1978]. *Economy and Society: And Outline of Interpretive Sociology*. Berkeley: University of California Press.

Weinstein, Michael M. (2009). Paul A. Samuelson, Economist, Dies at 94. *New York Times*, December 13, 2009.

Whitacre, James and Bender, Axel. (2010). Degeneracy: A Design Principle for Achieving Robustness and Evolvability. *Journal of Theoretical Biology*, 263, 143–53.

White, L. H. (2005). The Federal Reserve System's Influence on Research in Monetary Economics. *Economic Journal Watch*, 2(2), 325–54.

Whitman, D. Glen and Koppl, Roger. (2010). Rational Bias in Forensic Science. *Law, Probability and Risk*, 9(1), 69–90.

Wible, James. (1998). *The Economics of Science: Methodology and Epistemology as If Economics Mattered*. London and New York: Routledge.

Wierzchosławski, Rafał Paweł. (2016). Florian Znaniecki, Alfred Schutz, Milieu Analysis and Experts Studies. In Elżbieta Hałas, ed., *Life-World, Intersubjectivity, and Culture: Contemporary Dilemmas*. New York,: Peter Lang, IAP, pp. 245–62.

Williams, Joan C. (2016). What So Many People Don't Get About the U.S. Working Class. *Harvard Business Review*, November 10, 2016. Downloaded November 29, 2016 from https://hbr.org/2016/11/what-so-many-people-dont-get-about-the-u-s-working-class.

Williams, Deirdre and Lankes, Tiffany. (2017). Support, Criticism Surround Home-Schooling Mom's Claims. *The Buffalo News*, February 25, 2017. Downloaded February 26, 2017 from https://buffalonews.com/2017/02/25/homeschooling-mothers-claims-run-differing-reports-school-cps/.

Williamson, Oliver. (1976). Franchise Bidding for Natural Monopolies – In General and with Respect to CATV. *Bell Journal of Economics*, 7(1), 73–104.

Willingham v. *State*, 897 S.W.2d. 351, 357, Tex.Crim.App. (1995.

Wilson, Woodrow. (1887). The Study of Administration. *Political Science Quarterly*, 2 (2), 197–222.

Woodward, John. (1902). Expert Evidence. *The North American Review*, 175(551), 486–99.

Wolfram, S. (1984). Universality and Complexity in Cellular Automata. *Physica*, 10D, 1–35.

Wolinsky, Asher. (1993). Competition in a Market for Informed Experts' Services. *RAND Journal of Economics*, 24(3), 380–98.

(1995). Competition in Markets for Credence Goods. *Journal of Institutional and Theoretical Economics*, 151(1), 117–31.

Wolpert, David H. (2001). Computational Capabilities of Physical Systems. *Physical Review E*, 65(016128), 1–27.

Wrona, Richard M. (2006). A Dangerous Separation: The Schism between the American Society and Its Military. *World Affairs*, 169(1), 25–38.

Yamey, B. S. (1949). Scientific Bookkeeping and the Rise of Capitalism. *The Economic History Review, New Series*, 1(2/3), 99–113.

Yandle, Bruce. (1983). Bootleggers and Baptists: The Education of a Regulatory Economist. *Regulation*, 7(3), 12.

Yeager, Leland B. (1960). Methodenstreit over Demand Curves. *Journal of Political Economy*, 63, 53–64.

(1984). Henry George and Austrian Economics. *History of Political Economy*, 16, 157–74.

Yilmaz, Ihsan. (2002). Secular Law and Emergence of the Unofficial Turkish Islamic Law. *Middle East Institute*, 56(1), 113–31.

Young, Allyn A. (1928). Increasing Returns and Economic Progress. *The Economic Journal*, 38(152), 527–42.

Xenophon. (2007). The *Apology* of Socrates. Translated by H. G. Dakyns. eBooks@Adelaide.

Zick, Timothy. (2015). Professional Rights Speech. *Arizona State Law Journal*, 48(4), 1289–1360.

Zuccino, D. (2006). Duke Case Worsens for Prosecution. *Los Angeles Times*, December 16, 2006. Downloaded August 1, 2016 from http://articles.latimes.com/2006/dec/16/nation/na-duke16.

Zuiderent-Jerak, Teun. (2009). Competition in the Wild: Reconfiguring Healthcare Markets. *Social Studies of Science*, 39(5), 765–92.